Thaisa Cäsar
Ungesehen

Stadt Zeit Geschichte
Band 9

Thaisa Cäsar

Ungesehen

Weibliche Migration in die Bundesrepublik 1960 bis 1990

WALLSTEIN VERLAG

Herausgeber: Stadt Wolfsburg, Institut für Zeitgeschichte
und Stadtpräsentation
Konzeption: Alexander Kraus, Aleksandar Nedelkovski
und Anita Placenti-Grau
Projektleitung: Alexander Kraus
Lektorat: Alexander Kraus, Thomas Funk
Bildredaktion: Alexander Kraus, Aleksandar Nedelkovski

IZS WOLFSBURG

WOLFSBURG

Bibliografische Information der Deutschen Nationalbibliothek
Die Deutsche Nationalbibliothek verzeichnet diese Publikation in der Deutschen Nationalbibliografie; detaillierte bibliografische Daten sind im Internet über http://dnb.d-nb.de abrufbar.

www.wallstein-verlag.de
Vom Verlag gesetzt aus Stempel Garamond und TheSans
Umschlaggestaltung: Marion Wiebel, Wallstein Verlag
Umschlagbild: Niki Lippok in Wolfsburg, Privatfotografie
Druck und Verarbeitung: Hubert & Co, Göttingen
ISBN 978-3-8353-5606-1

Inhalt

Einleitung

> Der Tatsache, dass Frauen als Arbeiterinnen einen relativ großen Anteil an der Migrationsbewegung aus den Mittelmeerländern ausmachten, ist bislang kaum Rechnung getragen worden. Migrantinnen wurden, wenn überhaupt, als passive Anhängsel ihrer Ehemänner wahrgenommen, die erst mit dem Familiennachzug nach Deutschland kamen. Diese Fehlwahrnehmung hat eher mit bestimmten Forschungstraditionen als mit der statistischen Nichtrelevanz von Arbeitsmigrantinnen zu tun.[1]

Auch wenn seit dieser Einschätzung zum Stand der wissenschaftlichen Erforschung der bundesdeutschen Migrationsgeschichte durch die Historikerin Monika Mattes mehr als 20 Jahre vergangen sind, so hat sich seitdem nur wenig verändert: Trotz ihrer gesellschaftsgeschichtlichen Bedeutung und ihres emotionalen Wertes bleiben die bewegenden Geschichten von Migrantinnen in der historischen Forschung wie auch in gegenwärtigen gesellschaftlichen Diskursen oft weitgehend außen vor. Dies gilt auch für jene Frauen, die zwischen den 1960er und 1980er Jahren nach Wolfsburg immigrierten und deren Migrationserfahrungen in dieser Arbeit im Fokus stehen. Das titelgebende »Ungesehen« verweist dabei zunächst einmal darauf, dass die migrierenden Frauen in der bundesrepublikanischen Gesellschaft meist eben das blieben: ungesehen. Anstatt als eigenständige Akteurinnen mit individuellen Migrationsanlässen wahrgenommen zu werden, die nicht selten mit ganz anders gearteten Herausforderungen und Problemen konfrontiert waren als Migranten, fanden sie ungeachtet ihrer so spezifischen Arbeitsbiografien wenn überhaupt überwiegend unter dem Schlagwort des Familiennachzugs Eingang in die Betrachtungen. Denn gesellschaftsgeschichtlich war Arbeitsmigration in jenen Jahrzehnten zweifelsohne männlich besetzt. Darüber hinaus verweist der Titel auf die Geschlechterblindheit

1 Mattes, Hindernisse und Strategien der staatlichen Anwerbung, S. 105.

der historischen Forschung, denn auch die bewegenden Geschichten der Frauen sind bislang noch viel zu selten angemessen erforscht, analysiert und vor allen Dingen erzählt worden: Sie sind noch *ungesehen*.

Mit dieser Oral-History-Studie ist ein erster Schritt unternommen worden, dies zu ändern. In ihr wird untersucht, warum sich Frauen für ein Leben in Deutschland, einen Umzug nach Wolfsburg entschieden haben, welche Hürden es dafür zu überwinden galt und wie es ihnen gelang, sich in das soziale und wirtschaftliche Umfeld der Stadt einzufinden. Dabei unterscheide ich drei Gruppen von Frauen, die während der 1960er bis 1980er Jahre zugewandert sind: Da sind zunächst die Frauen, die ihren Ehemännern oder Familien nachgefolgt sind, sodann jene, die als ausländische Arbeitskräfte angeworben wurden, und schließlich wiederum diejenigen, die sich eigenständig und ohne Anwerbevertrag auf den Weg nach Deutschland gemacht haben. Die Tatsache, dass sich die innerhalb dieser Studie zentral stehenden Frauen zu einem großen Teil der letztgenannten Rubrik zuordnen lassen, führt bereits die oben angesprochene Annahme ad absurdum, Frauen seien allein in Abhängigkeit männlicher Familienmitglieder migriert. Innerhalb meiner Analyse konzentriere ich mich dabei besonders auf die Rolle der von diesen Migrantinnen geschaffenen sozialen Netzwerke und untersuche zudem, wie sie ihre eigenen Migrationserfahrungen retrospektiv bewerten und welche Erkenntnisse dies über etwaige Emanzipationsprozesse liefert.

Auch wenn die Migrationsgeschichte der Bundesrepublik mit Blick auf den Untersuchungszeitraum häufig unter dem Aspekt der staatlich koordinierten Anwerbung von Arbeitskräften, der sogenannten Gastarbeiter, thematisiert wird, verzichte ich im Folgenden auf die Verwendung dieser Terminologie. Zum einen steht der Ausdruck sinnbildlich für die fehlende Bereitschaft Westdeutschlands, sich als Einwanderungsland zu verstehen. Die Verwendung des historischen Begriffs »Gastarbeiter«[2] würde daher die längst erfolgte Integration all jener Arbeitsmigrantinnen und Arbeitsmigranten negieren, die sich seit

2 Obwohl der Begriff des »Gastarbeiters« bereits gegen Ende des Zweiten Weltkrieges verwendet wurde, setzte er sich in der deutschen Bevölkerung erst in den 1960er Jahren gegen den bis dahin fest etablierten Terminus »Fremdarbeiter« durch. Mit diesem Begriffswechsel sollten auch etwaige Kontinuitäten zum NS-Regime gebrochen werden. Laut Klaus J. Bade wurde der Begriff allerdings nie amtlich bestätigt, sondern stattdessen von »ausländischen Arbeitnehmern« gesprochen. Siehe zur Begriffsgeschichte Amenda/Rass, Fremdarbeiter, Ostarbeiter, Gastarbeiter; Bade, »Einheimische Ausländer« und »fremde Deutsche« im vereinigten Deutschland, S. 418, sowie Goeke, »Wir sind alle Fremdarbeiter!« S. 47–49.

langem in Deutschland heimisch fühlen. Zum anderen sind, wie eben bereits angedeutet, keineswegs alle Migrantinnen, deren Geschichten in diesem Buch analysiert werden, im Zuge der offiziellen Arbeitskräfterekrutierung nach Deutschland gekommen. Bereits dieser Fakt deutet darauf hin, dass es bei Weitem nicht allein die bilateral geschlossenen Anwerbeverträge mit Italien, Spanien, Griechenland, der Türkei, Marokko, Südkorea, Portugal, Tunesien und schließlich Jugoslawien waren, die zur Grundlage der Migration nach Westdeutschland wurden. Beide Aspekte werden in Kapitel 1.1 näher untersucht. Folglich unterscheidet sich der Untersuchungszeitraum – die 1960er bis 1980er Jahre – ganz bewusst von der offiziellen Anwerbeperiode ausländischer Arbeitskräfte (1955–1973), die häufig zur Periodisierung von Studien zur Arbeitsmigration der Nachkriegszeit herangezogen wird.[3] Stattdessen wird die Analyse gerahmt von den frühen 1960er Jahren, als die Arbeitsmigration und damit auch die weibliche Migration nach Wolfsburg zuzunehmen begann,[4] sowie den späten 1980er Jahren, als im Zuge der sich anbahnenden politischen Umwälzungen in Polen auch die Zuwanderung von der anderen Seite des ›Eisernen Vorhangs‹ wieder verstärkt einsetzte und der Prozess der deutschen Wiedervereinigung begann.

Aus der gewählten Periodisierung geht bereits hervor, wie sehr der Forschungsschwerpunkt dieser regionalen Fallstudie auf Westdeutschland liegt, da sich die Anwerbemodalitäten in der DDR stark davon unterschieden.[5] Entsprechend wird in Kapitel 1.1 zunächst das west-

3 Herbert/Hunn, Gastarbeiter und Gastarbeiterpolitik in der Bundesrepublik; Knortz, Diplomatische Tauschgeschäfte.

4 Aus einer kommunalen Statistik aus dem Jahr 1966 geht hervor, dass sich die Anzahl der Ausländerinnen und Ausländer in Wolfsburg von 457 im Jahr 1960 auf 625 im Folgejahr erhöhte, um dann bis 1962 sprunghaft auf 4.201 zu steigen. Der markante Anstieg hängt mit der konzentrierten Anwerbung italienischer Arbeitskräfte durch das Volkswagenwerk ab dem Jahr 1962 zusammen. Dass es sich in der Statistik nicht ausschließlich um männliche Arbeitskräfte handelte, zeigt sich an einer Erläuterung: »In dieser Gesamtzahl der Ausländer sind jedoch auch Frauen und Kinder enthalten. Es entzieht sich der Kenntnis, wieviel hiervon erwerbstätig sind.« StadtA WOB, B.1.2, Nr. 9435, Aufgliederung Arbeitskräfte 1939–1971, Erstes Seminar für Verwaltungsleiter, hier: Strukturveränderungen in der Großstadt von heute, 2. November 1966, S. 6.

5 Im Unterschied zur Bundesrepublik begann die Arbeitsmigration in Ostdeutschland mit den sogenannten Vertragsarbeitern erst später und dauerte von 1967 bis 1986. Da es keine Möglichkeit für individuelle Migration gab, wurden die zumeist männlichen Migranten staatlich angeworben. Sie kamen ausschließlich aus anderen sozialistischen Ländern. Siehe für ausführlichere Informationen zu den Anwerbemodalitäten in der DDR Jasper, Ausländerbeschäftigung in der DDR; Schulz, Mi-

deutsche Anwerbesystem skizziert, ehe im anschließenden Kapitel 1.2 die spezifische Situation in Wolfsburg beleuchtet wird. Dabei spielt vor allem die geografische Lage der Stadt sowie die wirtschaftliche Relevanz des Automobilherstellers *Volkswagen* eine besondere Rolle.

Der analytische Teil der Arbeit ist sodann in drei Hauptkapitel gegliedert, die jeweils auf die Migration, Integration und Emanzipation fokussieren. In Kapitel 2 wird dargelegt, wie und warum diese Frauen nach Deutschland immigrierten und sich in Wolfsburg niederließen. Ich frage dabei nach individuellen Erwartungen ebenso wie nach den konkreten Erfahrungen, die diese Frauen mitbrachten, sowie ihrer Handlungs- und Entscheidungsfreiheit im Kontext ihrer Migrationsentscheidungen. Das Schlagwort *Agency*, unter dem diese Freiheiten gebündelt werden können, umfasst dabei dem Soziologen Anthony Giddens zufolge die Fähigkeit eines Menschen, aktiv über sein Handeln zu entscheiden, da das Individuum »at any phase in a given sequence of conduct, [could] have acted differently«.[6] Der Begriff der *Migrant Agency* hat sich schon länger in der Migrationsforschung durchgesetzt, um zu betonen, dass Migranten nicht nur Opfer ihrer Umstände sind, sondern auch bestimmte Entscheidungsfreiräume haben. Die spezifische Frage nach der Handlungsspielraumerweiterung von Frauen durch Migration wurde allerdings erst in neueren Studien direkt thematisiert.[7]

Diese Handlungsfähigkeit spielt auch in Kapitel 3 eine wichtige Rolle, wenn der Integrationsprozess der untersuchten Migrantinnen näher betrachtet wird. Dabei wird es um ihre Arbeitsmarktbeteiligung gleichermaßen wie um die Frage gehen, wie sie ihre sozialen Netzwerke aufgebaut haben und welche Bedeutung sie, so sie mit diesen konfrontiert wurden, rassistischen Erfahrungen geben. Schließlich wird untersucht, wie sich ihr Verhältnis zu ihrem Heimatland im Laufe der Zeit verändert hat und wann sowie warum sie sich dafür entschieden haben, dauerhaft in Wolfsburg zu bleiben. Im abschließenden Kapitel 4 wird sodann herausgearbeitet, inwieweit diese Frauen durch ihre beziehungsweise während ihrer Migration *empowered* wurden und sich persönlich weiterentwickelten.

grationspolitik in der DDR; Rabenschlag, Völkerfreundschaft nach Bedarf; dies., Arbeiten im Bruderland.

6 Giddens, The Constitution of Society, S. 9.

7 Siehe zum Konzept der *Agency* im Migrationskontext Jureit, Hoffnung auf Erfolg, sowie Fernandez, Ethiopian Migrant Domestic Workers, S. 8–12. Für Studien zur *Agency* von Frauen im Migrationskontext siehe etwa Amrith, Gender, Work and Migration oder Meyer, Female Agency.

Migration verstehen – Begriffsklärung und theoretischer Rahmen

Die Fokussierung der Arbeit auf die drei Schlagworte Migration, Integration und Emanzipation erfordert die Klärung aller drei zentral gestellten Begriffe. Zunächst beschreibt »Migration« den Prozess einer »Überschreitung der Grenzen einer politischen oder administrativen Einheit für einen bestimmten Mindestzeitraum«.[8] Es kann dabei zwischen Binnenmigration innerhalb eines Landes und transnationaler Migration über Staatsgrenzen hinweg unterschieden werden. Obgleich der Begriff der »Migration« innerhalb dieser Arbeit jenes Kapitel benennt, indem herausgearbeitet wird, wie und warum die Frauen ihre Heimatländer verlassen haben, muss betont werden, dass der Begriff kein einmaliges Ereignis beschreibt, sondern vielmehr einen kontinuierlichen Prozess darstellt, der über den eigentlichen physischen Umzug weit hinausgeht. Migration bedarf in jeder Phase der Reise – von der Entscheidung zur Migration im Vorfeld über den eigentlichen Migrationsprozess bis hin zum Einleben am neuen Ort – einer erneuten Bestätigung, da zu jedem Zeitpunkt auch der Entschluss zur Rückkehr gefasst werden könnte.[9]

Um einen tieferen Einblick in die individuellen Entscheidungsprozesse dieser Frauen zu gewinnen, nutze ich das *Capabilities-Aspiration Framework* des niederländischen Migrationsforschers Hein De Haas.[10] Sein Ansatz bietet eine theoretische Struktur zur Analyse individueller Migrationsprozesse, indem er Migration als das Ergebnis einer aktiven Entscheidung eines Individuums auf der Grundlage seiner *Aspirations* (Ambitionen) und *Capabilities* (Fähigkeiten) gleichermaßen versteht. *Aspirations* definiert De Haas als die Motivation zur Migration, basierend auf »people's perceptions of the ›good life‹«,[11] die nicht nur von einem kulturellen Kontext zum anderen teils erheblich voneinander abweicht, sondern sich auch im Laufe eines Lebens verändern kann. Dabei unterscheidet er zwischen instrumentellen und intrinsischen Ambitionen. Letztere definieren eine Situation, in der

8 Hier und im Folgenden Lüthi, Migration and Migration History, S. 1 [Übersetzung durch die Verfasserin].

9 Siehe zu der Idee von Migration als ein lebenslanges Projekt Thomson, Moving Stories, S. 24; Stelzig-Willutzki, Soziale Beziehungen und Migrationsverlauf, S. 20.

10 De Haas, A Theory of Migration; ders., The Determinants of International Migration.

11 Hier und im Folgenden De Haas, A Theory of Migration, S. 15, 18 und 22.

die Migrationserfahrung an sich das Ziel eines Auslandsaufenthalts ist, wie es etwa bei einem Gap Year der Fall ist. De Haas zufolge fallen jedoch Arbeits- und Studentenmigration in die Kategorie der instrumentellen Ambitionen, da sie auf das Erreichen eines späteren Ziels ausgerichtet sind wie die Erhöhung des Einkommens oder die Erlangung eines bestimmten Ausbildungsgrades. *Capabilities*, die Fähigkeiten, beziehen sich auf die Ressourcen, die für die Migration benötigt werden. De Haas grenzt dabei soziale Fähigkeiten, beispielsweise in Form von persönlichen Kontakten im Aufnahmeland, von kulturellen Kompetenzen ab, zu denen eine formale Ausbildung sowie das bloße Wissen um die Möglichkeit zur Migration gehören, und schließlich auch von ökonomischen Fähigkeiten, die sich auf die finanziellen und materiellen Ressourcen beziehen, die eine Migration ermöglichen.

Von nicht minder entscheidender Bedeutung ist die Klärung dessen, was innerhalb dieser Arbeit mit »Integration« gemeint ist, da der Begriff in der Vergangenheit zur Beschreibung diverser Prozesse sowie verschiedener Phasen des Eingliederungsprozesses in die Aufnahmegesellschaft verwendet wurde. Der Begriff selbst kann wenigstens drei verschiedene Entwicklungen beschreiben: die Bildung von etwas Neuem aus verschiedenen Komponenten, die Verfestigung bestehender Strukturen oder die Aufnahme eines neuen Elements in ein bereits bestehendes Gebilde.[12] Bei genauerer Betrachtung des Migrationskontextes kann Integration entweder als ein Sammelbegriff verstanden werden, der verschiedene Formen der Interaktion von Migrantinnen und Migranten mit der Aufnahmegesellschaft zusammenfasst wie beispielsweise Multikulturalismus, Transnationalismus, Marginalisierung oder Assimilation oder den erreichten Grad der Integration auf einer Skala zwischen vollständiger Integration und Exklusion bezeichnen.[13]

Es darf jedoch nicht verschwiegen werden, dass an der Verwendung dieses Begriffs im Kontext von Migrationsgeschichten und -erfahrungen berechtigte Kritik geäußert worden ist,[14] hält er doch per Definition eine Kluft zwischen Mehrheits- und Minderheitsgesellschaft aufrecht, die dem eigentlichen Ziel des anvisierten Eingliederungsprozesses wider-

12 Siehe dazu Heckmann, From Ethnic Nation to Universalistic Immigrant Integration, S. 46.

13 Kögel, Für einen anti-integratorischen Imperativ, S. 235.

14 Siehe zur Debatte über den Integrationsbegriff etwa Foroutan, Die Einheit der Verschiedenen, insbesondere S. 3. Dort heißt es: »So wird fehlende Integration zu einem persönlichen und/oder kulturellen Problem der Migranten umdefiniert, statt strukturelle Barrieren zu berücksichtigen.«

spricht.[15] In der vorliegenden Studie wird es jedoch weniger darum gehen, eine etwaige Spaltung zwischen der deutschen Gesellschaft und den Migrantinnen hervorzuheben; vielmehr soll nachvollzogen werden, wo die Frauen selbst Unterschiede wahrgenommen haben und wie sie mit den Herausforderungen und Erwartungen umgegangen sind, mit denen sie sich konfrontiert sahen. Daraus resultierend kommen die klassischen Assimilations- und Integrationstheorien[16] aufgrund ihres dualistischen Ansatzes von Inklusion und Exklusion, der Integration als einseitigen Prozess begreift, innerhalb dieser Studie nicht zur Anwendung. Stattdessen beziehe ich mich auf die »Systemtheorie der Integration« der Politikwissenschaftler Anselm Vogler und Erik Fritzsche, um die verschiedenen Elemente der Integration zu operationalisieren und sowohl den objektiv sichtbaren als auch den subjektiv empfundenen Grad der Integration greifbar zu machen.[17]

Der Titel deutet bereits darauf hin, dass die Theorie auf klassischen Systemtheorien basiert und die Aufnahmegesellschaft in ihr folglich als ein System verstanden wird,[18] das durch bestimmte Werte, Normen und gesetzliche Regelungen begrenzt ist und sich aus verschiedenen Teilsystemen zusammensetzt.[19] Die Integration neuer Elemente wie etwa neu ankommender Migrantinnen und Migranten kann daher als »*Verbindungsgrad* von Systemelementen« verstanden werden oder,[20] vereinfacht gesagt, als die Anzahl der stabilen Beziehungen zwischen Migrantinnen und Migranten sowie verschiedenen Elementen des Systems. Eine Operationalisierung gelingt dabei laut Vogler und Fritzsche, indem der »Verbindungsgrad« als die Summe verschiedener messbarer Elemente – objektiver und subjektiver Integration – definiert wird: Objektive Integration bezieht sich einerseits auf die Intensität des Kontakts zwischen Migrantinnen und Migranten sowie mit dem System selbst (Häufigkeit des Kontakts, Platzierung in sozialen Netzwerken), den Umfang der Teilsysteme, in denen die Migrantinnen und Migranten partizipieren (zum Beispiel die Teilnahme am Arbeitsmarkt) oder darauf, wie bereitwillig diese die Werte des Systems übernehmen (die Akzep-

15 Kögel, Für einen anti-integratorischen Imperativ, S. 245.

16 Gordon, Assimilation in American Life; Alba/Nee, Remaking the American Mainstream; Portes/Zhou, The New Second Generation; Esser, Aspekte der Wanderungssoziologie.

17 Vogler/Fritzsche, Systemtheorie der Integration.

18 Siehe beispielsweise Esser, Akteure und soziale Systeme; ders., Soziologie; Luhmann, Soziale Systeme.

19 Vogler/Fritzsche, Systemtheorie der Integration, S. 311.

20 Hier und im Folgenden ebd., S. 310, Hervorhebung im Original.

tanz von Elementen wie Demokratie oder das Erlernen der Sprache). Die analytische Kategorie der subjektiven Integration zielt andererseits darauf ab, zu ergründen, wie der Integrationsfortschritt vonseiten der Migrantinnen und Migranten sowie der Aufnahmegesellschaft bewertet wird.[21] Resultierend daraus verstehen Vogler und Fritzsche Integration als einen allmählichen Prozess entlang eines Kontinuums von Nicht-Integration bis zur vollständigen Integration. Wichtig an ihrem Ansatz ist dabei die Annahme, dass das System selbst durch die dazukommenden Elemente verändert werden kann, beispielsweise durch Inter- oder Transkulturalität. Zudem mündet Integration daher nicht automatisch in Assimilation, verstanden als totale oder partielle Aufgabe der eigenen kulturellen Praktiken.

Der Begriff »Emanzipation«, mit dem das Kapitel 4 überschrieben ist, wird innerhalb dieser Studie verwendet, um zu untersuchen, wie Frauen während ihrer Migrationsprozesse *empowered* wurden. Obwohl die Befreiung aus traditionellen oder patriarchalen Strukturen dabei für einige der Frauen aus dem Interviewpool durchaus eine Rolle spielte, beziehe ich mich nicht ausschließlich auf dieses westlich-feministische Verständnis von Emanzipation, das in vielen fast schon teleologisch verfassten migrationshistorischen Forschungsarbeiten Migrantinnen als »unmistakably striving for the Western, modern and, of course, emancipatory values« darstellt.[22] Stattdessen möchte ich mit dieser Studie aufzeigen, wie sehr eine Emigration und die damit verbundenen Erfahrungen und Herausforderungen Frauen oftmals einen erweiterten Handlungsspielraum eröffneten und ihnen damit erst die Möglichkeit verschafften, sich ihrer eigenen Stärke bewusst zu werden.

Dies macht es mitunter notwendig, sich mit der Bedeutung von Geschlecht im Kontext von Migrationsnetzwerken auseinanderzusetzen und entsprechende Theorien heranzuziehen.[23] Bezogen auf Migration, kann bei sozialen Netzwerken zwischen interethnischen Beziehungen von Migrantinnen und Migranten zu Mitgliedern anderer ethnischer Gruppen und innerethnischen Kontakten zu bereits vorher emigrier-

21 Hier und im Folgenden ebd., S. 311 f.

22 So kritisiert etwa Morokvašić, Women in Migration, S. 20. Siehe für ältere Studien, die eine solche Position vertreten, etwa Whiteford, Women, Migration and Social Change. Whiteford deutet Migration als »a liberating process«. Ebd., S. 236. Siehe auch Schwartz-Seller, Immigrant Women. Differenziert dazu Treibel, Migration als Form der Emanzipation?

23 Curran/Rivero-Fuentes, Engendering Migrant Networks; Davis/Winters, Gender, Networks, and Mexico-US Immigration; Stelzig-Willutzki, Soziale Beziehungen und Migrationsverlauf.

ten Personen aus dem gleichen Herkunftsland unterschieden werden. Besonders spannend für die vorliegende Untersuchung sind daher etwa Fragen nach der Bedeutung bestehender Netzwerke bei der Migrationsentscheidung von Frauen[24] oder für ihre Arbeitsmarktbeteiligung im Aufnahmeland.[25] Ein hilfreicher Bezugspunkt ist dabei die Studie der Soziologin Sabina Stelzig-Willutzki zu brasilianischen Migrantinnen in Deutschland. Ihr zufolge ist so gut wie keine der Frauen aus ihrer Stichprobe ohne ein Netzwerk oder irgendeine Art von Kontakt emigriert. Für den Migrationsprozess selbst waren sodann interethnische Kontakte meist noch wichtiger als innerethnische.[26] Neben der Bedeutung interethnischer Netzwerke geht Stelzig-Willutzki in ihrer Studie auch der Frage nach, wie Migrantinnen von bestehenden innerethnischen Netzwerken, die meist von männlichen bereits zuvor emigrierten Migranten geprägt worden sind, akzeptiert und unterstützt werden. In den letzten Jahren hat sich die Forschung nämlich zunehmend mit dem Verhältnis von Geschlecht und migrantischen Netzwerken beschäftigt und ist dabei zu dem Ergebnis gekommen, dass »the importance of networks [...] and the potential for help is not the same according to the gender of the previous migrants«.[27] Dies gilt insbesondere mit Blick auf den Einstieg in die Erwerbstätigkeit von Migrantinnen wie Migranten, die jeweils von gleichgeschlechtlichen Netzwerken profitieren, da diese spezifischere Informationen und Unterstützung bieten können. Die daraus resultierende Behauptung, Frauen könnten möglicherweise nicht in gleichem Maße von männerdominierten Netzwerken profitieren,[28] ist für die vorliegende Untersuchung folglich von besonderem Interesse.

Die drei zuvor diskutierten theoretischen Ansätze lassen sich durchaus miteinander kombinieren, da sowohl die Bereitschaft und Fähigkeit von Migrantinnen wie Migranten, sich zu integrieren und Kontakte mit der Aufnahmegesellschaft zu knüpfen, als auch die verschiedenen Formen ihrer sozialen Netzwerke als das Ergebnis von Ambitionen und Fähigkeiten verstanden werden können, diese Verbindungen einzugehen. Zudem wird mittels aller dreier Theorien auf die individu-

24 Haug, Kettenmigration am Beispiel italienischer Arbeitsmigranten, S. 125.

25 Sprengholz/Diehl/Giesecke/Kreyenfeld, From »Guest Workers« to EU Migrants, S. 255.

26 Stelzig-Willutzki, Soziale Beziehungen und Migrationsverlauf, S. 250.

27 Curran/Rivero-Fuentes, Engendering Migrant Networks, S. 291; siehe für einen Überblick über die Forschung Hagan, Social Networks, Gender, and Immigrant Incorporation.

28 Davis/Winters, Gender, Networks, and Mexico-US Immigration, S. 7; Hondagneu-Sotelo, Gendered Transitions, S. 93.

elle Handlungsfähigkeit von Migrantinnen und Migranten fokussiert. Letzteres ist insbesondere bei der Untersuchung weiblicher Migration notwendig, die immer noch häufig unter der Annahme einer vermeintlichen Passivität diskutiert wird, die den faktischen Handlungsspielraum dieser Frauen leichthin übersieht.[29] Daher habe ich mich dafür entschieden, die Migrantinnen selbst ausführlich zu Wort kommen zu lassen und ihre persönlichen Erzählungen aus den Oral-History-Interviews zu nutzen, um ihre *ungesehenen* Geschichten neu beziehungsweise überhaupt erst einmal zu erzählen. Wie die Interviews zu analysieren sind und welche Probleme dabei auftreten können, wird im folgenden Teil skizziert.

Zur Methodik der Oral History und den Quellen

Oral History, die Aufzeichnung und Analyse lebensgeschichtlicher Berichte von Einzelpersonen, wird in der historischen Forschung zu Frauen und Migration bereits seit langem eingesetzt. Und das mit gutem Grund, sahen und sehen sich Historikerinnen und Historiker doch mit der Schwierigkeit konfrontiert, alternative Quellen zur Geschichte insbesondere des alltäglichen Lebens von Frauen zu finden.[30] Zudem macht die Methode der Oral History weibliche Stimmen hörbar, ihre Themen sichtbar und legt offen, was andere Quellen häufig verdecken: ihre Ermächtigungsgeschichte. Damit einher gehen auch gewandelte Überzeugungen, wie sich etwa an der berühmt gewordenen Aussage der US-amerikanischen Feministin Sherna Gluck ablesen lässt: »We [women] are challenging the traditional concepts of history, of what is ›historically important,‹ and we are affirming that our everyday lives are history.«[31] Auch im Hinblick auf die Migrationsforschung ermöglicht die Methode, die »moving stories« von Migrantinnen und Migranten zu erzählen, wie der Historiker Alistair Thomson sie passenderweise bezeichnet hat. Die zweifache Bedeutung dieses Wortspiels wird besonders deutlich, wenn er erklärt:

> »Moving stories« [...] are often redolent with the emotionality of disjuncture, and are deeply moving for the narrator and for his or

29 Stelzig-Willutzki, Soziale Beziehungen und Migrationsverlauf, S. 111.

30 Sharpless, The History of Oral History, S. 18; Conrad, Frauen- und Geschlechtergeschichte, S. 260; Gluck, What's so Special about Women? S. 3.

31 Gluck, What's so Special about Women? S. 3; siehe auch Larson, Research Design and Strategies, S. 106.

> her audience. And the stories are themselves constantly evolving and moving, presenting living histories in every sense of the term and a unique resource and opportunity for social and historical understanding.[32]

Die Art und Weise, wie Migrantinnen und Migranten ihre eigenen Migrationserfahrungen betrachten und beurteilen, kann sich Thomson zufolge während der Zeit, die sie im Aufnahmeland verbringen, verändern. Ein Vorteil der Oral-History-Methode für die Migrationsforschung besteht daher in der Dokumentation und Offenlegung jener Gefühle, die Migrantinnen und Migranten mit ihrer Migration und dem Integrationsprozess verbinden und wie sie diese im Nachhinein bewerten. Die Bedeutung dieser Veranschaulichung von Emotionen durch Oral History gilt im Besonderen für die Geschichte von Migrantinnen. Ihre lebensgeschichtlichen Interviews können nicht nur die unterschiedlichen Erfahrungen klarer konturieren, die Männer und Frauen während ihrer Migration machen, sondern sie betonen nicht selten auch die bedeutende Rolle von Migrantinnen beim Aufbau ethnischer Communities im Aufnahmeland sowie ihre Vermittlungsfunktion bei der Überbrückung kultureller Differenzen zwischen alter und neuer Heimat.

Trotz der genannten Vorzüge der Oral History als geschichtswissenschaftliche Quelle ist diese alles andere als unumstritten und immer wieder stark kritisiert worden. Die Historikerin Rebecca Sharpless benennt zwei zentrale Probleme, mit denen sich historische Erzählungen konfrontiert sehen, sobald sie auf der Erinnerung von Interviewten basieren: die *reliability* (Zuverlässigkeit) und die *validity* (Gültigkeit) von Erinnerung.[33] Ersteres bezieht sich auf die Tatsache, dass erlebte Geschichten nicht mehrmals auf die gleiche Art und Weise, sondern immer etwas abgeändert erzählt werden.[34] Zudem ergibt sich aus der Unterscheidung zwischen Kurz- und Langzeitgedächtnis, dass nicht alle Erfahrungen in gleicher Weise erinnert werden, sondern das Vergessen bestimmter Erlebnisse erst das Erinnern von als wichtig empfundenen Erfahrungen ermöglicht.[35] Darüber hinaus verraten der Historikerin Lynn Abrams zufolge Erinnerungen »as much about the present as

32 Hier und im Folgenden Thomson, Moving Stories, S. 36 und 29.

33 Sharpless, The History of Oral History, S. 20.

34 Thomson, Memory and Remembering in Oral History, S. 86.

35 Ebd., S. 84; Grele, Oral History as Evidence, S. 73. Sichtbar wird dies in den vorliegenden Interviews, wenn die Interviewten etwa äußern: »Ich habe auch sehr vieles vergessen, aber das war, was ich jetzt eben sagen konnte.« StadtA WOB, H. 3.21, Nr. 4, Rita Görlitz-Burfeindt, S. 33.

the past«,[36] was letztlich bedeutet, dass sie sich im Laufe der Zeit verändern können, da sie in Abhängigkeit von der gegenwärtigen Identität und Stellung des Einzelnen konstruiert werden. Aufgrund dieser »dialectical relationship between memory and identity« beeinflusst das aktuelle Selbstverständnis einer Person,[37] wie sie ihre Vergangenheit rekonstruiert und ihre Lebensgeschichte erzählt. Zudem muss bedacht werden, dass jede erzählte Geschichte stets eine bewusst getroffene Auswahl der Erfahrungen darstellt. Auch manche jener Frauen, deren Oral-History-Interviews Grundlage dieser Arbeit geworden sind, stuften während des Interviews bestimmte Erinnerungen als nicht bedeutsam genug ein, um sie mitzuteilen, und berichteten erst auf spezifische Nachfragen der Interviewenden. In Konsequenz ist davon auszugehen, dass mitunter Erfahrungen ausgeklammert blieben, die aus der Perspektive von Historikerinnen und Historikern von großem Interesse wären.[38]

Sodann bezieht sich die Kritik bezüglich der Gültigkeit lebensgeschichtlicher Interviews auf eine mögliche Verfälschung der reproduzierten Geschichte durch die interviewte Person. Nostalgische Gefühle der Befragten oder etwa der Wunsch, die eigene Person in einer bestimmten Weise zu präsentieren, können beispielsweise die Erzählung vergangener Ereignisse verändern und auf diese Weise Erinnerungen überschreiben.[39] Daher sind Erinnerungen, die in Oral-History-Interviews wiedergegeben werden, eines »ganz sicher nicht«, wie der Soziologe Harald Welzer hervorhebt: »Erlebnisse und Geschehnisse, wie sie in der historischen Situation geschehen und erlebt worden sind.«[40]

Drittens wird oft kritisiert, lebensgeschichtliche Interviews seien verzerrt, weil sie gemeinsam von Interviewenden und Interviewten erstellt werden und ihre Inhalte immer vom Setting des Gesprächs abhängen.[41] Eine ähnliche Kontextgebundenheit ist jedoch für fast jede

36 Abrams, Oral History Theory, S. 79.

37 Thomson, Moving Stories, S. 35. Siehe hierzu auch Jan Assmanns Theorie des kollektiven Gedächtnisses, der zufolge Erinnerung immer das Ergebnis von Kommunikation ist und daher sozial weitergegeben wird. Dies macht Erinnerungen je nach Gruppe, in der sie erinnert werden, variabel. Siehe Assmann, Kollektives Gedächtnis und kulturelle Identität, S. 176.

38 So behauptet beispielsweise Rosario Westphal in ihrem Interview: »Ich habe natürlich auch schlechte Erfahrungen gemacht, aber […] ich weiß nicht, ob das so für Sie interessant ist.« StadtA WOB, H. 3.21, Nr. 6, Rosario Westphal, S. 10. Siehe dazu auch Maynes/Pierce/Laslett, Telling Stories, S. 70.

39 Kalpagam, Oral History, Reconstructing Women's Role, S. 1685.

40 Welzer, Das Interview als Artefakt, S. 247.

41 Kalpagam, Oral History, S. 1685; Welzer, Das Interview als Artefakt, S. 248.

Quelle zu konstatieren, ob Verhörprotokoll, journalistisches Interview oder Fotoreportage. Oder wie Thompson es formuliert hat: »For historians ›secondary analysis‹ has always been basic to their craft.«[42] Daher gilt für Oral-History-Interviews gleichermaßen das Gebot, auch diese Quellen durch die Auseinandersetzung mit anderen Primärquellen und Forschungsliteratur zum jeweiligen Thema zu kontextualisieren.[43]

Bei der Verwendung von Sekundärinterviews gilt es jedoch zu bedenken, dass die Interviewinhalte nicht zwingend mit den Forschungsschwerpunkten der Historikerinnen und Historiker übereinstimmen müssen, die sie für ihre Forschungsarbeiten heranziehen wollen.[44] Möglicherweise haben die Interviewenden überwiegend solche Fragen gestellt, die für ihr jeweiliges Forschungsprojekt von konkretem Interesse waren, die sich für spätere Forschungen jedoch als nur wenig ergiebig erweisen. Lutz Niethammer hob jedoch entschieden hervor, es seien die Antworten, die die Fragen stellten. Mit anderen Worten, die relevanten Fragen ergeben sich oft aus den Interviews selbst.[45] Dies wird besonders in der Struktur dieses Projekts sichtbar. Die Unterkapitel wurden hier gewählt, weil es sich um Kategorien handelt, die in den Interviews häufig auftauchen und daher in den Erzählungen dieser Frauen eine besondere Bedeutung haben. Daraus resultiert jedoch, dass andere Themen, die aus historischer Sicht ebenfalls von Interesse wären, nicht behandelt werden wie beispielsweise die Bedeutung der Religion oder die Frage nach den Geschlechterrollen und deren Veränderung während der Migration. Auch wenn diese Themen an bestimmten Stellen in der Diskussion gestreift werden, werden sie nicht gesondert in speziellen Abschnitten untersucht.

Da es sich bei den für diese Studie analysierten Quellen um narrative Interviews handelt,[46] liegt der Schwerpunkt jeweils auf der eigenständigen autobiografischen Erzählung der interviewten Person, die weitestgehend frei von Vorgaben den eigenen Lebensweg rekapituliert und berichtet. Anschließend folgen konkrete Nachfragen vonseiten der Interviewenden zum Erzählten, ehe Themenfelder berührt werden, die in der lebensgeschichtlichen Erzählung bewusst oder unbewusst außen vor geblieben sind. Auch während dieses Abschnitts waren die inter-

42 Thompson, The Voice of the Past, S. 352.

43 Portelli, What Makes Oral History Different; siehe auch Niethammer, Fragen – Antworten – Fragen, S. 57.

44 Grele, On Using Oral History Collections, S. 571.

45 Niethammer, Fragen – Antworten – Fragen, S. 37.

46 Schütze, Biographieforschung und narratives Interview, S. 101.

viewten Frauen frei, zu entscheiden, ob überhaupt, und wenn ja, wie detailliert sie antworten möchten. Die gewählte Form der Interviews ermöglichte den befragten Frauen, ihre eigenen Geschichten zu erzählen, sodass die Ergebnisse der Interviews weniger von den Fragen der Interviewer abhängen.[47]

Korrespondierend damit, sind die analysierten narrativen Interviews von besonderem Interesse, da sie zeigen, wie die Frauen die Erzählungen ihrer eigenen Lebensgeschichten strukturieren, sprachlich gestalten und wie sie ihre Erfahrungen bewerten. Wenn beispielsweise eine Interviewpartnerin im vorliegenden Fall ihre komplette Lebensgeschichte in lediglich acht Minuten zu Ende erzählt hat, dann jedoch mithilfe konkreter Fragen noch mehr als eine halbe Stunde weiterzuerzählen vermochte,[48] deutet dies darauf hin, dass sie sich der historischen Aussagekraft ihrer eigenen Erfahrungen möglicherweise nicht bewusst ist. In diesem Zusammenhang ergibt sich auch ein wichtiger Unterschied zwischen den Zitaten, die aus dem frei erzählten Teil der Interviews stammen, und den Aussagen, die erst auf direkte Fragen hin im späteren Verlauf der Interviews gemacht wurden. Leider war es nur bedingt möglich, dies während der Analyse für alle zitierten Passagen im Einzelnen auszuführen, doch wird an einigen Stellen bemerkt, dass einzelne Aussagen erst gemacht wurden, nachdem die Interviewpartnerin direkt nach einer bestimmten Erfahrung gefragt worden ist. Dies verdeutlicht, wie wenig die Frauen selbst bestimmte Erlebnisse als ausreichend signifikant erachten, um sie in die Erzählung ihrer Lebensgeschichte aufzunehmen. Darüber hinaus wurden biografische Interviews hier als zentrale Quellen ausgewählt, weil anhand ihrer untersucht werden kann, wie die Frauen ihre eigenen Migrations- und Integrationsprozesse bewerten, wie sie also ihre *subjektive Integration*, wie Vogler und Fritzsche es nennen, einschätzen.

Die innerhalb dieser Studie ausgewerteten Sekundärinterviews wurden zwischen März 2022 und April 2023 geführt. Die Auswahl der Interviewpartnerinnen erfolgte auf der Basis von Kontakten des Wolfsburger *Instituts für Zeitgeschichte und Stadtpräsentation* (IZS) und Weiterempfehlungen innerhalb der Wolfsburger migrantischen Community. Die Stichprobe ist dabei vor allem durch ihre begrenzte Anzahl von neun Interviews limitiert, die in Kapitel 2.1 näher vorgestellt werden. Zudem ist der Aussagewert insofern durch eine mangelnde Vielfalt be-

47 Grele, Oral History as Evidence, S. 58; Abrams, Oral History Theory, S. 109.

48 So zum Beispiel auch im Interview StadtA WOB, H. 3.21, Nr. 5, Maria Teresa Martinez Alvarez Brauner.

grenzt, als die Stichprobe allein Frauen umfasst, die in Deutschland geblieben sind. Damit bleiben die Erfahrungen all jener Frauen außen vor, die in ihre Heimatländer zurückgekehrt sind. Schließlich ist zu konstatieren, dass diese Analyse in der Regel auf Basis der Transkriptionen der Interviews erfolgte,[49] folglich die jeweilige Gestik und Stimme der Interviewten in der Interpretation keine Berücksichtigung fanden,[50] obgleich ich mir durchaus bewusst bin, wie sehr diese die Bedeutung von Sätzen und Aussagen verändern können.

Ich habe mich für die narrative Analyse als methodischen Rahmen entschieden, da die strukturelle Gestaltung eines Interviews zusätzliche Einblicke in das Selbstverständnis der Interviewten bieten kann, die über den reinen Inhalt hinausgehen. Der Begriff der »narrativen Analyse« beschreibt laut der britischen Historikerin Lynn Abrams eine Methode, die zunächst identifiziert und dann erklärt, wie Interviewte in ihrer Konstruktion von Erinnerung Geschichten und Narrative nutzen, um die Welt um sie herum zu verstehen und zu interpretieren.[51] Trotz dieser Definition gibt es jedoch keine Einigung darüber, wie eine solche Analyse konkret durchgeführt werden sollte.[52] Daher ist innerhalb dieser Arbeit die Analyse in zwei Schritten erfolgt, wobei der erste eine genauere Analyse der im Interview verwendeten Sprache ist. Dabei geht es darum, »that we find ways of comprehending not just *what* is said, but also *how* it is said, *why* it is said and *what* it means«.[53] So rückt beispielsweise die Erzählperspektive in den Fokus der Untersuchung, die nach dem italienischen Historiker Alessandro Portelli drei Formen annehmen kann – *institutional* (dritte Person Singular), *communal* (erste Person Plural) oder *personal* (erste Person Singular)[54] – und dadurch Einblicke in das Selbstverständnis der Interviewten bietet. Darüber

49 In den entsprechenden Datenblättern heißt es dazu: »Die Ersttranskription erfolgte über die Transkriptionssoftware *Adobe Premiere Pro* und wurde anschließend nach den Regeln der einfachen Transkription gegengearbeitet – und dies mit dem Ziel, eine einfache, textgenaue Transkription zu erstellen. Diese soll eine inhaltsorientierte Textanalyse ermöglichen und verzichtet weitestgehend auf Sonderzeichen für nonverbale Kommunikation und lautliche Eigenschaften wie Tempo, Satzmelodie, Betonung et cetera […].« Siehe etwa StadtA WOB, H. 3.21, Nr. 27, Angela Ziemann, S. 4. Siehe zu Veränderungen durch den Transkriptionsprozess Mazé, The Uneasy Page.

50 Grele, Oral History as Evidence, S. 69.

51 Abrams, Oral History Theory, S. 106: »Narrative analysis identifies and then explains the ways in which people create and use stories to interpret the world.«

52 Ebd., S. 114.

53 Ebd., S. 1, Hervorhebung im Original.

54 Portelli, There's Gonna Always Be a Line, S. 27.

hinaus kann anhand der Betrachtung der »›velocity‹ of narration«,[55] des Verhältnisses der realen Dauer des eigentlichen Erlebnisses zur Erzähldauer im Interview, beurteilt werden, welche Bedeutung die Sprecherin einer bestimmten Erfahrung beimisst.

In einem zweiten Schritt werden die Interviews sodann kontextualisiert, um jene Ebenen herauszufiltern, die über die Einzelgeschichte hinausführen, und allgemeingültige Aussagen zur weiblichen Migration im Nachkriegsdeutschland im Sinne einer »sociological generalization« tätigen zu können.[56] Laut der Historikerin Mary Jo Maynes und den Soziologinnen Jennifer L. Pierce und Barbara Laslett ermöglicht dieser Zugang die Übertragung einzelner Resultate auf einen größeren Kontext, solange gezeigt werden kann, dass die Analyse anderer Individuen in ähnlicher Position zu übereinstimmenden Ergebnissen bezüglich der betrachteten Gesellschaft geführt hätte.[57]

Ausgeblendet – Frauen und Migration in der Forschung

»Historiography«, so haben es die Historikerinnen Nancy L. Green und Siân Reynolds in ihrem Überblick über die Entwicklung der historischen Migrationsforschung treffend formuliert, »is always on the move«.[58] Gerade bei der Erforschung der weiblichen Migration ist es daher von entscheidender Bedeutung, zu berücksichtigen, wie sich die Forschungsansätze in den letzten Jahrzehnten verändert haben. Lange Zeit war die Migrationsforschung durch ein »male bias« gekennzeichnet.[59] Sowohl soziologisch als auch historisch arbeitende Wissenschaftler und Wissenschaftlerinnen konzentrierten sich überwiegend nicht nur auf den männlichen Migranten als Forschungsthema, sondern gingen darüber hinaus davon aus, dass Frauen allenfalls als »tied movers« migrierten.[60] Infolgedessen wurden Migrantinnen in der Regel nur am Rande erwähnt und als passive und von ihren Familien abhängige

55 Portelli, The Death of Luigi Trastulli and Other Stories, S. 49.

56 Siehe zur Notwendigkeit einer Generalisierung Maynes/Pierce/Laslett, Telling Stories, S. 128.

57 Ebd., S. 129.

58 Green/Reynolds, Four Ages of Migration Studies, S. 183.

59 Pessar, Engendering Migration Studies, S. 22; Herwartz-Emden, Konzepte von »Weiblichkeit« im Migrationskontext, S. 89.

60 Siehe beispielsweise Mincer, Family Migration Decisions.

Kettenmigrantinnen wahrgenommen.[61] Dies liegt Monika Mattes zufolge, die in den 1990er Jahren die erste und bislang einzige ausführliche historische Untersuchung zur weiblichen Arbeitsmigration nach Deutschland in der Nachkriegszeit vorgelegt hat,[62] vor allem an den spezifischen Forschungsansätzen und weniger an einer numerischen Irrelevanz dieser Frauen.[63] Dieses »›laute Schweigen‹« über Geschlecht und Migration wurde erst ab den 1970er und 1980er Jahren langsam gebrochen,[64] als die soziologische Migrationsforschung begann, auch die weibliche Perspektive zu berücksichtigen. Die erste Welle dieser Forschungen, auch als »›add women and stir‹-approach« bezeichnet,[65] machte deutlich, dass Frauen auch individuell migrieren. Im Anschluss an diese Fokussierung auf weibliche Migrationserfahrungen begannen Forscherinnen und Forscher im Zuge des sogenannten »attributive approach« danach zu fragen,[66] wie sich die Situationen von weiblichen und männlichen Migranten gegenseitig bedingen und beeinflussen. Geschlecht wurde zu einer »useful category of historical analysis«, wie der Titel eines bahnbrechenden Artikels von Joan Scott bereits deutlich früher forderte.[67] Geschlecht wird dabei nicht nur als biologische Kategorisierung verstanden, sondern als ein sozial geformtes Merkmal, das selbst historischem Wandel unterliegt.[68]

Indem sie Migration zudem aus einer eher strukturalistischen Perspektive betrachteten, untersuchten viele Studien, wie Geschlecht im Migrationskontext konstruiert und rekonstruiert wird, etwa durch Regelungen und Anforderungen von Staaten oder Arbeitgebern, und zielten darauf ab, die unterschiedlichen Migrationserfahrungen von Männern und Frauen zu erklären.[69] Neben den zahlreichen Studien zur Arbeitsmigration nach Deutschland in der Nachkriegszeit, darunter das Standardwerk *Ge-*

61 Siehe für den Begriff der Kettenmigration Haug, Kettenmigration am Beispiel italienischer Arbeitsmigranten.

62 Siehe ihren wichtigsten Beitrag Mattes, »Gastarbeiterinnen« in der Bundesrepublik.

63 Mattes, Hindernisse und Strategien der staatlichen Anwerbung, S. 105.

64 Gümen, Frauen, Arbeitsmarkt und Einwanderungsgesellschaft, S. 30.

65 Nawyn, Gender and Migration, S. 750.

66 Lutz/Amelina, Gender in Migration Studies, S. 57.

67 Scott, Gender. A Useful Category of Historical Analysis. Siehe auch Green, Changing Paradigms in Migration Studies. Für neuere Forschungen siehe Brettell, Gender and Migration.

68 Krauss/Sonnabend, Frauen und Migration, S. 10.

69 Ebd.; siehe als ein Beispiel Hondagneu-Sotelo, Gendered Transitions; Kofman/Phizacklea/Raghuram/Sales, Gender and International Migration in Europe; Pessar, Engendering Migration Studies. Auch Mattes' Untersuchung von Arbeitsmi-

schichte der Ausländerpolitik in Deutschland von Ulrich Herbert,[70] boten einige regionale Studien wichtige Erkenntnisse für die vorliegende Analyse. Insbesondere Stefan Zeppenfelds Arbeit zu türkischen Migrantinnen und Migranten in West-Berlin und Barbara Sonnenbergers Buch über regionale Migrationserfahrungen in Hessen sind aufgrund ihrer Struktur und ihrer regionalen Perspektive interessante Bezugspunkte.[71] Darüber hinaus fanden Oral-History-Studien Berücksichtigung, die die individuellen Erfahrungen von Migranten und insbesondere Migrantinnen in einem ähnlichen Zeitraum untersuchen. Einschlägig ist beispielsweise eine Untersuchung zu koreanischen Krankenschwestern, die nach dem Krieg nach Deutschland kamen,[72] oder die Forschungsarbeiten der belgischen Historikerin Jozefien De Bock, die sich mit der mediterranen Migration in das belgische Gent in den 1960er bis 1980er Jahren befasst. »Post-war Mediterranean migration to Western Europe«, so eine ihrer zentralen Thesen, »cannot be reduced to a stereotypical story of guest worker recruitment and subsequent family reunification«.[73] Besonders wichtig waren zudem Studien, die sich mit dem Bild der Migrantin im deutschen Kontext beschäftigen, wie etwa die der Historikerin Lauren Stokes[74] oder der Sozialwissenschaftlerin Christine Huth-Hildebrandt.[75] Des Weiteren nimmt auch die Kulturwissenschaftlerin Maike Wöhler in ihrem kürzlich erschienenen Buch zu griechischen Arbeitsmigrantinnen und Arbeitsmigranten beim Schreibmaschinenhersteller *Olympia* die spezifische Situation der Frauen in den Blick.[76]

Ist die Arbeitsmigration in die ›Käferstadt‹ auch bereits in zahlreichen Forschungsarbeiten zum Thema gemacht worden,[77] so wurde die spezi-

grantinnen ist aus einer Makroperspektive geschrieben, siehe Mattes, »Gastarbeiterinnen« in der Bundesrepublik.

70 Herbert, Geschichte der Ausländerpolitik in Deutschland; ders./Hunn, Gastarbeiter und Gastarbeiterpolitik in der Bundesrepublik.

71 Siehe auch Zeppenfeld, Vom Gast zum Gastwirt; Sonnenberger, Nationale Migrationspolitik und regionale Erfahrungen; Aysel, Vom »Gastarbeiter« zum »Deutschtürken«.

72 Na, South Korean Nurses to West Germany? S. 195; Kim, Making Homes Here and Away.

73 De Bock, Not all the Same after all? S. 586; dies., Parallel Lives Revisited.

74 Stokes, Fear of the Family; dies., The »Market-Conforming« Family; dies., Knowledge about the »Migrant Woman«.

75 Huth-Hildebrandt, Das Bild von der Migrantin.

76 Wöhler, »In Deutschland wartet das Paradies auf uns«.

77 Grieger, Zuwanderung und junge Industriestadt; Richter/Richter, Die Gastarbeiter-Welt; von Oertzen, Männerwelt Volkswagenwerk; von Oswald, »Stippvisiten« in der »Autostadt«.

fische Situation von Migrantinnen in Wolfsburg bislang noch nicht systematisch in den Fokus gerückt. Ein erster Versuch dazu ist kürzlich mit dem durch das IZS herausgegebenen Band *Percorsi di vita* unternommen worden, in dem die Erfahrung von Migranten und Migrantinnen in Wolfsburg in Graphic Biographies verhandelt werden. Anita Placenti-Grau betont darin, gerade die Geschichten von Frauen seien von besonderem Interesse, da »ihre Lebenswege [...] nicht weniger vielschichtig und erzählenswert [sind] als die ihrer männlichen Landsleute«.[78] Trotz dieses begrüßenswerten Plädoyers konzentriert sich leider auch diese Studie, wie die meisten davor, auf die Erfahrung von Italienerinnen und Italienern als der größten Gruppe von Einwanderern in Wolfsburg und übersieht dabei andere migrantische Communities und deren Integrationsprozesse.[79] Wie der Historiker Christoph Lorke in seiner Untersuchung zu binationalen Ehen in Wolfsburg bereits festgestellt hat, weisen diese Defizite in der bisherigen Forschung auf die Notwendigkeit hin, Einwandererfamilien sowie die individuelle Perspektive von Migrantinnen und Migranten umfassender zu untersuchen:

> Individuelle Erinnerungen von Migrantinnen und Migranten an und aus der Arbeits-, Lebens- und Liebeswelt in Wolfsburg in jenen Jahren [...] deuten auf die Wichtigkeit des Themas interkultureller Lebens- und binationaler Familienwelten hin – und nicht zuletzt auf die Funktion dieser Familien als Brückenbauer zwischen unterschiedlichen Herkünften. Sie zeigen darüber hinaus, dass es künftig noch viel stärker gilt, sie für die Forschung zu nutzen beziehungsweise neue Interviews zu erheben.[80]

Darüber hinaus eröffnet die besondere Migrationsgeschichte der Stadt eine interessante Ausgangssituation für die Analyse: Die späte Stadtgründung sowie die damit zusammenhängende ständige Abhängigkeit von Arbeitsmigration bieten die Möglichkeit, zu untersuchen, wie Zuwanderung das Stadtleben prägte und bis heute prägt. Wie in Kapitel 1.2 näher untersucht wird, war Wolfsburg zudem aufgrund der extremen Bedeutung des Automobilunternehmens *Volkswagen* vor allem zu Beginn des Untersuchungszeitraums eine »Männerwelt«, wie es die Historikerin Christine von Oertzen ausdrückt.[81] Sie bezieht sich damit

78 Placenti-Grau, Weibliche Stimmen der Migration, S. 106.

79 Alexander Kraus plädiert für mehr Forschung in dieser Hinsicht. Siehe Kraus, Gegen die Lücken der Überlieferung, S. 14f.

80 Lorke, Wo die Liebe hinfällt, S. 158.

81 von Oertzen, Männerwelt Volkswagenwerk.

auf die spezifischen Einstellungsvoraussetzungen im Automobilunternehmen, die Wolfsburg für lange Zeit vor allem zu einem Ziel für männliche Migranten gemacht haben. Dies erlaubt es in besonderer Weise, sowohl die spezifischen Herausforderungen als auch die *Agency* von Migrantinnen zu untersuchen und zu beleuchten.

Ein neuer Fokus

Wie der Historiker Kai Krüger hervorhebt, ist historische Forschung selten zustimmend, sondern entwickelt sich immer in einem »Spannungsfeld zum Master-Narrativ«.[82] Innerhalb dieser Arbeit wird das bestehende historische Narrativ in diesem Sinne in dreierlei Hinsicht hinterfragt. Erstens habe ich mich für eine regionale Studie entschieden, weil es gerade in der Migrationsgeschichte eine besondere »Relevanz des Lokalen für das Überlokale« gibt.[83] Städte sind nicht nur die Orte, an denen Migrantinnen wie Migranten ihr neues Leben beginnen und mit Behörden und Einheimischen in Kontakt kommen,[84] sondern sie bestimmen durch die gültigen Regelungen und Möglichkeiten, die sie bieten, auch den Integrationsprozess von Migrantinnen und Migranten. Und schließlich werden diese Städte in der Folge auch von den sich dort niederlassenden Ausländerinnen und Ausländern auf vielfache Art und Weise geprägt und mitgestaltet.[85] Dies unterstreicht die Notwendigkeit regionaler und lokaler Studien, um migrantische Lebensrealitäten besser zu verstehen und so eine differenziertere Migrationsgeschichte Deutschlands schreiben zu können.[86] Zweitens umfasst die Interviewstichprobe Frauen aus verschiedenen Herkunftsländern – namentlich Argentinien, Bolivien, Griechenland, Italien, dem ehemaligen Jugoslawien, Polen und Spanien –, was deutlich macht, dass die Migration nach Wolfsburg im Untersuchungszeitraum weit vielfältiger war, als oft behauptet und durch die monothematische Fokussierung auf die Zuwanderung aus Italien suggeriert wird.

82 Krüger, Wirtschafswunder und Mangelwirtschaft, S. 363.

83 Oltmer, Einführung. Migrationsregime vor Ort, S. 3.

84 Baumeister/Sturm-Martin, Migration und Urbaner Wandel im 20. Jahrhundert, S. 5; Alexopoulou, Vom Nationalen zum Lokalen und zurück? S. 478.

85 Grieger, Zuwanderung und junge Industriestadt, S. 178; Širbegović, Shift the City, S. 142.

86 Sonnenberger, Nationale Migrationspolitik und regionale Erfahrungen, S. 24.

Diese Studie folgt darin dem Ansatz von Alexander Kraus und Aleksandar Nedelkovski, die in ihrem Sammelband *Mitgebracht. Eine Zuwanderungsgeschichte Wolfsburgs* erstmalig spezifisch die Vielfalt der Immigration nach Wolfsburg nachzeichnen.[87] Damit kontrastiert meine Studie bisherige Narrative, die sich oft auf Türkinnen und Türken als größte migrantische Gruppe in Deutschland konzentrieren, »leaving smaller groups – whose presence, much like today, added greatly to migration-driven diversity – out of the picture«.[88] Und drittens argumentiere ich, dass die Analyse der unterschiedlichen Migrationserfahrungen dieser Frauen neue Erkenntnisse zu (West-) Deutschland und Wolfsburg als Aufnahmegesellschaften, aber auch über weibliche Migrationserfahrungen im Allgemeinen liefern kann. Daher zielt diese Arbeit darauf ab, den Fokus auf das »bisher Ungesagte, Unsichtbare und Marginalisierte« zu lenken und ein neues,[89] diverseres Bild von Migration während der 1960er bis 1980er Jahre zu skizzieren. Damit zusammenhängend ist ein weiteres Ziel dieser Studie formuliert: zu einer »Integration durch historische Anerkennung« beizutragen,[90] indem die Geschichten dieser Frauen als ein wichtiger Teil der deutschen Migrationsgeschichte sichtbar gemacht werden.

Zusammenfassend führt die Analyse daher zu drei zentralen Thesen. Vor dem Hintergrund, dass diese Migrantinnen bis in unsere unmittelbare Gegenwart hinein oft *ungesehen* blieben, werden erstens ihre Geschichten in dieser Arbeit nicht nur erzählt, sondern es wird zugleich ihre Bedeutung für eine differenziertere Migrationsgeschichte Deutschlands hervorgehoben. Zweitens zeigt die Analyse ungeachtet der Heterogenität dieser Gruppe – sowohl was den Migrationshintergrund als auch die Migrationsmotive betrifft[91] –, dass sie ähnliche Erfahrungen gemacht haben wie Migrantinnen in anderen Kontexten. Darüber hinaus zeige ich drittens, dass eine Analyse der Lebensgeschichten der Frauen, die nach Wolfsburg immigrierten, auch spezifische Erkenntnisse bezüglich der Bedeutung weiblicher Netzwerke und der *Agency* von Migrantinnen hervorbringen kann.

87 Kraus/Nedelkovski, Mitgebracht.

88 De Bock, Not all the Same after all? S. 584.

89 Yildiz, Postmigrantische Perspektiven, S. 23.

90 Motte/Ohliger, Geschichte und Gedächtnis in der Einwanderungsgesellschaft, S. 9.

91 In diesem Sinne unterscheidet sich diese Arbeit von den meisten Oral-History-Studien, die sich mit einer bestimmten ethnischen oder beruflichen Gruppe von Migranten befassen.

Trotz der beschriebenen neuen Einblicke, die sie eröffnet, stellt die Fokussierung auf Wolfsburg aber auch eine der Begrenzungen dieser Arbeit dar, was auch an der Anwerbepolitik des Automobilunternehmens und seiner starken Einflussnahme auf die lokale Politik liegt: So könnte die Analyse ortsspezifische Erfahrungen aufdecken, die Migrantinnen zur gleichen Zeit in anderen Teilen Westdeutschlands nicht gemacht haben. Darüber hinaus ließe sich monieren, die Studie sei durch den Fokus auf die weibliche Perspektive limitiert, weil sie damit auf den oft geforderten Gender-Ansatz verzichtet.[92] Doch zielt die Arbeit darauf ab, nicht allein die Geschichten der Frauen in das bestehende Narrativ zu implementieren, sondern ihre besonderen Perspektiven dazu zu nutzen, um die Komplexität der Nachkriegsmigration in die Bundesrepublik zu verdeutlichen und die Bedeutung dieser Frauen für diese Geschichte zu betonen.

92 Wierling, Keine Frauengeschichte nach dem Jahr 2000!

1 Historischer Kontext: Migration in die Bundesrepublik

1.1 »Die Bundesrepublik Deutschland ist kein Einwanderungsland.« Nachkriegsmigration nach Westdeutschland

Nach Ende des Zweiten Weltkrieges erlebte die Bundesrepublik wenigstens fünf große Migrationswellen, wobei die erste unmittelbar nach Kriegsende vor allem aus Displaced Persons und Flüchtlingen aus den ehemaligen deutschen Ostgebieten bestand. Die beiden Gruppen zeichneten in den 1950er Jahren für mehr als 90 Prozent des Bevölkerungszuwachses der Bundesrepublik verantwortlich; 1960 machten sie bereits ein Viertel der westdeutschen Bevölkerung aus.[1] Nach der Teilung Deutschlands im Jahr 1949 erreichten dann vor allem Flüchtlinge aus der Deutschen Demokratischen Republik (DDR) das westliche Nachbarland.[2] Teilweise parallel dazu, verstärkt nach dem Ende dieses Migrationsstroms durch den Bau der Mauer im Jahr 1961, begannen westdeutsche Unternehmen mit einer umfassenden Rekrutierung ausländischer Arbeitskräfte, für die die Bundesregierung bilaterale Anwerbeverträge unterzeichnet hatte. Auch wenn der Zeitraum zwischen dem offiziellen Beginn der Anwerbung 1955 und dem 1973 vollzogenen Anwerbestopp mit Blick auf die Migration daher zumeist unter dem Begriff der Arbeitskräfteanwerbung diskutiert wird, ist es notwendig zu betonen, dass sich die verschiedenen Phasen der Immigration überschnitten und Flüchtlinge wie Vertriebene zum Zeitpunkt der Ankunft der ersten Arbeitsmigrantinnen und Arbeitsmigranten, die wäh-

1 Herbert, Geschichte der Ausländerpolitik in Deutschland, S. 193.

2 Siehe zur Teilung Deutschlands Schwarz, The Division of Germany. Mit dem Bau der Berliner Mauer wurde am 13. August 1961 begonnen. Sie sollte eine Flucht der Ostdeutschen aus Ostberlin in den Westen verhindern. Siehe dazu Wolfrum, Die Mauer.

rend der staatlichen Anwerbeperiode in die Bundesrepublik gekommen sind, noch nicht unbedingt vollständig integriert waren.[3] Mit den letzten beiden Migrationswellen kamen schließlich Migrantinnen und Migranten aus der ehemaligen Sowjetunion nach deren Zusammenbruch[4] sowie in den vergangenen Jahrzehnten zunehmend Kriegs-, Wirtschafts- und Klimaflüchtlinge nach Deutschland.

Da sich diese Forschungsarbeit auf die Lebensgeschichten von Migrantinnen konzentriert, die ihren Weg in die Bundesrepublik während der dritten Welle der Nachkriegsmigration fanden, wird diese Phase im Folgenden ausführlicher behandelt. Auslöser für die westdeutsche Anwerbung ausländischer Arbeitskräfte war das ›Wirtschaftswunder‹ der 1950er Jahre. Nach der ›Mangelwirtschaft‹ und der Deflation der deutschen Währung unmittelbar nach Kriegsende[5] stieg das deutsche Bruttoinlandsprodukt ab Anfang der 1950er Jahre derart stark an – das reale Sozialprodukt pro Kopf verdreifachte sich dabei von 1950 bis 1973[6] –, dass »Deutschland buchstäblich aus der Asche auferstand«, wie es der Historiker Mark Spicka metaphorisch festhielt.[7] Ermöglicht wurde dieses schnelle Wirtschaftswachstum durch mehrere Faktoren, so die Steigerung des Konsums, die Liberalisierung des Außenhandels und die Zunahme der Exporte, die Anfänge der intensivierten Zusammenarbeit zwischen westeuropäischen Ökonomien sowie eine Steigerung der landwirtschaftlichen Produktivität.[8] Der Begriff ›Wirtschaftswunder‹ spiegelt dabei den Unglauben der Zeitgenossinnen und Zeitgenossen über die rasche wirtschaftliche und politische Erholung des Landes wider.[9] Dabei handelte es sich bei diesem wirtschaftlichen Phänomen nicht um ein deutsches Alleinstellungsmerkmal; es hatte vielmehr »Epochencharakter«,[10] da eine ähnliche Entwicklung in mehreren europäischen

3 Bade/Oltmer, Einführung, S. 32.

4 Siehe zum Ende des Kalten Krieges und dem Zusammenbruch der Sowjetunion 1989 Lévesque, The East European Revolutions of 1989.

5 Steiner, Zwischen Wirtschaftswundern, S. 179.

6 Knortz, Diplomatische Tauschgeschäfte, S. 40.

7 Spicka, Selling the Economic Miracle, S. 2 [Übersetzung durch die Verfasserin]; Abelshauser, Deutsche Wirtschaftsgeschichte seit 1945, S. 154; Herbert, Geschichte der Ausländerpolitik in Deutschland, S. 193–195; Krüger, Wirtschafswunder und Mangelwirtschaft, S. 70; Miller, Postwar Negotiations, S. 12.

8 Siehe hierzu Steiner, Zwischen Wirtschaftswundern, S. 181 f.

9 Siehe dazu Lindlar, Das mißverstandene Wirtschaftswunder, S. 1; Herbert, Geschichte der Ausländerpolitik in Deutschland, S. 192.

10 Lindlar, Das mißverstandene Wirtschaftswunder, S. 2; Krüger, Wirtschafswunder und Mangelwirtschaft, S. 251.

Nachkriegsländern wie etwa Frankreich, Österreich oder den Niederlanden zu beobachten war. Dies ist insofern von Bedeutung, als eben auch die Anwerbung ausländischer Arbeitskräfte nicht lediglich eine westdeutsche Erfindung, sondern vielmehr ein verbreitetes Phänomen im Westeuropa der Nachkriegszeit war.[11]

Die skizzierte rasante Steigerung der wirtschaftlichen Produktivität initiierte einen sprunghaften Anstieg der Arbeitskräftenachfrage, die in einer »Jagd [...] auf Arbeitskräfte im Mittelmeerraum« resultierte.[12] Die sogenannte Anwerbeperiode begann mit dem ersten Anwerbeabkommen zwischen der Bundesrepublik und Italien im Jahr 1955, dem sich 1960 Verträge mit Spanien und Griechenland, 1961 mit der Türkei, 1963 mit Marokko, 1964 mit Portugal, 1965 mit Tunesien und schließlich 1968 mit dem damaligen Jugoslawien anschlossen.[13] Infolgedessen stieg die Zahl der angeworbenen Arbeitskräfte in den 1960er Jahren gravierend an: Während sich im Jahr 1960 lediglich 280.000 ausländische Arbeitnehmerinnen und Arbeitnehmer in Westdeutschland befanden, erhöhte sich diese Zahl bis 1973 auf 2,3 Millionen.[14] Die meisten dieser Migrantinnen und Migranten waren geringqualifiziert und arbeiteten daher oftmals in Industriezweigen, die schwere körperliche Arbeit erforderten wie beispielsweise dem Straßen- oder Bergbau oder in Berufen mit geringerem Status. Wie in einem Artikel des politischen Magazins *Der Spiegel* bereits 1964 angedeutet wurde, übernahmen diese ausländischen Arbeitskräfte häufig Tätigkeiten, »die von den Deutschen mehr und mehr gemieden werden«.[15] Indem sie eine Art »Subproletariat vorwiegend schlecht qualifizierter Hilfsarbeiter [bildeten], das fehlende deutsche Arbeitskräfte in den unteren Bereichen der Arbeitsplatzhierarchie ersetzte, zum anderen aber die Voraussetzungen für einen massiven sozialen Mobilitätsschub der deutschen Arbeitnehmer schuf«, verschärften sie die Segmentierung des westdeutschen Arbeitsmarktes.[16]

Auch wenn der Schwerpunkt der damaligen Politik, aber auch der heutigen Migrationsforschung, zu dieser Phase der westdeutschen

11 Siehe für diese vergleichende europäische Perspektive etwa Berlinghoff, Das Ende der »Gastarbeit«; Oltmer/Kreienbrink/Sanz Díaz, Das »Gastarbeiter«-System.

12 Dietrich/Motte/von Oswald, Literaturüberblick zur Migration im Nachkriegsdeutschland, S. 365.

13 Mattes, »Gastarbeiterinnen« in der Bundesrepublik, S. 9.

14 Ebd., S. 185.

15 »Per Moneta«, in: Der Spiegel, Nr. 41, vom 6. Oktober 1964.

16 Herbert, Geschichte der Ausländerpolitik in Deutschland, S. 214; siehe auch Mattes, »Gastarbeiterinnen« in der Bundesrepublik, S. 193; Alexopoulou, Deutschland und die Migration, S. 109.

Migration auf den offiziell angeworbenen Arbeitsmigrantinnen und Arbeitsmigranten, den »Gastarbeitern«, lag und liegt, muss betont werden, wie vielfältig die Migrationswege für ausländische Arbeiterinnen und Arbeiter nach Westdeutschland waren: Entweder kamen sie im Rahmen der offiziellen Anwerbeabkommen, wobei ihnen von den deutschen Kommissionen in ihren Herkunftsländern bereits Einreise- und Arbeitserlaubnisse ausgestellt wurden,[17] oder sie immigrierten über einen *Sichtvermerk*. Letzteres bezeichnet eine Situation, in der auch Einzelpersonen direkt von westdeutschen Stellen in den Entsendestaaten in die Bundesrepublik geschickt werden konnten, sofern es noch freie Stellen gab. Grundbedingung dafür war indes, »dass Arbeitnehmer/in und Arbeitgeber einander namentlich bekannt waren«.[18] Als dritte Möglichkeit bestand die Einreise über ein Touristenvisum, der die Stellensuche nach Ankunft in Westdeutschland folgte.[19]

Aufgrund dieser verschiedenen Einreisemodalitäten ergaben sich auch rechtliche Unterschiede zwischen den Migrantinnen und Migranten: Während angeworbene Ausländerinnen und Ausländer eine befristete Arbeits- und Aufenthaltserlaubnis erhielten, die sich jährlich verlängern ließ, bis sie nach fünf Jahren eine unbefristete Erlaubnis erhalten konnten, durften individuelle Migrantinnen und Migranten offiziell nicht arbeiten, konnten allerdings eine Aufenthaltserlaubnis beantragen, falls Arbeitskräfte benötigt wurden.[20] Damit verbunden bot der Weg über die offizielle Anwerbung mehr Sicherheit und bedeutete, während der Migration durch das jeweilige Unternehmen sowie Wohlfahrtsverbände begleitet zu werden und von ihrem Arbeitgeber eine Unterkunft gestellt[21] und die Reisekosten erstattet zu bekommen.[22] Während individuelle Migrantinnen und Migranten keinen Anspruch auf diese Unterstützungen hatten, war ihre Form der Zuwanderung dagegen viel unkomplizierter, da sie von dem langwierigen Antragsverfahren, das auch eine medizinische Untersuchung beinhaltete, ausgenommen waren.[23]

17 Mattes, »Gastarbeiterinnen« in der Bundesrepublik, S. 138.

18 Ebd., S. 138; Alexopoulou, Deutschland und die Migration, S. 100. Dieser Weg wurde erst 1972 für alle Entsendeländer geschlossen; siehe Mattes, »Gastarbeiterinnen« in der Bundesrepublik, S. 148.

19 Mattes, »Gastarbeiterinnen« in der Bundesrepublik, S. 67; Alexopoulou, Deutschland und die Migration, S. 100.

20 Alexopoulou, Deutschland und die Migration, S. 100; Sala, Vom »Fremdarbeiter« zum »Gastarbeiter«.

21 Sanz Díaz, Umstrittene Wege, S. 125.

22 Mattes, »Gastarbeiterinnen« in der Bundesrepublik Deutschland.

23 Sanz Díaz, Umstrittene Wege, S. 125.

Diese Unterscheidung der verschiedenen Migrationswege ist insofern besonders relevant, wenn die jeweilige Situation von Migrantinnen betrachtet wird. Die Zahlen in Tabelle 1 verdeutlichen, dass der Großteil der Ausländerinnen nicht als Teil der offiziell angeworbenen Arbeitskräfte nach Westdeutschland kam, sondern individuell immigrierte:

Tabelle 1: Migrationswege ausländischer Arbeitnehmerinnen 1960 und 1973

	1960	1973
Gesamtzahl ausländischer Arbeitnehmerinnen in der Bundesrepublik	43.193	706.591
Davon offiziell angeworben	5.218	52.070
Davon individuell immigriert	37.975	654.521
Resultierender Anteil der individuell immigrierten Frauen	87,92 %	92,63 %

Eigene Darstellung nach Mattes, »Gastarbeiterinnen« in der Bundesrepublik, S. 39 und 187

Obwohl es Touristinnen und Touristen offiziell nicht erlaubt war, einer Lohnarbeit nachzugehen, erhielten vor allem Frauen aufgrund des großen Bedarfs an weiblichen Arbeitskräften in der westdeutschen Wirtschaft häufig dennoch eine Arbeitserlaubnis.[24] Die hohe Nachfrage nach weiblichen Beschäftigten resultierte dabei aus der Struktur des westdeutschen Arbeitsmarktes, der neben der bereits angesprochenen ethnischen Segmentierung auch nach Geschlechtern getrennt war.[25] Die Nachfrage nach Arbeitskräften stieg in den späten 1950er Jahren vor allem in den Niedriglohnsektoren an, die traditionell als frauendominierte Bereiche galten. Dies bezog sich überwiegend auf die Lebensmittel- und Textilbranche, galt aber auch für die Elektro- und Metallindustrie. Der Mangel an weiblichen Arbeitskräften stellte daher auch etablierte Geschlechternormen und traditionelle Vorstellungen über die Arbeitsteilung zwischen den Geschlechtern infrage.[26]

Folglich boten sich zwei Möglichkeiten, wie diese steigende Nachfrage gedeckt werden konnte: entweder durch eine höhere Beschäftigungsquote westdeutscher Frauen oder durch die Anwerbung

24 Mattes, »Gastarbeiterinnen« in der Bundesrepublik, S. 137.

25 Fleischmann/Höhne, Gender and Migration on the Labour Market, S. 1325; Beck-Gernsheim, Der geschlechtsspezifische Arbeitsmarkt.

26 Mattes, »Gastarbeiterinnen« in der Bundesrepublik, S. 11.

ausländischer weiblicher Arbeitskräfte. Dass sich die deutschen Behörden für letztere Option entschieden, hängt vor allem mit dem sogenannten Ernährer-Hausfrau/Zuverdienerin-Modell zusammen, das zu dieser Zeit in der deutschen Politik und Gesellschaft fest etabliert war.[27] Diesem Konzept zufolge wurde der Mann als Hauptversorger der Familie verstanden, während die Frau für Haushalt und Kinder verantwortlich war und, wenn überhaupt, so lediglich einen geringen Anteil zum Familieneinkommen beisteuerte.

Aus der anfänglich festen Etablierung dieser Geschlechterrollen ergab sich eine Diskrepanz zwischen konservativen politischen Ansichten einerseits, die deutsche Frauen von einer Erwerbstätigkeit abhalten wollten, und dem wachsenden Bedarf an weiblichen Arbeitskräften in der Wirtschaft andererseits.[28] Aber auch die daraus resultierende Entscheidung, vermehrt weibliche Arbeitskräfte aus dem Ausland anzuwerben und vor allem auch individuell immigrierten Frauen eine Arbeitserlaubnis zu erteilen, führte zu Unstimmigkeiten, das deutsche Migrationssystem betreffend: Während die Wirtschaft weibliche Arbeitskräfte benötigte und daher auch Frauen als Arbeiterinnen akzeptierte, die als Touristinnen eingereist waren, zielten westdeutsche Behörden auf eine kontrollierte Migration ab und versuchten daher, diese Form der Einreise zu regulieren.

Dass Frauen, besonders solche, die mit Kindern auf diesem ungeregelten Weg einreisten, zum »Chiffre für die unerwünschte Einwanderung« wurden,[29] zeigt sich auch in Wolfsburg, wo sich die Stadtverwaltung 1967 beschwerte: »Ehefrauen portugiesischer Gastarbeiter reisen als Besucher ein und versuchen als Arbeitskräfte unterzukommen.«[30] Nichtsdestotrotz verfolgten die westeuropäischen Länder bis Anfang der 1970er Jahre »open-door policies towards labour migration«.[31] Der Begriff bezieht sich auf die Tatsache, dass die Regierungen aufgrund des hohen Bedarfs an weiblichen Arbeitskräften dazu bereit waren, diesen Frauen trotzdem eine Arbeitserlaubnis zu erteilen. Sonnenberger zufolge half die Anwerbung ausländischer weiblicher Arbeitskräfte letztlich dabei, die oben beschriebene Arbeitsmarkt-

27 Hausen, Frauenerwerbstätigkeit und erwerbstätige Frauen, S. 23; Morokvašić, Birds of Passage Are also Women, S. 888.

28 Mattes, »Gastarbeiterinnen« in der Bundesrepublik, S. 209.

29 Ebd., S. 154.

30 StadtA WOB, B.1.2, Nr. 9435 Aufgliederung Arbeitskräfte 1939–1971, Fragebogen der Europäischen Kommission über ausländische Arbeitnehmer in der BRD, 31.1.1967, S. 3.

31 De Bock, Not all the Same after all? S. 588.

segmentierung nach Geschlecht zu stabilisieren, indem sie sicherstellte, ›Frauenarbeitsplätze‹ weiterhin mit Frauen zu besetzen.[32]

Die Aufnahme individuell immigrierter Frauen war insofern geboten, als die offizielle Rekrutierung von Migrantinnen für sogenannte »Mangelberufe« erschwert war.[33] Dies lag vor allem an der Diskrepanz zwischen dem wirtschaftlichen Bedarf Westdeutschlands an weiblichen Arbeitskräften und der Präferenz der Anwerbeländer, überwiegend männliche Arbeiter zu entsenden.[34] Der damalige Verwaltungsoberrat in der Bundesanstalt für Arbeitsvermittlung und Arbeitslosenversicherung in Nürnberg, Helmuth Weicken, schrieb dazu im Jahr 1961: »Die Anwerbung weiblicher Arbeitskräfte bereitet besondere Schwierigkeiten. Deutsche Arbeitgeber, die weibliche Arbeitskräfte aus Italien, Spanien oder Griechenland einstellen wollen, können daher nicht ohne weiteres damit rechnen, daß ihr Vermittlungsauftrag erfüllt wird.«[35] Weiter erklärte er: »Die Hauptschwierigkeiten in der Gewinnung weiblicher Arbeitskräfte aus diesen Ländern liegen in der starken Bindung der Frau an die Familie.« Das Narrativ eines scheinbar harmonischen Verhältnisses zwischen Entsende- und Aufnahmeländern kam spätestens dann an seine Grenzen, wenn es um weibliche Arbeitskräfte ging. Mattes erkennt darin sogar eine Herausforderung für die Erfolgsgeschichte der deutschen Arbeitskräfteanwerbung, weil die Beamten nicht in der Lage dazu waren, die Wirtschaft mit den benötigten weiblichen Arbeitskräften zu versorgen.[36]

Wie das Zitat Weickens bereits andeutet, basierte die Argumentation der Entsendeländer insbesondere, wenn es um die Anwerbung junger und unverheirateter Frauen ging, vor allem auf religiösen und traditionellen Werten sowie der engen Familienbindung. Damit ging es eben genau um jene Frauen, die von der deutschen Wirtschaft bevorzugt wurden, weil sie als flexibel und belastbar galten.[37] Infolgedessen unterschied sich der Anwerbungsprozess von Frauen leicht von dem der Männer: Da der deutsche Staat aufgefordert wurde, für die Sicherheit dieser Frauen zu sorgen und ihnen eine Unterkunft zur Verfügung zu stellen,[38]

32 Sonnenberger, Nationale Migrationspolitik und regionale Erfahrungen, S. 216.

33 Mattes, »Gastarbeiterinnen« in der Bundesrepublik Deutschland; dies., »Gastarbeiterinnen« in der Bundesrepublik, S. 317.

34 Mattes, »Gastarbeiterinnen« in der Bundesrepublik Deutschland.

35 Hier und im Folgenden Weicken, Anwerbung und Vermittlung italienischer, spanischer und griechischer Arbeitskräfte, S. 37.

36 Mattes, »Gastarbeiterinnen« in der Bundesrepublik, S. 315.

37 Ebd., S. 41; Hamoussi-Makina, »Vom Gast zum Gastgeber«, S. 9.

38 Mattes, »Gastarbeiterinnen« in der Bundesrepublik, S. 85.

wanderten sie auch oft in Gruppen von etwa 20 Frauen aus und wurden separat von kirchlichen Organisationen begleitet, um ihre Sicherheit zu gewährleisten.[39] Damit zusammenhängend bot die Kategorie der »Familienmigration« einen Kompromiss, der die Anwerbung weiblicher Arbeitskräfte ermöglichte, solang diese von bereits emigrierten männlichen Familienmitgliedern oder Ehemännern betreut wurden. Wie Lauren Stokes zeigt, war diese Form der Kettenmigration eine Möglichkeit für ausländische Frauen, »to work for wages without violating their roles as women, defined primarily in relation to male family members«.[40] Die Familienzusammenführung war daher nicht nur ein Nebenprodukt der männlichen Arbeitsmigration und begann auch nicht erst nach 1973, wie oft behauptet wird,[41] sondern stellte auch ein wichtiges Mittel dar, um die dringend benötigte Migration von Frauen zu fördern.

Obwohl das vorherrschende Narrativ die Arbeitsmigration dieser Jahrzehnte immer noch überwiegend mit Männern assoziiert, war die Zahl der Frauen faktisch alles andere als gering: Ihr Anteil an der Gesamtzahl der ausländischen Arbeitskräfte in Westdeutschland stieg von 15,5 Prozent im Jahr 1960 auf 30,1 Prozent im Jahr 1973.[42] Ihre bisherige Marginalisierung innerhalb historischer Darstellungen und auch darüber hinaus, die ihrem hohen Anteil nicht gerecht wird, könnte darin liegen, dass Frauen häufig als Touristinnen nach Westdeutschland einreisten. Diese irreguläre Migration ist jedoch noch nicht ausreichend erforscht, um Teil der offiziellen Historiographie dieser Migrationsgeschichte zu werden – weder in Deutschland noch in den Entsendeländern.[43] Dennoch ist es in gewisser Weise paradox, dass diese Frauen zwar zunehmend gebraucht wurden und intensiv darüber diskutiert wurde, ob und wie sie angeworben werden könnten, sie aber dessen ungeachtet bis heute weitgehend *ungesehen* geblieben sind.

39 Liebig, Migration und Geschlecht, S. 28; Mattes, »Gastarbeiterinnen« in der Bundesrepublik, S. 88; dies., Hindernisse und Strategien der staatlichen Anwerbung, S. 116.

40 Stokes, Fear of the Family, S. 5f.

41 Siehe etwa Haug, Kettenmigration am Beispiel italienischer Arbeitsmigranten, S. 136f. Dort heißt es: »Die Zunahme der Immigrantinnen stellt einen Indikator für eine stattfindende Familienzusammenführung dar. […] Die Zahl der Zuzüge vermindert sich bei weiblichen Migranten nach dem Anwerbestopp 1973 jedoch nicht so stark, wie bei den männlichen Migranten.«

42 Mattes, »Gastarbeiterinnen« in der Bundesrepublik, S. 187.

43 Sanz Díaz, Umstrittene Wege, S. 119.

Viele dieser ausländischen Frauen waren meist in der verarbeitenden Industrie beschäftigt, etwa in der Textil-, Lebensmittel- oder Elektronikbranche, und arbeiteten häufig an Fließbändern und im Schichtdienst, übten demnach Tätigkeiten aus, die deutsche Frauen häufig mieden.[44] Im Jahr 1968 betrug der Anteil der Arbeitsmigrantinnen, die un- oder geringqualifiziert waren, markante 96 Prozent.[45] Im Durchschnitt verdienten sie denn auch 30 bis 40 Prozent weniger als männliche Arbeitsmigranten[46] und fungierten daher als »bearers of a triple burden – as women, as migrants and as workers«,[47] oder, wie sie selbst sagten, als »Sklavinnen der Sklaven«.[48] Gegensätzlich zu der daraus resultierenden, weitverbreiteten Wahrnehmung von Migrantinnen als Opfer gesellschaftlicher Zustände, zeigen vor allem neuere Forschungen zu gewerkschaftlichem Engagement und der Protestkultur ausländischer Arbeitnehmerinnen und Arbeitnehmer in dieser Zeit, wie sehr diese durchaus aktiv für ihre Rechte kämpften und als »selbstbewusste Arbeitsmarktakteurinnen« auftraten.[49] Migrantinnen waren demnach »nicht nur Opfer der Verhältnisse, sondern [...] immer auch Handelnde und Widerständige«.[50]

Neben den genannten Aspekten der Arbeitsmigration, die im Untersuchungszeitraum den Großteil der Zuwanderung nach Westdeutschland ausmachte, ist zu beachten, dass zeitgleich durchaus auch Migrantinnen und Migranten aus anderen Migrationskontexten in die Bundesrepublik kamen. Während die Mehrheit aus den traditionellen Anwerbeländern emigrierten, hatte die Bundesregierung auch Verträge mit anderen Entsendeländern wie etwa Südkorea geschlossen, von wo zwischen den 1950er und 1970er Jahren beispielsweise offiziell mehr als 12.000 Krankenschwestern angeworben worden wa-

44 Mattes, Migration und Geschlecht in der Bundesrepublik Deutschland, S. 25.

45 Goeke, »Wir sind alle Fremdarbeiter!« S. 57; Mattes, »Gastarbeiterinnen« in der Bundesrepublik, S. 202.

46 Mattes, Hindernisse und Strategien der staatlichen Anwerbung, S. 110; dies., »Gastarbeiterinnen« in der Bundesrepublik, S. 204.

47 Phizacklea, Introduction, S. 11; Morokvašić, Jugoslawische Frauen, S. 99.

48 »Sie wollen sich ihrer eigenen Stärke bewußt werden«, in: Frankfurter Rundschau vom 20. Februar 1984.

49 Mattes, Migration und Geschlecht in der Bundesrepublik Deutschland, S. 27; siehe auch Braeg, »Wilder Streik – Das ist Revolution«.

50 Varela, Zur Skandalisierung und Re-Politisierung eines bekannten Themas, S. 23; Kürten, »Gastarbeiterinnen im wilden Streik«; Miller, Her Fight is Your Fight, S. 227.

ren.[51] Außerdem suchten während dieses Zeitraums vermehrt Flüchtlinge aus den verschiedenen lateinamerikanischen Militärdiktaturen Zuflucht in Westdeutschland.[52] Dass für diese Migrantinnen und Migranten strengere Einwanderungs- und Visabestimmungen galten und sie deshalb häufiger als sogenannte Heiratsmigrantinnen und -migranten einreisten,[53] verdeutlicht mit Blick auf die verschiedenen Heimat- und Entsendeländer die Vielfalt der rechtlichen Regelungen, was besonders im Kontext des Interviewsamples der vorliegenden Studie gewisse Herausforderungen mit sich bringt. Besonders deutlich wird dies bei italienischen Migrantinnen und Migranten, die, da aus einem Land der Europäischen Wirtschaftsgemeinschaft (EWG) kommend,[54] ab 1961 Reisefreizügigkeit genossen und ab 1968 von der Notwendigkeit, eine Arbeitserlaubnis zu beantragen, befreit waren.[55]

Doch obwohl Migration durch diese unterschiedlichen Kontexte immer »historische Normalität« in (West-)Deutschland war,[56] attestiert der Migrationsforscher Klaus J. Bade der Bundesrepublik »eine Einwanderungssituation ohne Einwanderungsland«.[57] Er verweist damit auf die langjährige Weigerung westdeutscher Politikerinnen und Politiker, Deutschlands Rolle als Einwanderungsland zu akzeptieren und der daraus resultierenden Verantwortung gerecht zu werden – der damalige Bundeskanzler Helmut Kohl (CDU) betonte noch 1991 in einer Rede im Bundestag: »Die Bundesrepublik Deutschland ist kein Einwanderungsland.«[58] Es verwundert daher nicht, dass Migration während des Untersuchungszeitraums vor allem als wirtschaftliche Entwicklung betrachtet und daher eher als eine Frage der Arbeitsmarkt- und Be-

51 Na, South Korean Nurses to West Germany? S. 195; Kim, Making Homes Here and Away.

52 Siehe zur Migration aus Lateinamerika während der Zeit der Militärdiktaturen Carotenuto, Europe and the Latin American Exile, S. 115–128.

53 Gruner-Domić, Lateinamerikanische Immigrantinnen in Deutschland vor und nach 1989, S. 279.

54 Die Europäische Wirtschaftsgemeinschaft wurde 1957 von Belgien, Frankreich, Italien, Luxemburg, den Niederlanden und Westdeutschland im Vertrag von Rom mit dem Ziel gegründet, einen gemeinsamen Wirtschaftsmarkt zu schaffen. Die EWG ist seit 1993 Teil der Europäischen Union. Siehe Schubert/Klein, Europäische Wirtschaftsgemeinschaft.

55 Haug, Kettenmigration am Beispiel italienischer Arbeitsmigranten, S. 133.

56 Geschichtswerkstatt Göttingen e.V., Zur neueren Migrationsgeschichte in Deutschland, S. 29.

57 Bade, Versäumte Integrationschancen und nachholende Integrationspolitik, S. 39.

58 Dr. Helmut Kohl, Bundeskanzler, Stenographische Berichte Bundestag, 30.1.1991, S. 84.

schäftigungspolitik denn als Aufgabenfeld der Sozialpolitik diskutiert wurde.[59] Diese mangelnde Bereitschaft, die Integration von Migrantinnen und Migranten zu unterstützen, wird in einer Erklärung des *Deutschen Städtetages* besonders deutlich, in der 1969 Integration als ein »Anpassungsvorgang« benannt wurde,

> mit dem Ziel, dem ausländischen Arbeitnehmer während seines Aufenthaltes in der BRD die Erfüllung seiner arbeitsvertraglichen Pflichten unter menschenwürdigen Umständen zu ermöglichen [...]. Ausgehend von dem Grundgedanken, dass die BRD kein Einwanderungsland ist, werden keine besonderen Anstrengungen und Bemühungen unternommen, ausländische Arbeitnehmer für dauernd an die BRD zu binden und sie unter Aufgabe ihres eigenen Volkstums in die Bevölkerung zu integrieren.[60]

Das Zitat zeigt nicht nur, wie tief der Gedanke, »kein Einwanderungsland« zu sein, in den westdeutschen Institutionen und den von ihnen verfassten Richtlinien verankert war, sondern verdeutlicht auch die daraus resultierende mangelnde Bereitschaft, die praktische Integration von Migrantinnen und Migranten zu unterstützen. Dieser Gedanke spiegelt sich insbesondere in der Verwendung des in der Gesellschaft schnell weit verbreiteten Begriffs des »Gastarbeiters« wider, der deutlich macht, dass ausländische Arbeiterinnen und Arbeiter zwar vorübergehend willkommen waren, ihre dauerhafte Niederlassung aber nie vorgesehen war. Und obwohl die Mehrheit der Ausländerinnen und Ausländer tatsächlich nur vorübergehend in Westdeutschland blieb – von den 14 Millionen,[61] die bis 1973 nach Westdeutschland kamen, kehrten 11 Millionen wieder in ihre Heimat-

59 Yildiz, Deutschland ist (k)ein Einwanderungsland, S. 80. Während frühere Forschungen die Arbeitsmigration der Nachkriegszeit auf ein rein wirtschaftliches Phänomen reduzierten, war Steinert der erste, der dieses Narrativ in Frage stellte und dagegen betonte, es haben vor allem außenpolitische Erwägungen bei diesen Anwerbeabkommen eine große Rolle gespielt. Steinert, Arbeit in Westdeutschland; ders., Migration und Migration Policy.

60 StadtA WOB, B.1.2, Nr. 16626, Arbeitskreis ausländischer Arbeitnehmer, Abschrift Arbeitskreis ausländischer Arbeitnehmer des Sozialausschusses des Deutschen Städtetags, 10.6.1969, S. 2.

61 Hierbei muss bedacht werden, dass es sich um registrierte Einreisen handelt, unter die demnach auch Migrantinnen und Migranten fallen, die mehrfach zwischen Westdeutschland und ihrem Heimatland pendelten. Siehe hierfür Alexopoulou, Deutschland und die Migration, S. 99.

länder zurück[62] –, hatte diese Haltung große Auswirkungen auf diejenigen, die sich zum Bleiben entschlossen. Mit ihrer Entscheidung zu bleiben »hat sich das Gesicht der Bundesrepublik gewandelt«.[63] Doch trotz ihres großen Einflusses auf Deutschland, seine Kultur und Geschichte besteht nach wie vor eine Art »historical amnesia«, ihre Geschichten betreffend.[64] In Konsequenz wird noch immer übersehen, dass die Geschichten der Migrantinnen und Migranten längst »ein zentraler Bestandteil ihrer eigenen, der Geschichte der Bundesrepublik« geworden sind.[65] Die folgende Analyse von Wolfsburg als neuer Heimat vieler dieser Arbeitsmigrantinnen und -migranten ist ein Plädoyer dafür, sich bewusst zu machen, dass eine differenzierte Geschichte der Bundesrepublik nicht geschrieben werden kann, ohne die wichtige Rolle anzuerkennen, die Migranten und besonders auch Migrantinnen in dieser Gesellschaft gespielt haben und immer noch spielen.

1.2 »Wo [...] immer schon die Welt zu Hause war.« Arbeitsmigration nach Wolfsburg

Um die Bezeichnung Wolfsburgs als »Männerwelt« und damit auch die enge Verbindung zwischen Kommune und dem 1937 gegründeten Automobilhersteller *Volkswagen* zu verstehen, ist ein Blick in die Geschichte der Stadt notwendig. Im Jahr 1938, ein Jahr nach Hitlers Ankündigung, einen »Volkswagen« produzieren zu wollen,[66] als »Stadt des KdF-Wagens bei Fallersleben« gegründet,[67] wurde die Stadt erst nach

62 Yildiz, Deutschland ist (k)ein Einwanderungsland, S. 79.

63 Motte/Ohliger, Einwanderung – Geschichte – Anerkennung, S. 22.

64 Miller, Postwar Negotiations, S. 6.

65 Jamin, Fremde Heimat, S. 164.

66 Ferdinand Porsche entwickelte die Idee eines »Volkswagens«, und Hitler erkannte sofort die Chance, mit diesem preiswerten Auto nicht nur die Mobilisierung in Deutschland zu verbreiten, sondern auch seine Unterstützung in der Bevölkerung zu vergrößern, siehe Reichold, ... erleben, wie eine Stadt entsteht, S. 14.

67 Kraus, Stadt ohne Geschichte? S. 12. KdF steht für »Kraft durch Freude« und bezeichnet eine staatlich betriebene Massenorganisation im Nationalsozialismus, die als Propagandamittel den wirtschaftlichen Aufschwung verdeutlichen und gleichzeitig die nationale Zugehörigkeit stärken sollte. Siehe Howind, Kraft durch Freude und die Illusion eines besseren Lebens.

dem Zweiten Weltkrieg auf Druck der Amerikaner umbenannt.[68] Da sowohl die Stadt als auch das Automobilunternehmen von Grund auf neu angelegt waren, wurde Wolfsburg auch als »Industriestadt ohne klassisches Proletariat« bezeichnet[69] und war daher seit Gründung stark auf Arbeitsmigration angewiesen. Weil *Volkswagen* in den frühen 1970er Jahren mit etwa 70 Prozent aller Arbeitsplätze den größten Arbeitgeber in Wolfsburg darstellte,[70] bildete das Unternehmen auch das Hauptmotiv für Ausländer, nach Wolfsburg zu kommen. Rund 90 Prozent der in Wolfsburg ansässigen Ausländer fanden beim Automobilhersteller Beschäftigung.

In den 1950er und 1960er Jahren steigerte die *Volkswagenwerk AG*, so der damalige Name des Unternehmens, seine Produktivität beträchtlich, was sich darin zeigt, dass sich allein die Jahresproduktion an Pkw in den 1950er Jahren um 870 Prozent erhöhte.[71] Diese Expansion veranlasste eine soziologische Forschergruppe dazu, Wolfsburg als »die Inkarnation des ›Deutschen Wirtschaftswunders‹« zu bezeichnen.[72] Infolge der höheren Produktionszahlen stieg dann der Bedarf an Arbeitskräften, sodass das Unternehmen die Zahl seiner Beschäftigten zwischen 1954 und 1966 von 20.607 auf 49.500 mehr als verdoppelte.[73] Im VW-Personalbericht von 1961 heißt es dazu:

> Die Erhöhung der Produktionsziffern und die Erweiterung des Produktionsprogramms einerseits, die scharfe Verminderung des Angebots an Arbeitskräften andererseits, haben im vergangenen Geschäftsjahr der Arbeit unserer Hauptabteilung weitgehend das Gepräge gegeben.[74]

Dieses Zitat deutet bereits an, wie sehr die Nähe der Stadt zur innerdeutschen Grenze bisher für einen steten Zustrom an Arbeitskräften gesorgt hatte, die als Flüchtlinge aus der DDR gekommen waren.[75] Daher erhöhte sich der Bedarf an ausländischen Arbeitskräften auch

68 Reichold, … erleben, wie eine Stadt entsteht, S. 15.

69 Grieger, Zuwanderung und junge Industriestadt, S. 198.

70 Hier und im Folgenden Bommes, Von »Gastarbeitern« zu Einwanderern, S. 258.

71 Richter/Richter, Der Opfer-Plot, S. 64.

72 Harth/Herlyn/Scheller/Tessin, Wolfsburg: Stadt am Wendepunkt, S. 13.

73 StadtA WOB, B.1.2, Nr. 9435, Aufgliederung Arbeitskräfte 1939–1971, Zur Strukturveränderung in der Großstadt von heute.

74 VWU 69/701/1961, Vorwort, in: Jahresbericht 1961 des Vorstandsbereiches »Personal«, 24. Januar 1962.

75 Zur innerdeutschen Migration siehe Schmelz, Migration und Politik im geteilten Deutschland während des Kalten Krieges.

erst, nachdem dieser Zustrom mit dem Bau der deutschen Mauer 1961 beendet worden war.[76] In Konsequenz darauf erreichte der erste Zug mit italienischen Arbeitskräften Wolfsburg ein Jahr später.[77] Der Anteil an Ausländern an der Wolfsburger Gesamtbevölkerung stieg in der Folge kontinuierlich von 1,05 Prozent im Jahr 1961 auf einen Höchststand von 10,76 Prozent im Jahr 1970 an.[78]

Die zögerliche Zurückhaltung bei der Anwerbung ausländischer Arbeitskräfte spiegelt sich im Personalbericht des Unternehmens aus dem Jahr 1964 wider, in dem es heißt: »Während wir noch bis vor drei Jahren allen Personalanforderungen aus dem Inlandsangebot stets gerecht werden konnten, hat seitdem der ständig gestiegene Mangel an einheimischen Arbeitskräften auch uns dazu gezwungen, ausländische Arbeitskräfte einzustellen.«[79] Neben dieser im Vergleich zu anderen Gebieten in Westdeutschland verzögerten Anwerbung ausländischer Arbeitskräfte lag ein zweiter Unterschied zwischen Wolfsburg und dem westdeutschen Kontext darin, dass die *Volkswagenwerk AG* zunächst im Zuge der Anwerbeverträge ausschließlich italienische Arbeitskräfte einstellte; erst ab 1970 wurden auch tunesische Arbeitskräfte angeworben, die sich schon bald zur zweitgrößten Gruppe von Ausländerinnen und Ausländern in Wolfsburg entwickelten.[80] Die Dominanz der Italienerinnen und Italiener in Wolfsburg brachte der Stadt den Titel »größtes italienisches Dorf jenseits der Alpen« ein.[81] Der Historiker Alexander Kraus bezeichnet Wolfsburg in seiner Studie zur Demokratiegeschichte der ›Käferstadt‹ unter anderem wegen ihrer besonderen Gründungsgeschichte als »beispiellos und doch exemplarisch« für Deutschland.[82]Auch wenn diese Formulierung sich eigentlich auf einen anderen Kontext bezieht, bietet sie sich auch an, um den Migrationskontext der Stadt zutreffend zu beschreiben: Während sich

76 Grieger, Zuwanderung und junge Industriestadt, S. 198; von Oswald, »Venite a lavorare con la Volkswagen!« S. 199.

77 VWU 69/701/1962, Jahresbericht 1962 des Vorstandsbereiches »Personal«, 22. Januar 1963, S. 1.

78 StadtA WOB, B.1.1, Nr. 600, Ausschuss für Ausländerangelegenheiten, Niederschriften (12/1976–02/1981), Anteil der Ausländer an der Gesamtbevölkerung Wolfsburgs in Prozenten.

79 VWU 69/701/1963, Jahresbericht 1963 des Vorstandsbereiches »Personal«, 24. Januar 1964, S. 1.

80 »Tunesier kommen als Gastarbeiter«, in: Wolfsburger Nachrichten vom 27./28. Juni 1970.

81 von Oswald, »Venite a lavorare con la Volkswagen!« S. 201.

82 Kraus, Stadt ohne Geschichte? S. 27.

die Stadt am Mittellandkanal aufgrund ihrer besonderen Geschichte, des verspäteten Beginns der Arbeitsanwerbung und der hohen Konzentration italienischer Arbeitsmigranten durchaus vom übrigen Westdeutschland unterscheidet, wird sie doch oft als *das* Beispiel herangezogen, wenn es um »Gastarbeiter«-Migration und die Integration dieser Arbeitskräfte geht.[83]

Trotz dieser »exemplarisch[en]« Position der Stadt besteht unter Historikerinnen und Historikern weiterhin eine intensive Debatte über die kommunale Integration von Arbeitsmigrantinnen und -migranten in Wolfsburg. Auf der einen Seite monieren einige Wissenschaftlerinnen und Wissenschaftler, *Volkswagen* und die Stadt hätten eine dauerhafte Integration dieser Ausländerinnen und Ausländer lange Zeit nicht unterstützt. Sie argumentieren, die Migrantinnen und Migranten seien eher als temporäre Arbeitskräfte behandelt worden, die für einen bestimmten Zeitraum bleiben, ehe sie wieder nach Hause zurückkehren sollten, was von der Wirtschaftshistorikerin Anne von Oswald als »Arbeitsstippvisite« bezeichnet wurde.[84] Damit verbunden ist die »Pufferthese«, derzufolge ausländische Arbeitnehmer bei der *Volkswagenwerk AG* bei der Bewältigung von Wirtschaftskrisen genutzt wurden, da sie als erste entlassen wurden. Damit konnte auf Kosten einer ausbleibenden Integration der Arbeitsmigranten die Beschäftigung deutscher Arbeitnehmer gesichert werden.[85] Die Historikerin Hedwig Richter und ihr Kollege Ralf Richter lehnen diese Sichtweise hingegen ab, bezeichnen sie als »Opfer-Plot«.[86] Ihnen zufolge ist die »Pufferthese« zu einem »zentralen Mythos im kulturellen Gedächtnis von Wolfsburg« geworden.[87] Sie argumentieren stattdessen, die fehlende Integration sei nicht auf die deutsche Gesellschaft zurückzuführen, sondern vielmehr auf die mangelnde Bereitschaft der Migrantinnen und Migranten selbst, sich dauerhaft niederzulassen.[88] In

83 Siehe als ein Beispiel von vielen Lars Laue, »Vorbild für gelungene Integration«, in: NWZ Online von 30. Juni 2018.

84 von Oswald, Arbeitseinsatz der »Gastarbeiter« im Volkswagenwerk, S. 96.

85 Grieger, Zuwanderung und junge Industriestadt, S. 203; ders., Italiener und ihre Stadt, S. 524; von Oswald, Arbeitseinsatz der »Gastarbeiter« im Volkswagenwerk; dies., »Venite a lavorare con la Volkswagen!« S. 208; dies., »Stippvisiten« in der »Autostadt«, S. 231.

86 Richter/Richter, Der Opfer-Plot.

87 Richter, Die italienischen »Gastarbeiter« in deutschen Selbstfindungsdiskursen der Gegenwart und die Ausblendung der Remigration, S. 199.

88 Richter, Die Komplexität von Integration; Richter/Richter, Die Gastarbeiter-Welt, S. 11.

diesem »Generalangriff«[89] auf die bisherige Forschung proklamieren Richter und Richter, das Lebenskonzept der Migrantinnen und eben überwiegend Migranten habe sich schlichtweg von dem der deutschen Bürgerinnen und Bürger unterschieden, da das Festhalten an traditionellen Werten und die gewählte Selbstisolation die Migranten in einen »Entwicklungsstillstand« gebracht habe.[90] Ihr eigentlich gutzuheißender Ansatz, Migranten und deren Handeln auf der individuellen Ebene zu untersuchen und nicht allein das Migrationssystem der Bundesrepublik zu betrachten,[91] verliert hier jedoch seine Berechtigung, da er zu einer bloßen Schuldumkehr führt und die zahlreichen und vielfältigen Interaktionen der einzelnen Migranten mit der *Volkswagenwerk AG* und der Stadt Wolfsburg übersieht.

Die historische Wahrheit liegt wohl irgendwo zwischen diesen beiden Extrempositionen. Denn es lässt sich nicht leugnen, dass ein weiterer Unterschied zwischen den Migrationssystemen von Wolfsburg und Westdeutschland in der Integration dieser Migrantinnen und Migranten zu sehen ist: Wolfsburg war die erste Stadt in der Bundesrepublik, die ein Forum schuf, das die Interessen der Migrantinnen und Migranten vertrat. Während der erste Versuch, der 1970 eingerichtete deutsch-italienische Kontaktausschuss, schon bald scheitern sollte, gründete die Stadt zwei Jahre später das städtische Ausländerreferat, das 1973 in den Ausländerausschuss umgewandelt wurde.[92] Mit der Gründung dieser speziellen Abteilung, die sich mit der Situation von Migrantinnen und Migranten befasste, war Wolfsburg der westdeutschen Regierung sechs Jahre voraus, die erst 1978 ihren ersten Ausländerbeauftragten ernannte.[93] Dennoch betonen die Historiker Alexander Kraus und Michael Siems in ihren Forschungen zur kommunalen Integrationspolitik in Wolfsburg, dass im Gegensatz zur weitestgehend erfolgreich zu deutenden Integration von Flüchtlingen und DPs nach dem Zweiten Weltkrieg die Integration der Arbeitsmigrantinnen und -migranten in den 1960er und 1970er Jahren mit spürbar größerer Verspätung erfolgt und

89 Kraus/Siems, Vom Objekt zum Akteur, S. 4.

90 Richter/Richter, Die Gastarbeiter-Welt, S. 11.

91 Richter, Von »Mythen« und vom »Opfer-Plot«, S. 82.

92 Goeke, »Wir sind alle Fremdarbeiter!« S. 86; »Wünsche und Anregungen der Italiener stärker als bisher berücksichtigen«, in: Wolfsburger Nachrichten vom 4. März 1970; Grieger, Italiener und ihre Stadt, S. 529; Kraus, Gegen die Lücken der Überlieferung, S. 14.

93 Siehe dazu Siems, Kommunale Integrationspolitik in Wolfsburg, S. 246; Vukadinović, Rassismus in der bundesdeutschen Nachkriegsgeschichte, S. 21.

die Einrichtung dieser Ausschüsse überwiegend auf Initiative der Migrantinnen und Migranten selbst zustande gekommen sei.[94]

Zugleich heben sie hervor, dass die Verantwortung für die Integrationsarbeit mehr und mehr vom Automobilunternehmen auf die Stadt überging, die sich zunehmend an der Gestaltung der kulturellen Integration beteiligte. Ein frühes Beispiel dafür ist die Unterstützung der Stadt bei der Gründung des *Centro Italiano*, eines italienischen Gemeindezentrums, die bereits im Jahr 1964 erfolgte.[95] Letztlich unterstreicht eben diese Gründung aber auch den Sonderstatus, den die Italienerinnen und Italiener in der ›Volkswagenstadt‹ aufgrund ihrer großen Bevölkerungszahl einnahmen. Ein italienischer VW-Mitarbeiter erinnert sich etwa: »Als Italiener mussten wir gar nicht richtig Deutsch lernen, weil es überall Dolmetscher gab.«[96] Aber auch wenn Italienerinnen und Italiener die Mehrheit der Ausländer in Wolfsburg ausmachten, gab es daneben andere migrantische Communities, die Bedenken äußerten, sie kämen in den Integrationsbemühungen der Stadt zu kurz. Dies wurde beispielsweise deutlich, als sich Tunesier 1977 in einem Zeitungsartikel beschwerten:

> Als Tunesische Emigranten haben wir bis heute kein Verständnis bei den deutschen Behörden gefunden oder bei anderen Stellen, an die wir uns um Rat und Hilfe gewandt haben. Wir fühlen uns unbeachtet und unsere Forderungen werden überhaupt nicht zur Kenntnis genommen.[97]

Weiter warfen einzelne Tunesier dem Leiter des Ausländerreferates, Antonio Di Virgilio, vor, »er helfe nur seinen italienischen Landsleuten und vertröste andere Ausländergruppen mit guten Worten und viel Gerede«.

Andere Beschwerden von Migrantinnen und Migranten betrafen vor allem die offensichtlich mangelnde Unterstützung der Stadt bezüglich der Beschäftigung ausländischer Frauen.[98] Ähnlich der in Kapitel 1.1 beschriebenen Situation in Westdeutschland, verlief auch in Wolfsburg die Vermittlung ausländischer Arbeitskräfte anhand einer klaren geschlechtsspezifischen Differenzierung: Während Män-

94 Hier und im Folgenden Kraus/Siems, Vom Objekt zum Akteur, S. 9.

95 StadtA WOB, B.1.2, Nr. 9435, Aufgliederung Arbeitskräfte 1939–1971, Fragebogen der Europäischen Kommission über ausländische Arbeitnehmer in der BRD, 31.1.1967; Richter/Richter, Die Gastarbeiter-Welt, S. 128.

96 Salvatore Cinà, in: Grieger/Gutzmann/Schlinkert, Zuhause bei Volkswagen; Richter/Richter, Die Gastarbeiter-Welt, S. 122.

97 Hier und im Folgenden »400 Tunesier fühlen sich ›über die Ohren barbiert‹«, in: Wolfsburger Nachrichten vom 22. Februar 1977.

98 Artale, Avanti! S. 135–140.

ner besonders in der Metallindustrie angeworben wurden, arbeiteten ausländische Frauen vor allem in der Textil-, Fertigungs- und Lebensmittelindustrie sowie im Reinigungsgewerbe.[99] Da das Volkswagenwerk als größter Arbeitgeber in Wolfsburg aber in den ersten Jahren keine ausländischen Frauen einstellte und auch deutsche Frauen in der Regel allein in ausgewählten Bereichen wie beispielsweise der Polsterei arbeiteten,[100] fehlte es an Beschäftigungsmöglichkeiten für Frauen. Von Oertzen schreibt dazu:

> Der Mikrokosmos Wolfsburg war eine »Männerarbeitsgesellschaft«, von Werkleitung und Betriebsrat gemeinsam geschaffen. Frauen hatten hier nur ein Recht auf eigenen Verdienst, wenn sie ledig, verwitwet oder geschieden waren oder als alleinige Ernährerinnen ihrer Familien einspringen mußten.[101]

Die Gründe für die so beschriebene Frauenbeschäftigungspolitik lagen in der bereits erwähnten konservativen Arbeitsmarktsegmentierung in Westdeutschland. Die Monopolstellung des Unternehmens ermöglichte es, eine annähernd die ganze Stadt prägende Geschlechterstruktur zu etablieren. Im Gegensatz zur westdeutschen Wirtschaft, die verzweifelt nach weiblichen Arbeitskräften suchte, hatten ausländische Frauen, die in die »Männerwelt« Wolfsburgs kamen, Schwierigkeiten, einen Arbeitsplatz zu finden. Infolgedessen forderten Migranten, die in vielen Fällen auf ein zusätzliches Einkommen ihrer Ehefrauen angewiesen waren, um die Miete bezahlen zu können, die Stadt dazu auf, mehr Arbeitsmöglichkeiten für Frauen zu schaffen.[102]

Die geringen Chancen ausländischer Frauen, einen Arbeitsplatz zu finden, werden durch Daten zum Wolfsburger Arbeitsmarkt vom Mai 1970 illustriert. Dort heißt es für das betreffende Jahr, von 1.000 Ausländerinnen in Wolfsburg hätten lediglich 256,5 einen Arbeitsplatz finden können, was gerade einmal einem Anteil von etwas mehr als einem Viertel entspricht, während die Zahl für ausländische Männer 995,5 betrug, demnach annähernd hundert Prozent.[103] Dass sich

99 StadtA WOB, B.1.2, Nr. 9437, Arbeitsvermittlung 64–72, Arbeitsmarktbericht für den Monat Januar 1964.

100 von Oswald, »Venite a lavorare con la Volkswagen!« S. 200.

101 Hier und im Folgenden von Oertzen, Männerwelt Volkswagenwerk, S. 211 f.

102 »Auch italienische Frauen möchten für VW arbeiten«, in: Wolfsburger Nachrichten vom 10. Juni 1970.

103 StadtA WOB, B.1.2, Nr. 9437, Arbeitsvermittlung 64–72, Die Arbeitsstätten-, Beschäftigen- und Erwerbspersonenstruktur am 27. Mai 1970 in Wolfsburg und ihren Umlandgemeinden.

die Stadt dieses Problems durchaus bewusst war, zeigt ein Interview aus dem Jahr 1974, in dem Oberstadtdirektor Werner Hasselbring die Problematik klar benennt:

> Wir müssen aber andererseits vor allem Arbeitsplätze für Frauen schaffen – wir haben etwa eine Arbeitsmarktreserve von 5.000 Frauen. Frauen, die Arbeitsplätze suchen, die sowohl im Produktionsbereich als auch im Handel oder im Dienstleistungsgewerbe untergebracht werden müssen. [...] Aber das Volkswagenwerk ist trotz aller Bemühungen – und wir haben engen Kontakt in dieser Frage – in zweierlei Beziehungen nicht in der Lage, diese Probleme zu lösen. Erstens stellt es nur wenige Frauenarbeitsplätze zur Verfügung, obgleich man im Volkswagenwerk gerade in den letzten Monaten mit hohem Kapitalaufwand neue Frauenarbeitsplätze geschaffen hat. Aber die zahlreichen arbeitswilligen Frauen sind noch nicht mal mittelfristig unterzubringen. Zweitens ist das Volkswagenwerk auch nicht in der Lage, für unsere Schulabgänger ausreichend Lehrstellen anzubieten.[104]

In ähnlicher Weise deutet ein Papier des Ausländerbeirats an, ebenfalls aus dem Februar 1974, die Besorgnis der Stadt über den Mangel an weiblichen Beschäftigungsmöglichkeiten, der auf die Weigerung der »Männerfabrik« *Volkswagen*,[105] Frauen einzustellen, zurückzuführen sei. In der Untersuchung heißt es dazu:

> Im hiesigen Arbeitsmarkt ist es andererseits sehr schwer, eine menschwürdige und annähernd gut bezahlte Tätigkeit für diese [ausländischen] Frauen zu finden. Viele von ihnen sind zur Zeit arbeitslos und leiden in besonderer Weise unter der Monostruktur Wolfsburgs und der wirtschaftlichen Depression des Zonenrandgebiets. Eine große Zahl ausländischer Frauen richtet dagegen minderwertige Arbeiten besonders auf dem gastronomischen Sektor aus oder ist bestenfalls in der hiesigen Textilindustrie beschäftigt. Vorschläge: 1. Im Sinne einer Gleichberechtigung wäre darauf hinzuarbeiten, dass ausländische Frauen auch im Volkswagenwerk eingestellt werden können. 2. Falls diese Lösung nicht erreichbar ist, wäre es angebracht, zusätzliche Arbeitsplätze für Frauen zu schaffen. Im Rahmen der Städtischen Wirtschafts- und Verkehrsförderung

104 VWU, »Wolfsburg ohne Autos eine tote Stadt«, in: autogramm 4 (1), 28. Februar 1974, S. 2.

105 Kühne, Frauen in Wolfsburg, S. 205.

> wäre es zu überlegen, ob im Raum Wolfsburg einige Industrien mit überwiegend weiblichem Personal angesiedelt werden könnten.[106]

Der letztgenannte Punkt bezieht sich beispielsweise auf jene Textilunternehmen wie etwa die *Herrenkleiderwerke Odermark*, die Anfang der 1970er Jahre langsam begannen, neue Fabriken in Wolfsburg zu eröffnen.[107] Die Grafik 1 zeigt, dass dieser Mangel an Arbeitskräften für Frauen etwa im Jahr 1970 zu einem überraschend hohen Anteil selbstständiger ausländischer Frauen in Höhe von 5 Prozent führte. Dem stehen nur 2,2 Prozent aller weiblichen Erwerbstätigen und nur 0,1 Prozent aller ausländischen Männer gegenüber, die in Wolfsburg selbstständig tätig waren.[108] Die Tatsache, dass die meisten ausländischen Frauen in die letztgenannte Kategorie fielen, belegt deren überwiegende Beschäftigung in der Textil- und Fertigungsindustrie.

Grafik 1: Beschäftigungsstruktur ausländischer Frauen in Wolfsburg, 1970

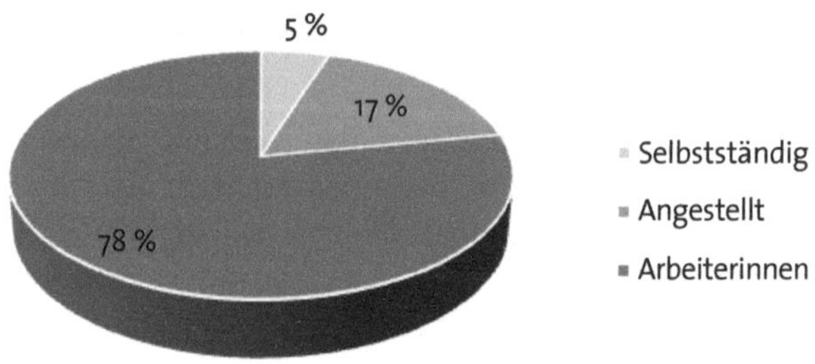

Quelle: Eigene Darstellung aus StadtA WOB, B.1.2, Nr. 9437, Arbeitsvermittlung 64–72, Die Arbeitsstätten-, Beschäftigen- und Erwerbspersonenstruktur am 27. Mai 1970 in Wolfsburg und ihren Umlandgemeinden

106 StadtA WOB, B.1.2, Nr. 6658, Ausländerreferat, Prinzipielle Überlegungen über die Arbeit der Stelle für Ausländerbetreuung, Ausländerreferat, 14.2.1974, S. 3.

107 »Mehr Wohnungen für Italiener-Familien«, in: Wolfsburger Nachrichten vom 5. Februar 1971; StadtA WOB, B.1.2, Nr. 9435 Aufgliederung Arbeitskräfte 1939–1971, Zur Strukturveränderung in der Großstadt von heute.

108 StadtA WOB, B.1.2, Nr. 9437, Arbeitsvermittlung 64–72, Die Arbeitsstätten-, Beschäftigen- und Erwerbspersonenstruktur am 27. Mai 1970 in Wolfsburg und ihren Umlandgemeinden. In den damaligen Statistiken wurden Arbeitnehmer dabei in »Angestellte« (überwiegend geistige Tätigkeit) und »Arbeiterinnen und Arbeiter« (körperliche Arbeit) unterteilt. Siehe zu dieser früheren Einteilung der deutschen Beschäftigten »Angestellte und Arbeiterinnen/Arbeiter«, in: DBB Beamtenbund und Tarifunion (Hg.), Lexikon.

Bei einer Betrachtung der Herausforderungen, mit denen sich ausländische Frauen bei ihrer Ankunft in Wolfsburg konfrontiert sahen, wird deutlich, wie sehr ihre Lebensgeschichten Mut und Widerstandskraft erwarten lassen. Wie Anita Placenti-Grau feststellt, setzten diese Frauen während ihrer Migration gänzlich andere Prioritäten als die Männer. Ihr zufolge gehe es in den Lebensgeschichten dieser Migrantinnen

> nicht um das langwierige Ringen um betriebliche Mitbestimmung und erfolgreiche Gewerkschaftsarbeit, es geht nur bedingt um das Aushandeln politischer Rechte auf kommunaler Ebene und auch nur wenig um Beteiligungsprozesse in der Vereinsarbeit. Vielmehr erzählen sie von Einsamkeit, Aufbruch und Ankommen, von Empowermentprozessen ganz anderer Art.[109]

Diese Erfahrungen von Migrantinnen und die Frage, wie sie durch die Überwindung der Herausforderungen, mit denen sie konfrontiert waren, *empowered* wurden, rücken in den nächsten drei Kapiteln in den Fokus der Untersuchung.

109 Placenti-Grau, Weibliche Stimmen der Migration, S. 106.

2 Migration zwischen Wunsch und Wirklichkeit: »Ich bleibe ein Jahr, mehr nicht«

2.1 »Das bin ich.« Die Interviewten

Der Historiker Yannis G.S.Papadopoulos und seine Kollegin Giota Tourgeli stellen in ihrem Beitrag zur Emigration griechischer Frauen nach dem Zweiten Weltkrieg fest, diese hätten sich aus ganz unterschiedlichen Gründen auf den Weg nach Westeuropa gemacht. Daraus schlussfolgern sie: »It is therefore important to distinguish women migrating as independent workers from those accompanying their husbands or traveling to join their families in host countries.«[1] In ähnlicher Weise lassen sich die Frauen in der vorliegenden Studie in drei Gruppen einteilen, die sich auf die in Kapitel 1.1 beschriebenen unterschiedlichen Migrationswege beziehen. So umfasst die Stichprobe *erstens* zwei Frauen, die als *offiziell angeworbene Arbeitsmigrantinnen* nach Westdeutschland kamen. Da ist zunächst Marika Nedelkovski, die 1969 aus dem damaligen Jugoslawien, dem heutigen Nordmazedonien, nach Deutschland emigrierte und in verschiedenen Fabriken in Westdeutschland arbeitete, bevor sie sich 1982 mit ihrem Ehemann in Wolfsburg niederließ.[2] Maria Teresa Martinez Alvarez Brauner wiederum ist die andere Frau in dieser Stichprobe, die durch ein Anwerbeverfahren nach Deutschland kam. Im Alter von 21 Jahren verließ sie zusammen mit ihrer Schwester Spanien, um in einer niedersächsischen Porzellanmanufaktur zu arbeiten. Dort lernte sie ihren Ehemann kennen, dem sie wegen dessen Beschäftigung bei der *Volkswagenwerk AG* nach Wolfsburg folgte, wo sie später in der Textilindustrie arbeitete.[3]

1 Papadopoulos/Tourgeli, Gendering Migration in a Patriarchal Society, S. 1.

2 StadtA WOB, H. 3.21, Nr. 2, Marika Nedelkovski.

3 StadtA WOB, H. 3.21, Nr. 5, Maria Teresa Martinez Alvarez Brauner.

Sodann befasst sich die Studie *zweitens* mit den Geschichten individuell immigrierter Frauen, die als Touristinnen einreisten. Dabei kann unterschieden werden zwischen denen, die ihre Ehemänner oder Familien begleiteten (*Heirats-/Familienmigrantinnen*), und jenen, die alleine, als *unabhängige Migrantinnen* nach Westdeutschland kamen. Zur ersten Kategorie gehört Giuseppa Lo Presti, die ihrem Mann 1960 als damals 18-Jährige aus Sizilien nach Wolfsburg folgte, wo sie viele Jahre später selbst eine Anstellung im Volkswagenwerk fand.[4] Zu dieser Gruppe gehört auch Angeliki Katsaros, die Griechenland im Jahr 1961 verließ, um zu ihrem Ehemann nach Wolfsburg zu ziehen, wo sie jahrzehntelang im medizinischen Bereich tätig war. Schließlich trifft die Beschreibung auch auf Rosario Westphal, geborene Martínez Font, zu. Sie wanderte 1965 als Kind eines spanischen Arbeitsmigranten nach Westdeutschland ein und begann später eine Karriere als Fremdsprachenkorrespondentin.[5] Obwohl sich ihr Lebensweg von dem der anderen Frauen unterscheidet, da sie bereits als Kind immigrierte, wird ihre Geschichte hier dennoch aufgeführt, da ihre Integrationserfahrungen denen der anderen der Gruppe ähneln. Etwas schwieriger gestaltet sich die eindeutige Einordnung der Lebensgeschichte von Niki Lippok, geborene Pitliaka (Abb. 1). Sie verließ Griechenland 1961 im Alter von 16 Jahren, um mit ihrem damaligen Freund in München zu leben. Aufgrund ihres Alters und gesellschaftlicher Normen musste sie jedoch nach Wolfsburg umziehen, wo ihr Bruder sie beaufsichtigen konnte, da es ihr nicht erlaubt war, unverheiratet in München zu bleiben.[6] Sie kann daher nicht direkt als Heiratsmigrantin bezeichnet werden, da sie sich in Wolfsburg ein eigenständiges Leben aufbaute und ähnliche Erfahrungen machte wie individuelle Migrantinnen. Nichtsdestotrotz war ihre damalige Beziehung der ausschlaggebende Grund für ihre Emigration.

Drittens immigrierte ein Großteil der hier betrachteten Frauen als unabhängige Migrantinnen. Unter ihnen ist Angela Ziemann, die Bolivien 1965 verließ, um in Westdeutschland eine Ausbildung zur Krankenschwester zu absolvieren, später einen deutschen Mann heiratete und in den folgenden Jahrzehnten mehrere Kleinunternehmen und Restaurants eröffnete,[7] – ein Beispiel für migrantisches Unternehmertum par

4 StadtA WOB, H. 3.21, Nr. 1, Giuseppa Lo Presti.

5 StadtA WOB, H. 3.21, Nr. 6, Rosario Westphal.

6 StadtA WOB, H. 3.21, Nr. 26, Niki Lippok.

7 StadtA WOB, H. 3.21, Nr. 27, Angela Ziemann.

Abb. 1: Niki Lippok während einer Heimatreise, undatiert

excellence.[8] Die Bezeichnung der individuellen Migrantin bezieht sodann Frauen mit ein, die aus politischen Gründen emigrierten, wie etwa Rita Görlitz-Burfeindt. Sie beschloss 1974 auf Anraten ausländischer Journalisten, für die sie damals arbeitete und die selbst bereits die Repressionen der Militärdiktatur erfahren hatten, Argentinien zu verlassen, da sie durch die Nähe zu ihnen möglicherweise bereits gefährdet war.[9] Und schließlich gehört auch Sylvia Mosur, geborene Jannik, zu dieser Kategorie von Migrantinnen, da sie 1986 auf der Suche nach politischer

8 Während sich die ursprüngliche Forschung zum migrantischen Unternehmertum vor allem auf männliche Migranten fokussiert hat beziehungsweise weibliche Erfahrungen nicht spezifisch untersuchte – siehe etwa Waldinger, Immigrant Enterprise –, wurde in letzter Zeit mehr und mehr auch die spezifische Perspektive von Migrantinnen in den Blick genommen. Im Jahr 2009 wurde dazu etwa das *International Journal of Gender and Entrepreneurship* gegründet, worin beispielsweise auch ein bahnbrechender Artikel von Soniya Billore veröffentlicht wurde: Billore, Female Immigrant Entrepreneurship. Siehe zum Unternehmertum von Migrantinnen auch Abbasian/Bildt, Empowerment through Entrepreneurship.

9 StadtA WOB, H. 3.21, Nr. 4, Rita Görlitz-Burfeindt. Zur Diktatur in Argentinien siehe Grigera/Zorzoli, The Argentinian Dictatorship and its Legacy.

und persönlicher Freiheit aus Polen auswanderte.[10] Bereits dieser kurze Überblick über die vorliegende Stichprobe verdeutlicht die »migration-driven diversity« dieser Zeit.[11] Die Frauen unterscheiden sich jedoch nicht allein in Bezug auf die rechtliche Form ihrer Einwanderung nach Deutschland, sondern auch auf ihr Herkunftsland, das Jahr ihrer Migration sowie die Gründe für ihre Emigration, auf die im nächsten Abschnitt näher eingegangen wird.

2.2 »Ich möchte mal [...] ein bisschen mehr leben.« Migrationsmotive

Beim Versuch, die unterschiedlichen Migrationsmotive dieser Frauen zu verstehen, ist es hilfreich, sich auf das in der Einleitung besprochene *Aspiration-Capabilities Framework* zu beziehen. Die Interviews deuten auf verschiedene kulturelle Kompetenzen hin, die diesen Frauen ihre Emigration ermöglichten. Die wohl bedeutendste davon war ihre jeweilige Bildung. Während nur wenige der hier untersuchten Frauen ohne Berufsabschluss emigrierten[12] oder speziell für eine Berufsausbildung nach Deutschland kamen,[13] hatten die meisten von ihnen vor Verlassen ihres Heimatlandes irgendeine Art von Berufsausbildung abgeschlossen – oft als Näherin[14] –, allerdings unter sehr unterschiedlichen Umständen: Während Maria Brauner beispielsweise bis zu ihrem 14. Lebensjahr die Schule besuchte und anschließend eine vierjährige Ausbildung zur Näherin absolvierte,[15] verließ Niki Lippok bereits nach sechs Jahren die Schule, weil ihre Eltern die Kosten für die Schulausbildung ihrer fünf Kinder nicht aufbringen konnten. Danach machte sie eine zweijährige Berufsausbildung zur Näherin und erwarb anschließend ihren Meisterbrief.[16] Ähnlich und doch ganz anders ist die Ausbildungsgeschichte von Rita Görtlitz-Burfeindt: Nach-

10 StadtA WOB, H. 3.21, Nr. 3, Sylvia Mosur.

11 De Bock, Not all the Same after all? S. 593.

12 StadtA WOB, H. 3.21, Nr. 2, Marika Nedelkovski; StadtA WOB, H. 3.21, Nr. 25, Angeliki Katsaros.

13 StadtA WOB, H. 3.21, Nr. 27, Angela Ziemann.

14 Vier der neun Frauen hatten in ihrer Heimat eine Ausbildung zur Näherin gemacht: StadtA WOB, H. 3.21, Nr. 26, Niki Lippok; StadtA WOB, H. 3.21, Nr. 5, Maria Teresa Martinez Alvarez Brauner; StadtA WOB, H. 3.21, Nr. 4, Rita Görlitz-Burfeindt; StadtA WOB, H. 3.21, Nr. 1, Giuseppa Lo Presti.

15 StadtA WOB, H. 3.21, Nr. 5, Maria Teresa Martinez Alvarez Brauner.

16 StadtA WOB, H. 3.21, Nr. 26, Niki Lippok.

dem sie eine Zeit lang als Näherin gearbeitet hatte, begann sie eine Ausbildung zur Daktilografin, die ihr einen Job bei der Auslandspresse in Argentinien verschaffte, wo sie ihren späteren Ehemann kennenlernte.[17] Und schließlich kamen einige der Migrantinnen erst in einem späteren Lebensabschnitt nach Westdeutschland und brachten schon mehrjährige Bildungserfahrung mit. Sylvia Mosur ist ein Beispiel dafür: Nach dem Abschluss der Grundschule und des Gymnasiums machte sie eine Ausbildung im Bereich Fremdenverkehr und Tourismus, bevor sie sich für ein Studium der Germanistik an der Universität in Breslau entschied.[18]

Darin deutet sich bereits eine zweite Art kultureller Kompetenzen an, über die einige Frauen verfügten, nämlich Vorkenntnisse der deutschen Sprache. Während für viele die Sprache nach ihrer Ankunft in Deutschland zu einer der größten Herausforderungen wurde – siehe dazu Kapitel 3.3 –, waren einige Frauen diesbezüglich bereits besser aufgestellt. Sylvia Mosur war eine von ihnen, da sie in der Schule und an der Universität Deutsch gelernt hatte und diese Kenntnisse später durch ihren Kontakt mit deutschen Reisegruppen und den Austausch mit deutschen Universitäten intensivieren konnte.[19] Ein anderes Beispiel ist Angeliki Katsaros, die die deutsche *Goethe-Schule* in Griechenland besucht hatte,[20] um ihre Chancen auf einen Arbeitsplatz zu verbessern:

> Ja, in meiner Heimat, in Kavala, das ist die Tabak-Stadt gewesen von Griechenland […]. Und die [die Tabakfirmen] waren alle deutsch.[21] Und meine Mutter, wo ich dann nach der Schule noch in der siebten Klasse [war], hat sich so umgehört. »Ja, die nehmen Mädchen, aber die müssen Deutsch können.« Und darum bin ich dann zu der *Goethe Schule*.[22]

17 StadtA WOB, H. 3.21, Nr. 4, Rita Görlitz-Burfeindt.

18 StadtA WOB, H. 3.21, Nr. 3, Sylvia Mosur.

19 Ebd.

20 *Goethe-Schulen* sind Teil der lokalen Vereinigungen des Deutschen *Goethe-Instituts*, dessen Aufgabe die »auswärtige Kulturpolitik der BRD« und der »Transport der deutschen Kultur ins Ausland« ist, siehe dazu Kathe, Kulturpolitik um jeden Preis, S. 16.

21 Siehe für die Tabakindustrie in Kavala Lalenis, Tobacco Era in Kavala, Greece. Allerdings wird weder in der Forschung über die Tabakindustrie in Kavala noch in der Literatur über die deutsche Besatzung Griechenlands die fragwürdige Rolle der deutschen Tabakunternehmen erwähnt, auf die Angeliki Katsaros hier hinweist.

22 StadtA WOB, H. 3.21, Nr. 25, Angeliki Katsaros, S. 8f.

Ihre Aussage deutet bereits auf drei Dinge hin, auf die später noch umfassender eingegangen wird. Erstens verweist sie auf die Schwierigkeiten, die viele dieser Frauen hatten, in ihren Heimatländern einen Arbeitsplatz zu finden. Zweitens macht diese Passage die Erfahrungen und Assoziationen mit Deutschland und ihren Vorstellungen »der Deutschen« sichtbar, die sie mitbrachten, als sie immigrierten. Drittens haben einige Frauen durch frühere Migrationserfahrungen, vor allem in Form von Binnenmigration, kulturelles Erfahrungswissen erworben.

De Bock hat herausgefunden, dass sich Migrantinnen und Migranten mit vorausgehenden Migrationserfahrungen deutlich von denjenigen unterscheiden, die zum ersten Mal ihre Heimat verlassen, was sich ihr zufolge vor allem in einer »difference in experience and world-weariness« zeige.[23] Ein Beispiel für eine vorherige Migration aus Bildungsgründen zeigt sich in der Geschichte von Rita Görlitz-Burfeindt, die ihr Elternhaus verlassen hatte, um in der Landeshauptstadt zur Schule zu gehen. Sie erinnert sich: »Es war für mich eine sehr schwierige Zeit, also getrennt von der Familie, von meinen Eltern, vor allem. Da habe ich aber sehr vieles gelernt, erfahren.«[24] Dabei deutet sie an, dass die während der Binnenmigration gemachten Erfahrungen wie etwa der Umgang mit Einsamkeit und anderen Schwierigkeiten ihr den transnationalen Migrationsprozess und die Anpassung an den deutschen Kontext erleichtert haben.

Neben diesen kulturellen Fähigkeiten verfügten viele der befragten Frauen durch ihre Kontakte nach Deutschland auch über soziale Fähigkeiten, die es ihnen erleichterten und manchmal sogar überhaupt erst ermöglichten, ihre Migration vorzubereiten und durchzuführen. In vielen Fällen waren diese sozialen Beziehungen oder Netzwerke wie im Fall von Angela Ziemann interethnischer Art. Sie wurde von einer deutschen Krankenschwester, die sie in Bolivien kennengelernt hatte, nicht nur ermutigt, nach Deutschland zu kommen, sondern auch bei der Planung und Organisation des Migrationsprozesses unterstützt.[25] Andere Frauen wie etwa Rita Görlitz-Burfeindt waren bereits mit jenem deutschen Mann bekannt, der später ihr Ehemann werden sollte, was sie in ihren Überlegungen bekräftigte, nach Deutschland zu immigrieren. Viele dieser Frauen profitierten aber auch von innerethnischen Kontakten, insbesondere dann, wenn der Ehemann oder ein Teil der Familie bereits nach Westdeutschland oder sogar speziell nach Wolfs-

23 De Bock, Not all the Same after all? S. 591.

24 StadtA WOB, H. 3.21, Nr. 4, Rita Görlitz-Burfeindt, S. 6.

25 StadtA WOB, H. 3.21, Nr. 27, Angela Ziemann.

burg ausgewandert war und eine erste Anlaufstelle bot. Dies war bei Niki Lippok der Fall, deren Bruder erst nach Hamburg und dann nach Wolfsburg gezogen war und sie bei ihrer Ankunft empfing.[26] Doch während für viele dieser Frauen solche Netzwerke und Kontakte eine wesentliche Rolle während ihrer Migration spielten, gab es auch Pioniermigrantinnen, die ohne jeden Kontakt emigrierten. Zu diesen zählt etwa Marika Nedelkovski, die sich erinnert: »Ja, ja, ich bin die Erste. Ich bin [die] zweit Älteste, bin als Erste gegangen.«[27]

Wenn man sich mit den Migrationsbestrebungen dieser Frauen befasst, sollten gängige Behauptungen hinterfragt werden, wie etwa die Aussage, dass die Arbeitsmigranten und Arbeitsmigrantinnen der Nachkriegszeit allein »per moneta« kamen,[28] sprich: wegen der Arbeitsmöglichkeiten und des höheren Lohnes.[29] Mit Blick auf das *Capabilities-Aspiration Framework* legt diese Position nahe, diese Migrantinnen seien lediglich mit der Ambition, ein bestimmtes, zumeist finanzielles Ziel zu erreichen, emigriert. Die hier analysierten Geschichten von Frauen zeigen jedoch, dass dies meist nur einer von vielen Gründen war, der die Frauen dazu bewegt hat, ihre Reise nach Deutschland anzutreten. So haben zahlreiche Frauen eine Migration in Betracht gezogen, weil sie in ihrer Heimat Schwierigkeiten hatten, einen Arbeitsplatz zu finden. Ein Beispiel dafür ist die Geschichte von Rita Görlitz-Burfeindt, die erzählt: »Ja dann, es war nicht so einfach, Arbeit zu bekommen, vor allem wenn man kein komplettes Studium hat.«[30] In ihrem Falle erschwerte eine fehlende Weiterbildung den Eintritt in den Arbeitsmarkt in ihrem Heimatland.

In vielen Entsendeländern waren die Arbeitsmöglichkeiten aufgrund der schwierigen wirtschaftlichen Lage generell sehr eingeschränkt, wie Angeliki Katsaros für den griechischen Kontext erklärt, sei es dort in den 1950er Jahren doch »mit Arbeitskräften« schwer gewesen.[31] Sie bezieht sich damit auf die wirtschaftlichen Herausforderungen im Nachkriegsgriechenland, die durch Bürgerkriege, die einen effizienten Wiederaufbau des Landes für viele Jahre verhinderten, noch ver-

26 StadtA WOB, H. 3.21, Nr. 26, Niki Lippok.

27 StadtA WOB, H. 3.21, Nr. 2, Marika Nedelkovski, S. 31.

28 »Per Moneta«, in: Der Spiegel, Nr. 41, vom 6. Oktober 1964.

29 Für die weite Verbreitung dieser Perspektive siehe etwa Mattes, »Gastarbeiterinnen« in der Bundesrepublik, S. 95.

30 StadtA WOB, H. 3.21, Nr. 4, Rita Görlitz-Burfeindt, S. 6.

31 StadtA WOB, H. 3.21, Nr. 25, Angeliki Katsaros, S. 9.

schlimmert wurden.[32] Oft führten die wirtschaftlichen Bedingungen zu erheblichen Auswanderungswellen, wie Niki Lippok beschreibt. Es sei damals in Griechenland »die Zeit [gewesen], wo alle weggingen – nach Deutschland oder Australien oder [was] weiß ich wohin«.[33] Und auch Giuseppa Lo Presti erinnert für ihre kleine Heimatstadt auf Sizilien, bereits »die Hälfte« sei schon fort gegangen, »weil [es] keine Arbeit [gab], gar nichts, muss ich sagen«.[34]

Der letzte Punkt deutet bereits auf eine andere Form der Ambition hin, die laut De Haas für jede Migrationsentscheidung notwendig ist, nämlich das bloße Wissen um die Möglichkeit der Migration, aus dem sich dann die Idee zur eigenen Emigration entwickeln kann. Wie schon zuvor erwähnt, waren einige Frauen aufgrund von Familienmitgliedern, die das Land zuvor verlassen hatten, bereits mit dem Gedanken der Emigration vertraut. Frauen, die als offiziell angeworbene Arbeitsmigrantinnen nach Deutschland kamen, mussten sich jedoch erst über diese Anwerbeprogramme informieren. Marika Nedelkovski erklärt beispielsweise: »Man hat gehört, dass man auch ins Ausland gehen [könnte].«[35] Und auch Maria Brauner erinnert sich konkret: »In einer Zeitung wurde geschrieben: ›In Deutschland werden Gastarbeiter gesucht‹«, und dass es in Spanien lokale Anwerbeagenturen gab, die nach Arbeitskräften für deutsche Unternehmen suchten.[36] Sie verweist damit auf den Anwerbungsprozess, bei dem das deutsche Unternehmen eine lokale Arbeitsagentur kontaktierte, um ausländische Arbeitskräfte zu rekrutieren. Der Vertrag enthielt spezifische Informationen über die Anzahl der Arbeitskräfte, ihr Alter und ihr Geschlecht sowie konkrete Anforderungen in Bezug auf Berufserfahrung oder körperliche Gesundheit. Nach Zahlung einer Vermittlungsgebühr prüften die deutschen Arbeitsämter, ob es nicht doch geeignete deutsche Arbeitnehmer gab, ehe sie den Vertrag an das ausländische Arbeitsamt weiterleiteten, das dann die infrage kommenden Bewerberinnen oder Bewerber auswählte.[37] Neben dieser formalen Organisation des Anwerbeprozesses gab es indes auch, wie Maria Brauner im Interview erzählt, breit angelegte Werbekampagnen, die der deutsche Staat im Ausland startete, um

32 Richter, Griechenland 1940–1950, S. 463; Papadopoulos/Tourgeli, Gendering Migration in a Patriarchal Society, S. 2.

33 StadtA WOB, H. 3.21, Nr. 26, Niki Lippok, S. 6.

34 StadtA WOB, H. 3.21, Nr. 1, Giuseppa Lo Presti, S. 18.

35 StadtA WOB, H. 3.21, Nr. 2, Marika Nedelkovski, S. 6.

36 StadtA WOB, H. 3.21, Nr. 5, Maria Teresa Martinez Alvarez Brauner, S. 6.

37 Mattes, »Gastarbeiterinnen« in der Bundesrepublik, S. 63.

potenzielle Arbeitsmigrantinnen und Arbeitsmigranten zu erreichen.[38] Hinzu kam die Mund-zu-Mund-Propaganda, gehörten doch zu der Zeit »in allen Kaffeehäusern [...] die deutschen Löhne zum Tagesgespräch«, wie es in einem Zeitungsartikel aus dem Jahr 1961 beispielsweise für den griechischen Kontext heißt.[39]

Ein dritter Faktor, der die Ambitionen der Frauen verstärkte, ihr Heimatland zu verlassen, war häufig der politische Kontext. Für Griechenland erinnert sich Angeliki Katsaros, aufgrund des Bürgerkriegs habe »man nicht richtig leben« können,[40] und Niki Lippok fügt dem hinzu, »44, 45 oder die 50er Jahre. Das war Armut in Griechenland. Da war Krieg, Besatzung und der Bürgerkrieg.«[41] Beide Frauen verweisen auf die Besetzung Griechenlands während des Zweiten Weltkrieges durch Italien, Bulgarien und Deutschland[42] sowie auf die späteren Bürgerkriege.[43] In ähnlicher Weise erklärt auch Rita Görlitz-Burfeindt ihren Weggang aus Argentinien, der eng mit der politischen Situation des Landes verbunden gewesen sei. Sie erinnert sich, alle hätten ihr gesagt: »Verlass[e] das Land, es ist besser so und nichts zu riskieren. Letztendlich arbeitest du für Leute, die ausländische Presse, und die waren auch unter der Lupe.«[44] Damit bezieht sie sich auf das Risiko, das sie unter der, wie sie es nennt, »sehr blutige[n] Diktatur« Argentiniens eingegangen ist, die ob ihrer brutalen Methoden gefürchtet war.[45] Aber auch für Frauen, die in späteren Jahrzehnten kamen, war die politische Situation in ihren Heimatländern eine Motivation für ihre Migration – so im Fall von Sylvia Mosur. In ihrem Interview erklärt sie: »Ich habe den Kriegszustand miterlebt [...] in Polen. Und dann haben wir mit meinem Mann beschlossen, wir hatten schon ein Kind, das war in der vierten Klasse, einen Sohn. Haben wir mit meinem Mann beschlossen, die erste Gelegenheit, die sich ergibt, wo wir alle mit der ganzen Familie ausreisen können.«[46] Sie bezieht sich dabei auf die Einführung des sogenannten Kriegsrechts im Jahr 1981, das das

38 Mattes, Hindernisse und Strategien der staatlichen Anwerbung, S. 119.

39 »Penelope in der Fabrik«, in: Frankfurter Allgemeine Zeitung vom 23. Dezember 1961, BuZ, S. 6.

40 StadtA WOB, H. 3.21, Nr. 25, Angeliki Katsaros, S. 4.

41 StadtA WOB, H. 3.21, Nr. 26, Niki Lippok, S. 5.

42 Fleischer, Krieg und Nachkrieg. Darin insbesondere Kapitel 1.

43 Richter, Griechenland 1940–1950.

44 Hier und im Folgenden StadtA WOB, H. 3.21, Nr. 4, Rita Görlitz-Burfeindt, S. 7.

45 Zur Diktatur in Argentinien siehe Grigera/Zorzoli, The Argentinian Dictatorship and its Legacy.

46 StadtA WOB, H. 3.21, Nr. 3, Sylvia Mosur, S. 9f.

tägliche Leben in Polen mit dem Ziel, die Opposition und insbesondere die gewerkschaftliche *Solidarność*-Bewegung zu kontrollieren, erheblich einschränkte.[47]

Und schließlich emigrierten einige der Frauen aus gänzlich anderen Gründen, so etwa Angela Ziemann, die schon als Kind den Gedanken fasste, unbedingt nach Deutschland zu gehen, und sich schließlich entschloss auszuwandern, um ihren »Traumberuf« Krankenschwester zu erlernen. Obwohl die politische Situation in Bolivien damals schwierig gewesen sei, habe sie sich nicht um Politik gekümmert.[48] Dies ist auch insofern von Bedeutung, als Migrantinnen und Migranten, die in den 1970er Jahren aus Lateinamerika migrierten, aufgrund der dort herrschenden Diktaturen in Europa meist als Exilanten angesehen wurden,[49] was sich auch in der Annahme des Interviewers widerspiegelt, die politische Situation habe möglicherweise ihre Entscheidung zu emigrieren beeinflusst.[50] Für Ziemann ist dies jedoch nicht von Belang gewesen, stattdessen betont sie, die Auswanderung nach Deutschland sei »nur einfach mein Wunsch [gewesen], mein Wunsch«.[51] In ähnlicher Weise spielte für einige Frauen eine Form von intrinsischer Ambition wie etwa Abenteuerlust eine Rolle bei ihrer Migrationsentscheidung.[52] Ein Beispiel dafür ist Sylvia Mosur, die erklärt, sie habe immer Interesse daran gehabt, neue Leute kennenzulernen. Auch Marika Nedelkovski gibt an, das Sammeln neuer Erfahrungen sei Teil ihrer Motivation gewesen, sich bei der Arbeitsvermittlung anzumelden: »Ich möchte mal ein bisschen mehr haben. Möchte man ein bisschen mehr leben.«[53]

Eine letzte Form der Ambition, die viele dieser Frauen in ihrer Migrationsentscheidung bestärkte, war der grundlegende Wunsch, mit ihrem Partner zusammenzuleben. Für Niki Lippok beispielsweise ist

47 Siehe Paczkowski, Revolution and Counterrevolution in Poland.

48 StadtA WOB, H. 3.21, Nr. 27, Angela Ziemann, S. 9 und 21. Im Jahr 1964 kam es in Bolivien zu einem Staatsstreich durch eine Militärjunta. Siehe dazu Field, From Development to Dictatorship, insbesondere Kapitel 6.

49 Gruner-Domić, Lateinamerikanische Immigrantinnen in Deutschland, S. 278. Siehe zu den lateinamerikanischen Diktaturen Cwik/König/Rinke, Diktaturen in Lateinamerika im Zeitalter des kalten Krieges.

50 Im Interview mit Angela Ziemann fragt der Interviewer Alexander Kraus beispielsweise: »Sie haben Bolivien 65 verlassen. Hat da auch die politische Konstellation eine Rolle gespielt? Weil der Militärputsch '64 begann?« StadtA WOB, H. 3.21, Nr. 27, Angela Ziemann, S. 21.

51 StadtA WOB, H. 3.21, Nr. 27, Angela Ziemann, S. 21.

52 Darauf hat auch Mattes wiederholt hingewiesen, siehe Mattes, »Gastarbeiterinnen« in der Bundesrepublik Deutschland.

53 StadtA WOB, H. 3.21, Nr. 2, Marika Nedelkovski, S. 5.

dies offensichtlich, da sie für ihre »erste große Liebe«, die damals in München studierte, auswanderte: »Ja der Antrieb war, mein Freund war hier. Ja, ja, ich habe gedacht, ich bleib' bei ihm. Dann sehe ich [ihn] dann jeden Tag oder was.«[54] Dann gibt es einige Frauen, die ihren späteren Mann, der bereits in Deutschland arbeitete, bei einem seiner Heimatbesuche kennengelernt haben. Zu diesen zählt Giuseppa Lo Presti, die ihren Mann im Alter von 16 Jahren traf, ihn wenig später heiratete und ihm einige Monate nach der Eheschließung nach Wolfsburg folgte.[55] Auch Angeliki Katsaros begegnete ihrem Mann in Griechenland und beschloss, ihn nach Deutschland zu begleiten.[56]

Abschließend gilt zu konstatieren, dass, wie sehr diese Frauen auch aus unterschiedlichen Verhältnissen stammen, ihre Geschichten hinsichtlich ihrer Migrationsentscheidung dessen ungeachtet jedoch zahlreiche Gemeinsamkeiten haben. So wanderten sie alle in einem sehr jungen Alter aus, wobei die Mehrheit zum Zeitpunkt der Migration etwa zwanzig Jahre alt war – die jüngste zehn, die älteste 35 Jahre alt. Trotz ihrer unterschiedlichen Migrationswege – als angeworbene Arbeitskräfte, als individuelle Migrantinnen oder als Heirats-/Familienmigrantinnen – verfügten viele der Frauen bereits vor ihrer Abreise über ein inner- beziehungsweise interethnisches Netzwerk in Deutschland oder einen anderen Bezug zum Land, beispielsweise über die Sprache. Darüber hinaus verweisen ihre Geschichten auf die Notwendigkeit, das vorherrschende historische Narrativ über die Arbeitsmigration in das Deutschland der Nachkriegszeit in zweierlei Hinsicht zu korrigieren: Zum einen muss die Forschung, wie bereits von mehreren Wissenschaftlerinnen und Wissenschaftlern gefordert,[57] unterschiedliche Migrationsgründe in den Blick nehmen und darf sich nicht lediglich auf die bloßen ökonomischen Ambitionen der Arbeitsmigrantinnen und Arbeitsmigranten konzentrieren. Zum anderen verdeutlichten die vorgestellten Biografien aus der Stichprobe, dass Arbeitsmigration kein rein männliches Phänomen war und Frauen im Umkehrschluss nicht nur als abhängige Kettenmigrantinnen in die Bundesrepublik kamen, sondern auch eigenständig und aus den unterschiedlichsten Gründen emigrierten. Dieser letzte Punkt, speziell die Eigenständigkeit dieser Frauen in ihrem Migrationsprozess, ist Gegenstand des folgenden Kapitels.

54 StadtA WOB, H. 3.21, Nr. 26, Niki Lippok, S. 26.
55 StadtA WOB, H. 3.21, Nr. 1, Giuseppa Lo Presti, S. 6.
56 StadtA WOB, H. 3.21, Nr. 25, Angeliki Katsaros, S. 4.
57 Goeke, Transnationale Migrationen, S. 134.

2.3 »Du bist [ein] Mädchen, du musst jetzt hierbleiben.« Migrationsprozess und weibliche *Agency*

Vor dem Hintergrund der oben dargelegten Migrationsmotive werden im nächsten Abschnitt die Handlungsfähigkeiten der Frauen näher betrachtet, insbesondere in Bezug auf ihre Migrationsentscheidung sowie ihre Wahl Wolfsburgs als neuer Heimat. Es ist auffallend, wie sehr einige Frauen ihre Migration nach Deutschland als das Ergebnis einer größtenteils eigenständigen Entscheidung schildern. Dies gilt beispielsweise für Angela Ziemann, die zunächst als Au-pair in die USA geschickt wurde, dann aber auf eigenen Wunsch nach Bolivien zurückkehrte und stattdessen ihre Mutter überredete, ihrer Ausreise nach Deutschland zuzustimmen.[58] Andere Frauen hatten hingegen nur begrenzte Kontrolle über ihre Entscheidung zu emigrieren. In einem konkreten Fall aus dem vorliegenden Interviewsample war es der Vater der Frau, der als Arbeitsmigrant nach Deutschland gekommen war und zusammen mit seiner Ehefrau die Entscheidung traf, die Kinder nachzuholen. Rosario Westphal beschreibt diese Zeit folgendermaßen:

> Mein Vater war Gastarbeiter erster Generation. Der ist damals mit Vertrag nach Bochum gekommen und als der Vertrag dann vorbei war, hatte man ihm erzählt, dass hier in Wolfsburg eine große Autofabrik ist, in der sie Arbeiter suchen. Und dann ist mein Vater hierhergekommen. [...] Aber [...] 1963 kam meine Mutter und hat sich das Ganze angeguckt. Und dann haben die sich überlegt, okay, wir versuchen das in Wolfsburg, sodass ich mit meinen Geschwistern dann im Januar, Ende Januar 1965 nach Wolfsburg gekommen [bin].[59]

Auch die Frauen, die mit ihrem oder aufgrund ihres Ehemannes ausgewandert sind, betrachten ihre Migration meist nicht als eine bewusste Entscheidung, sondern als eine unweigerliche Entwicklung, der sie durch die Heirat automatisch zugestimmt haben. Dies wird in Giuseppa Lo Prestis Erinnerungen deutlich: Ihr sei bewusst gewesen, mit ihrem Mann irgendwann von zuhause wegzugehen – und so sei es ja dann auch gekommen.[60] In diesem Zusammenhang ist es nötig zu erwähnen, dass es für viele Frauen zwingend notwendig war, noch vor der Auswanderung zu heiraten, um die Ehre ihrer Familien zu wahren.

58 StadtA WOB, H. 3.21, Nr. 27, Angela Ziemann, S. 5f.
59 StadtA WOB, H. 3.21, Nr. 6, Rosario Westphal, S. 4.
60 StadtA WOB, H. 3.21, Nr. 1, Giuseppa Lo Presti, S. 17.

Dies zeigt sich exemplarisch in den Erinnerungen von Angeliki Katsaros: Sie habe noch »[i]n Griechenland geheiratet, sonst [hätten mich] meine Oma und meine Mutter [...] gar nicht gelassen, nicht verheiratet. Das war in den 60er Jahren, nicht vergessen. Das war nicht so einfach: der gute Ruf [...] der Familie.«[61]

Was Angeliki Katsaros hier bereits andeutet und was in anderen Interviews noch deutlicher wird, ist, wie sehr ihre Emigration für die Frauen aufgrund ihres oftmals jugendlichen Alters sowie der herrschenden gesellschaftlichen Normen, die die Einhaltung traditioneller Regeln verlangten, erschwert wurde. Ein Beispiel dafür ist die Geschichte von Niki Lippok, die erzählt: »Ich war 16, und ich durfte eigentlich nicht allein verreisen. Wir waren noch Jugendliche, wir waren noch nicht erwachsen. Da habe ich eine erwachsene Person gehabt als Vormund.«[62] Sie habe damals zu ihrem Freund nach Deutschland kommen wollen, was ihr aber verwehrt wurde. Aufgrund der traditionellen Normen und des familiären Drucks kam sie dem Plan ihres Bruders nach und zog mit ihm entgegen ihrem ursprünglichen Wunsch, mit ihrem Freund in München zu bleiben, nach Wolfsburg. Auch Marika Nedelkovski musste dafür kämpfen, ihre Heimatstadt verlassen zu dürfen, denn »früher Mädchen ins Ausland gehen [zu lassen], alleine [zu] lassen [...], war nicht so wie heute, war ein bisschen anders«.[63] Sie musste sich mit ihren Eltern auseinandersetzen, die ihrer Meinung nach »wirklich streng dagegen« waren und ihr vorschrieben: »Nein, das geht nicht, du bist [ein] Mädchen, du musst jetzt hierbleiben.« So klar dies auch artikuliert wurde, so wenig war es für sie indes das letzte Wort, denn »irgendwie« habe sie ihren Vater dann »doch überlistet« und sich »beim Arbeitsamt [...] fürs Ausland« gemeldet.

Diese Geschichten unterstreichen nicht nur den extremen Mut und die Stärke dieser Migrantinnen, sondern verdeutlichen auch die Herausforderungen, mit denen sich viele dieser jungen Frauen bereits vor ihrer Ausreise konfrontiert sahen, verursacht durch Traditionen und soziale Erwartungen ihrer Familien und deren Umgebung. Letzteres wird im Interview mit Maria Brauner deutlich, die erzählt, ihr Vater sei aufgrund seines Einverständnisses zur Emigration seiner Töchter heftig kritisiert worden: »Bist du nicht fähig, deine Kinder zu ernähren. Dass du die weggehen lässt?«[64] Nichtsdestotrotz war der Abschied von der Fami-

61 StadtA WOB, H. 3.21, Nr. 25, Angeliki Katsaros, S. 18.

62 Hier und im Folgenden StadtA WOB, H. 3.21, Nr. 26, Niki Lippok, S. 6.

63 Hier und im Folgenden StadtA WOB, H. 3.21, Nr. 2, Marika Nedelkovski, S. 6f.

64 StadtA WOB, H. 3.21, Nr. 5, Maria Teresa Martinez Alvarez Brauner, S. 9.

Abb. 2: Sylvia Mosur am Wolfsburger Bahnhof, im Hintergrund das Kraftwerk der *Volkswagen AG*, fotografiert von einer ihrer Kursteilnehmerinnen, 1980er Jahre

lie – selbst wenn die Migration nur für einen begrenzten Zeitraum vorgesehen war – nicht einfach. Die Interviews zeugen immer wieder von den emotionalen Reaktionen, die bei der Erinnerung daran hochkommen.[65]

Eine etwas andere Geschichte erzählt dagegen Sylvia Mosur (Abb. 2), die von ihrer Flucht aus Polen berichtet: »Wir haben im Winter des Jahres '86 die Genehmigung bekommen, den Ski-Urlaub in Österreich zu verbringen.«[66] Mit der Genehmigung einher ging die Ausgabe von Pässen, mit denen sie dann »nach Österreich und von Österreich […] nach Stuttgart gefahren« sind. In jener Zeit, als die polnischen Grenzen geschlossen waren, habe man, so Mosur, eigens beim Ministerium für öffentliche Sicherheit (*Ministerstwo Bezpieczeństwa Publicznego*) einen Reisepass beantragen müssen, um das Land zu verlassen. Ihre Aussage, die ausgestellten Pässe seien nur vorübergehend gültig gewesen und die

65 Siehe etwa StadtA WOB, H. 3.21, Nr. 2, Marika Nedelkovski, S. 7.

66 Hier und im Folgenden StadtA WOB, H. 3.21, Nr. 3, Sylvia Mosur, S. 10.

Beantragung habe zahlreiche bürokratische Hürden mit sich gebracht, stimmt mit Studien überein, die Polen in dieser Zeit als »riesige[s] Gefängnis – eine[n] Ort, den man nicht verlassen konnte« –, bezeichnen.[67] Diese Geschichte zeugt von einer ganz anderen Hürde: Nicht etwa familiäre Zwänge und gesellschaftliche Regeln galt es zu überwinden und hinter sich zu lassen, vielmehr politische Unfreiheit und fehlende Unabhängigkeit sind es, die Sylvia Mosur die Ausreise erschwerten.

Auch bei der Betrachtung der eigentlichen Migration wird deutlich, dass sich die Frauen hinsichtlich des Grades ihrer Selbstständigkeit und Unabhängigkeit unterscheiden. Dabei ist es notwendig, noch einmal nach den verschiedenen Migrationsformen – angeworbene Arbeiterin, selbstständige oder familiäre Migration – zu differenzieren, da die Art und Weise, wie die Frauen in die Bundesrepublik gekommen sind, ihren Migrationsprozess maßgeblich beeinflusst hat. Wie in Kapitel 1.1 beschrieben, kamen Frauen, die selbstständig oder als Familien- beziehungsweise Heiratsmigrantinnen immigrierten, als Touristinnen nach Westdeutschland und mussten ihre Migration eigenständig organisieren. Dies erforderte auch die dafür notwendigen finanziellen Möglichkeiten. Angeliki Katsaros etwa reiste mit dem Auto ein und erinnert sich, von Griechenland aus sechs Tage gebraucht zu haben.[68] Andere, wie zum Beispiel Niki Lippok, kamen mit dem Zug: »Das war eine lange Reise mit dem Zug. Für mich war das ein Erlebnis als junges Mädchen. Und da bin ich in München ausgestiegen, und da hat er auf mich gewartet.«[69] Stärker konnte sich die Einreise kaum von einem organisierten Migrationsprozess unterscheiden, wo die Migrantinnen und Migranten etwa am Bahnhof abgeholt und in die richtige Richtung geleitet wurden. Stattdessen waren Frauen wie Niki Lippok auf persönliche Netzwerke oder einzelne Kontakte angewiesen, die sie bei ihrer Ankunft empfingen und ihnen bei der ersten Orientierung halfen. Angela Ziemann wiederum erinnert sich im Oral-History-Interview daran, die deutsche Krankenschwester, die sie bereits in Bolivien kennengelernt hatte, habe sie nach ihrer Ankunft in Hamburg erwartet.[70]

Die Migrationserfahrungen der angeworbenen Arbeitsmigrantinnen unterscheiden sich erheblich davon. Sowohl Maria Brauner als auch Marika Nedelkovski erinnern sich, wie sie sich nach der Anmeldung beim

67 Stola, Das kommunistische Polen als Auswanderungsland, S. 351, siehe auch S. 349.

68 StadtA WOB, H. 3.21, Nr. 25, Angeliki Katsaros, S. 16.

69 StadtA WOB, H. 3.21, Nr. 26, Niki Lippok, S. 6.

70 StadtA WOB, H. 3.21, Nr. 27, Angela Ziemann, S. 7.

Arbeitsamt in ihrer Heimat von einem deutschen Arzt haben untersuchen lassen müssen. Maria Brauner etwa erzählt: »Und da wurden wir richtig untersucht, da mussten wir uns ausziehen und [da] war ein deutscher Arzt [aus den Interviews geht nicht hervor, ob es sich um einen Mann oder eine Frau handelte], hat geguckt, ob wir ganz gesund sind, ob wir eine Krankheit hatten.«[71] Wie frühere Forschungen nahelegen,[72] wurden die Frauen vor allem auf mögliche Schwangerschaften hin untersucht, was auch Marika Nedelkovski in ihren Ausführungen bestätigt. Nachdem »das alles erledigt« war, konnte »man schon in Ausland gehen«.[73] Erstaunlich ist die sachliche Art und Weise, in der beide Frauen diese Untersuchungen beschreiben, die von keinerlei erfahrener Erniedrigung zeugt. Erstaunlich ist dies auch deshalb, da solche Erfahrungen in vielen Erzählungen von rekrutierten Arbeitsmigranten betont werden.[74] Ob das allerdings den realen Gefühlen entspricht oder lediglich für das Interview so formuliert wurde, lässt sich nicht klären. Marika Nedelkovski erklärt weiter, sie habe sofort ihren Arbeitsvertrag mit allen Informationen über den Arbeitsort erhalten und sei nur wenige Wochen später nach Deutschland ausgereist.

Der Unterschied zu den individuell einreisenden Migrantinnen bestand dabei nicht nur in der Sicherheit der Aufenthalts- und Arbeitserlaubnis sowie dem Wissen, einen festen Arbeitsplatz zu haben, sondern auch darin, dass ihre Reise bezahlt wurde[75] und sie – wie die anderen angeworbenen Arbeitskräfte auch – in einen Sonderzug einsteigen konnte, mit dem die angeworbenen Arbeitskräfte aus ihren Herkunftsländern nach Deutschland reisten.[76] Wie in Kapitel 1.1 beschrieben, wanderten die hier porträtierten Frauen, die zur Gruppe der angeworbenen Arbeitsmigrantinnen zählen, nicht alleine aus: Maria Brauner kam mit ihrer 19-jährigen Schwester,[77] Marika Nedelkovski wiederum erinnert sich, sie sei zusammen mit vier Freundinnen aus der Schule aufgebrochen. Es hätten sieben Busse mit angeworbenen Arbeiterinnen und Arbeitern zeitgleich ihr kleines Dorf Smolare verlassen.[78] Mit dem Bus ging es nach Skopje, von wo aus sie einen Zug

71 StadtA WOB, H. 3.21, Nr. 2, Marika Nedelkovski; StadtA WOB, H. 3.21, Nr. 5, Maria Teresa Martinez Alvarez Brauner, S. 6.

72 Mattes, »Gastarbeiterinnen« in der Bundesrepublik, S. 73.

73 Hier und im Folgenden StadtA WOB, H. 3.21, Nr. 2, Marika Nedelkovski, S. 7.

74 Siehe dazu beispielsweise Artale, Avanti! S. 44 und 49.

75 Mattes, »Gastarbeiterinnen« in der Bundesrepublik Deutschland.

76 Jamin, Fremde Heimat, S. 154.

77 StadtA WOB, H. 3.21, Nr. 5, Maria Teresa Martinez Alvarez Brauner, S. 8.

78 StadtA WOB, H. 3.21, Nr. 2, Marika Nedelkovski, S. 8.

nach München genommen hätten. Dort sei eine jede je nach Vertrag in eine andere Richtung geleitet worden. Der Münchner Hauptbahnhof fungierte damals als eines der Hauptziele dieser Sonderzüge und war einer der Orte, von dem aus die Migrantinnen und Migranten in ihre endgültigen Bestimmungsorte verteilt wurden.[79]

Nachdem zuvor die Migration dieser Frauen nach Westdeutschland untersucht wurde, wird im Folgenden ihr Entscheidungsprozess bezüglich der Wahl Wolfsburgs als Wohnort nachgezeichnet: Wie in Kapitel 1.2 erörtert, lässt sich die Stadt am Mittellandkanal in den 1950er/1960er Jahren mit guten Argumenten als eine »Männerwelt« beschreiben, was die spannende Frage aufwirft, warum sich die Frauen ausgerechnet dort niederließen und ob es das Ergebnis ihrer eigenen Entscheidung war. Für Heirats- oder Familienmigrantinnen liegt der Grund durch die Beschäftigung ihrer Ehemänner bei der *Volkswagenwerk AG* auf der Hand, weshalb sie direkt und ohne Zwischenstationen nach Wolfsburg gekommen sind.[80] Für die selbstständig eingereisten Frauen waren die Migrationsprozesse dagegen oft komplexer, mit verschiedenen vorherigen Aufenthalten. Rita Görlitz-Burfeindt zum Beispiel blieb ein halbes Jahr in München, bevor sie ihren Mann heiratete und zu ihm nach Wolfsburg kam.[81] In ähnlicher Weise begann Angela Ziemann ihren Migrationsprozess in Lübeck und zog anschließend nach Stuttgart, wo sie ihren Mann kennenlernte. Später verbrachten sie gemeinsam eine Zeit in Mainz, bevor beide schließlich wegen der Arbeitsaufnahme ihres Mannes beim Automobilkonzern nach Wolfsburg übersiedelten.[82] Etwas anders liegt der Fall von Niki Lippok, die eigentlich mit ihrem Freund nach München gehen wollte, dann aber aufgrund familiären Drucks dazu gezwungen war, ihrem Bruder nach Wolfsburg zu folgen:

> Niki Lippok: »Ich durfte auch nicht zu meinem Freund nach München. Also, wir waren fast verlobt, aber ich war noch nicht 18 – 21 Jahre war das damals, nicht 18. Und ich durfte nicht. Ich musste dann das machen, was meine Geschwister gesagt haben. [...] Heutzutage hätte ich protestiert, nicht? [...] Aber damals war [das] so und ich muss[te] da hören, sonst hätten die mich zurückgeschickt.«

79 Jamin, Fremde Heimat, S. 154.

80 Siehe etwa StadtA WOB, H. 3.21, Nr. 25, Angeliki Katsaros; StadtA WOB, H. 3.21, Nr. 1, Giuseppa Lo Presti.

81 StadtA WOB, H. 3.21, Nr. 4, Rita Görlitz-Burfeindt, S. 8.

82 StadtA WOB, H. 3.21, Nr. 27, Angela Ziemann.

> Interviewer: »War das abgesprochen mit den Eltern, dass der große Bruder sozusagen [auf Sie aufpasst]?«
>
> Niki Lippok: »Ja, sicher. Sonst wäre ich ja auch gar nicht hier nach Wolfsburg gekommen.«[83]

Dieser Dialog zeigt, dass sie zwar bei ihrer Entscheidung, nach Deutschland zu kommen, eine gewisse Entscheidungsfreiheit hatte, hier jedoch dem Willen ihres Bruders folgen musste. Wolfsburg war zudem ganz offenbar nicht ihr bevorzugtes Ziel. Mit Sicherheit hat sie sich diese Stadt nicht gerade ausgesucht: Es war der Wohn- und Arbeitsort ihres Bruders, der so auch zu ihrem wurde.

Angesichts der dargelegten Biografien spricht vieles dafür, dass die angeworbenen Arbeitsmigrantinnen wohl die »[most] moving stories« im wörtlichen Sinne vorzuweisen haben,[84] als sie vor ihrer Ankunft in Wolfsburg an vielen verschiedenen Orten gelebt und gearbeitet haben. Maria Brauner, die zunächst im niedersächsischen Fürstenberg arbeitete, folgte später ihrem Mann nach Wolfsburg.[85] Für Marika Nedelkovski begann die Reise in Berlin, von dort zog sie nach Quickborn, Hameln und schließlich Braunschweig, wo sie ihren Mann kennenlernte, mit dem sie sich in Wolfsburg niederließ.[86]

Wenn man nach den übergeordneten Themen dieser individuellen Lebensgeschichten fragt, lässt sich feststellen, was auch andere Studien zur Situation von Migrantinnen bereits zeigen: »Immigrant women played active roles in the migration process.«[87] Viele der Frauen, die nach Westdeutschland immigrierten, taten dies unabhängig. Doch obwohl die Untersuchung die aktive Rolle dieser Frauen in ihrem Entscheidungsprozess hervorhebt, hat sie auch gezeigt, dass sowohl individuelle als auch angeworbene Migrantinnen bereits vor ihrer Ausreise in die Bundesrepublik auf erhebliche Hindernisse stießen. Dass sie sich dennoch durchzusetzen vermochten, unterstreicht ihre *Agency*. Wie gezeigt wurde, unterscheiden sich diese beiden Gruppen jedoch erheblich in ihrem eigentlichen Migrationsprozess: Während angeworbene Migrantinnen bereits eine Arbeitserlaubnis hatten und wussten, wohin die Reise gehen würde, waren individuelle Migrantinnen auf die Hilfe von Familie und Freunden angewiesen. Außerdem verfügten sie noch nicht

83 StadtA WOB, H. 3.21, Nr. 26, Niki Lippok, S. 17.

84 Thomson, Moving Stories.

85 StadtA WOB, H. 3.21, Nr. 5, Maria Teresa Martinez Alvarez Brauner, S. 15.

86 StadtA WOB, H. 3.21, Nr. 2, Marika Nedelkovski.

87 Freund/Quilici, Exploring Myths in Women's Narratives.

über die Sicherheit einer Arbeits- und Aufenthaltserlaubnis, wie in Kapitel 3.1 näher untersucht werden wird. Der Blick auf die Besonderheiten des Fallbeispiels Wolfsburg zeigt, dass ausnahmslos alle Frauen der Stichprobe[88] durch die Beschäftigung ihrer Ehepartner oder Familienangehörigen bei der *Volkswagenwerk AG* nach Wolfsburg gekommen sind. Keine einzige von ihnen kam aus eigenem Antrieb in diese Stadt, ähnlich wie es auch für deutsche Frauen festgestellt worden ist, die in den Jahren zuvor nach Wolfsburg gezogen sind.[89] Angesichts dessen rückt in Kapitel 3 die Frage, wie sie sich als Frauen in diese »Männerwelt« integriert haben, in den Fokus der Untersuchung. Zunächst jedoch werden ihre Erfahrungen mit Deutschland und den Deutschen sowie ihre ersten Begegnungen mit der Aufnahmegesellschaft untersucht.

2.4 »Die wollen uns vergiften hier.« Ankommen und Orientieren

Obwohl in Kapitel 1.1 gezeigt wurde, dass Arbeitsmigrantinnen und Arbeitsmigranten von ihren Zeitgenossinnen und Zeitgenossen in erster Linie als Arbeitskräfte und nicht als Individuen betrachtet wurden, kamen sie mit ihren eigenen, sehr persönlichen Erfahrungen und Vorstellungen in Westdeutschland an. Eben diese werden innerhalb dieses Kapitels auf drei Ebenen in den Blick genommen: die ersten Eindrücke in Westdeutschland, aus dem Herkunftsland mitgebrachte Vorannahmen, die mit Deutschland und seiner Bevölkerung verbunden sind, und schließlich Diktaturerfahrungen aus ihren Heimatkontexten. Zunächst ist auffällig, wie viele Frauen im Verlauf des Oral-History-Interviews den Begriff des »Kulturschocks« verwenden. Niki Lippok erinnert sich: »Da bin ich angekommen in Wolfsburg, da habe ich richtig einen Kulturschock bekommen, nicht? Alles war ganz anders.«[90] Bereits ihre Erinnerung an den Moment, als sie in München aus dem Zug gestiegen ist, lässt erahnen, wie sich viele dieser Frauen nach ihrer Ankunft gefühlt haben müssen – völlig verloren: »Überhaupt bin [ich] nur

88 Die einzige abweichende Geschichte ist die von Mosur, die mit ihrer Familie nach Wolfsburg kam, weil sie dort entfernte Verwandte hatte. Auch wenn ihre Entscheidung, sich in Wolfsburg niederzulassen, immer noch von ihr selbst getroffen wurde, hätte sie sich ohne diese Verwandten wahrscheinlich nie für Wolfsburg als Zielort entschieden. Siehe dazu StadtA WOB, H. 3.21, Nr. 3, Sylvia Mosur, S. 10.

89 Kühne, Frauen in Wolfsburg, S. 209.

90 Hier und im Folgenden StadtA WOB, H. 3.21, Nr. 26, Niki Lippok, S. 6f.

in einen großen Bahnhof ausgestiegen in München, und da wusste ich gar nicht[s].« Das zeigt nicht nur ein Gefühl der Überwältigung, sondern deutet auch auf den Respekt oder vielleicht sogar die Angst dieser Frauen vor dem hin, was sie erwarten würde. Deutlich wird dies auch in den Worten Giuseppa Lo Prestis, die erzählt, sie habe sich gefürchtet, jedoch nicht vor den Menschen, »sondern [vor dem], was auf mich zukommt«.[91]

Das Gefühl des Verlorenseins bezog sich indes auch darauf, die Gepflogenheiten des neuen Landes nicht zu kennen und von Gewohnheiten überrascht zu werden, die heute, nachdem sie jahrzehntelang in diesem Land gelebt haben, für sie vielleicht normal geworden sind, beispielsweise die dicke Decke, mit der Angela Ziemann in der ersten Nacht zu kämpfen hatte, weil sie immer wieder vom Bett fiel und sie frieren ließ,[92] oder ganz allgemein die Art und Weise, »wie die Menschen leben und wie sie denken« sowie »wie man sich dort bewegt, in der Stadt und in der Umgebung«, wie Rita Görlitz-Burfeindt erzählt.[93] Ein weiterer Aspekt, der viele Frauen irritierte, war die deutsche Küche. Maria Brauner erinnert sich, dass »wir gelitten haben mit dem Essen«,[94] und Marika Nedelkovski erzählt von ihrem ersten Morgen in Deutschland: Die Mitarbeiter der Firma hätten ihnen etwas zu essen gegeben, darunter Bananen, die sie damals noch nicht kannte, und anderes ihr unbekanntes Obst. Ihre Freundin habe »das alles weggeschmissen«, nach dem Motto: »›Die wollen uns vergiften hier.‹« Dabei hätten die Leute es, wie ihr retrospektiv bewusst geworden war, ja nur »gut gemein[t]« mit ihnen.[95] Ähnlich erinnert sich schließlich auch Angela Ziemann: »Gab es nur *Muckefuck* zum Kaffee – so ein ekliger Kaffee. Ich komme ja aus Bolivien, wo der Kaffee natürlich supergut ist. Und ich trinke so einen *Muckefuck*, und das war nicht zu fassen. Das war ein Schock.«[96] Aber dieses Gefühl, einen Kulturschock zu erleben, beinhaltete viel mehr, als sich an neue Schlaf- oder andere Essgewohnheiten anpassen zu müssen, denn es bezog sich auch auf die Konfrontation mit einer anderen politischen Situation als der von zu Hause vertrauten. Dies wird besonders im Interview mit Sylvia Mosur deutlich, wenn sie beschreibt, wie ihr Erleben in Deutschland sie ihre eigene Heimat hinterfragen ließ. Dabei klingt be-

91 StadtA WOB, H. 3.21, Nr. 1, Giuseppa Lo Presti, S. 18.

92 StadtA WOB, H. 3.21, Nr. 27, Angela Ziemann, S. 7.

93 StadtA WOB, H. 3.21, Nr. 4, Rita Görlitz-Burfeindt, S. 8.

94 StadtA WOB, H. 3.21, Nr. 5, Maria Teresa Martinez Alvarez Brauner, S. 10.

95 StadtA WOB, H. 3.21, Nr. 2, Marika Nedelkovski, S. 9.

96 StadtA WOB, H. 3.21, Nr. 27, Angela Ziemann, S. 9.

sonders der extreme Kontrast zwischen Ost- und Westblock und damit zwischen kommunistischem und demokratischem System während des Kalten Krieges an:

> Es war natürlich für mich damals ein Kulturschock, das erste Mal aus einem Ostblock in einen Westblock zu fahren. Und mich hat nicht das Materielle beeindruckt, nicht die vollen Häuser, Kaufhäuser und diese tollen Möglichkeiten, die man hatte. Mich hat ganz einfach die Freiheit fasziniert. Ich konnte es nicht begreifen, dass Menschen dort einen Reisepass zu Hause in der Schublade deponiert haben. Für uns war das unvorstellbar. Unser Reisepass musste nach jeder … Wenn wir hier raus wollten, dann musste der beantragt werden. Das Visum musste genehmigt werden. Für das Visum musste man in die Botschaften reisen und am nächsten Tag [… nach der Rückkehr], mussten wir den Reisepass wieder abgeben bei der Polizei. Mich hat fasziniert die Freiheit, mit der man über politische Dinge gesprochen hat, […] bei uns im Ostblock […] wären wir ins Gefängnis gegangen und das war für mich die erste Begegnung, die wiederum mich veranlasst hat, zum Nachdenken: »Wo lebe ich überhaupt?«[97]

Auch mit dem im Vergleich zu ihren Heimatländern ganz anderen Klima hatten viele dieser Frauen nach ihrer Ankunft in Deutschland zu kämpfen. Niki Lippok erinnert sich etwa: »Es war ja schon Winter [als ich ankam]. Es wurde schon um 5 dunkel, was für mich […] so ungewöhnlich […] war.« Schließlich komme sie aus »einem sonnigen Land«.[98] Und auch Maria Brauner erklärt, bei ihrer Ankunft mit ihrer Schwester sei es so kalt gewesen, dass sie ihren Schlafanzug unter der Hose getragen hätten, um sich warm zu halten, da sie keine für diese Temperaturen geeignete Kleidung gehabt hatten.[99] Auch die Mode in Deutschland sei ihnen fremd gewesen, wie sich den Worten von Niki Lippok entnehmen lässt:

> Alles, was ich gehabt habe. Ich habe selber genäht. Das war sehr wichtig. […] Die Deutschen tragen entweder grau oder schwarz. Die sind nicht mutig, irgendwie was anderes zu tragen. Es ist doch wahr, man sieht nur Leute mit schwarzen Klamotten, man hat nicht die Sonne, man hat das Wetter nicht und man trägt auch schwarze Klamotten […]. Nein, das geht ins Gemüt. Also Mode war meine Welt.[100]

97 StadtA WOB, H. 3.21, Nr. 3, Sylvia Mosur, S. 8.
98 StadtA WOB, H. 3.21, Nr. 26, Niki Lippok, S. 7.
99 StadtA WOB, H. 3.21, N. 5, Maria Teresa Martinez Alvarez Brauner, S. 10.
100 StadtA WOB, H. 3.21, Nr. 26, Niki Lippok, S. 27.

Auch Maria Brauner erinnert sich, »die Mode […] hier in Deutschland [sei] anders als in Spanien [gewesen]. […] Die Mode in Spanien war fortschrittlicher als hier.«[101] Dieses Zitat zeigt sinnbildlich, was bereits oben angeklungen ist: Die Konfrontation mit der neuen Situation in Westdeutschland führte fast automatisch zu einem Vergleich mit dem Heimatland. Dieser Vergleich zwischen Heimat- und Aufnahmeland beinhaltete nicht selten einen Bezug zur Frage der Modernität, der oftmals nicht nur von den Migrantinnen und Migranten selbst, sondern vor allem von der Aufnahmegesellschaft hervorgehoben wurde.

Konkret zeigt sich, dass sich in der Betrachtung ihrer Situation das Narrativ der Rückständigkeit festsetzte, dass bis heute anhält. Dieses »Modernitätsdefizit«, wie es der Migrationsforscher Malte Borgmann genannt hat, resultiert daraus, dass die Arbeitsmigrantinnen und Arbeitsmigranten überwiegend aus agrarisch geprägten Regionen stammen und mit ihrer Migration in eine industrialisierte Wirtschaft eintraten.[102] Äußerungen wie die folgende, die der Verantwortliche für die Anwerbung ausländischer Arbeitskräfte beim Automobilhersteller *Ford* in einem *Spiegel*-Artikel aus dem Jahr 1964 machte, zeigen, dass dieses Narrativ ein Überlegenheitsgefühl gegenüber ausländischen Arbeitskräften begründete: »In Deutschland erleben die Südländer zum erstenmal im Betrieb und bei den Behörden Ordnung. Jeder kennt hier seine Rechte und erhält sie. In der Heimat aber treffen sie wieder auf das ›Gesetz des Dschungels‹«.[103] Die Aussage ist umso eindrücklicher, als der Personalreferent, Giacomo Maturi, der auch als Moderator von WDR-Hörfunksendungen für italienische Arbeitsmigranten tätig war und auch als deren ›Kummerkasten‹ und Ratgeber fungierte,[104] selbst aus Norditalien eingewandert war. Mit seiner Aussage zeigt er, wie sehr er Selbst- und Fremdbilder der Deutschen bereits verinnerlicht hatte. Ein ähnlicher Gedanke spiegelt sich auch in den verschiedenen Willkommensgeschenken wider, die Arbeitsmigrantinnen und Arbeitsmigranten bei ihrer Einreise erhielten. Dabei handelte es sich meist um elektronische Produkte, die zwar für deutsche Verhältnisse veraltet waren, mit Blick auf die an-

101 StadtA WOB, H. 3.21, Nr. 5, Maria Teresa Martinez Alvarez Brauner, S. 21.

102 Borgmann, Von der Anwerbung zur Anerkennung, S. 278.

103 »Per Moneta«, in: Der Spiegel, Nr. 41, vom 6. Oktober 1964.

104 »Stichtag. 21. Oktober 1961 – Erste Sendung der ARD für ›Gastarbeiter‹ startet«, online abrufbar unter https://www1.wdr.de/stichtag/stichtag6058.html [6.12.2023].

geblich rückständige Situation in ihren Herkunftsländern aber als hochmodern galten.[105]

Ohne diese Dichotomie von ländlichem Herkunftsland und hoch entwickeltem Aufnahmeland zu rekonstruieren und das oben erwähnte Narrativ eines »Modernitätsdefizits« wieder aufleben zu lassen, erachte ich es für wichtig, die Unterschiede zu erwähnen, die die Migrantinnen selbst wahrgenommen haben, und zu fragen, wie sie diese bewerten. Schließlich tauchten diese Diskussionen in vielen Interviews auf. In der Tat kamen die meisten der interviewten Frauen aus einem landwirtschaftlichen Umfeld wie zum Beispiel Marika Nedelkovski, deren Eltern Tabak und Reis anbauten. Sie erinnert sich etwa, ihr Vater habe gearbeitet und ihre Mutter die »harte Knochenarbeit« auf dem Feld übernommen, bei der die Kinder nach der Schule halfen.[106] Blicken sie heute zurück, bewerten viele dieser Frauen die Verhältnisse, die sie in ihrer Heimat zurückgelassen haben, als ärmlich. Fast schon schauen sie mit einer gewissen Ungläubigkeit auf die Umstände zurück, in denen sie aufgewachsen sind. Niki Lippok erzählt beispielsweise: »Wo ich weggegangen bin, wir haben noch kein Radio im Haus gehabt und kein Licht. Später haben sie ein neues Haus gebaut. Können Sie sich das vorstellen? Wir haben kein elektrisches Licht im Haus gehabt.«[107] In ähnlicher Weise erinnert sich Marika Nedelkovski: »Damals gab es keinen Fernseher. [...] Ich kann mich gut erinnern, wo wir noch keinen Strom hatten.«[108] Sie erzählt von dem Moment, als sie zum ersten Mal elektrisches Licht zuhause erlebte. Sie habe zusammen mit ihrer Schwester auf den Moment gewartet – es war damals Sommer –, bis das Licht anging: »[W]ie das hell ist. Das war ein Erlebnis. Und abends [sagte] mein Vater: ›Was macht ihr denn?‹ ›Wir warten, bis es dunkel ist, damit [die] Lampe angeht, damit wir sehen, wie das hell ist.‹ Und das war ein Erlebnis, [das] man nicht vergisst.«[109]

Geprägt von diesen Erlebnissen, waren viele von ihnen schockiert über die Erfahrungen, die sie während ihrer Migration und bei ihrer Ankunft in Westdeutschland machten. Niki Lippok zum Beispiel berichtet voller Unglauben, sie sei damals anlässlich ihrer Migration »das erste Mal in einen Zug eingestiegen. Mit 16 war ich noch nicht mal Zug

105 Alexopoulou, Deutschland und die Migration, S. 114.
106 StadtA WOB, H. 3.21, Nr. 2, Marika Nedelkovski, S. 30.
107 StadtA WOB, H. 3.21, Nr. 26, Niki Lippok, S. 18.
108 StadtA WOB, H. 3.21, Nr. 2, Marika Nedelkovski, S. 5.
109 Ebd., S. 5.

gefahren.«[110] Ähnlich erinnert sich Marika Nedelkovski: »Wo ich gelebt habe, da gab es kein[en] Zug. Bei uns gibt es keine Schienen, gar nicht.«[111] Auch Flugzeuge habe sie zuvor nicht gesehen.

Aus Zeilen wie diesen spricht eine Vielzahl an Gefühlen. Erstens offenbaren sie eine gewisse ungläubige Erkenntnis darüber, wie viel sie in ihrer Heimat nicht hatten, sowohl in Bezug auf Materielles als auch auf Erfahrungen, die ihnen bislang verwehrt geblieben, in Westdeutschland aber schon selbstverständlich waren. Zweitens vermitteln sie ein Gefühl des Bedauerns über die verpassten Chancen und die Kenntnisse, die sie aufgrund ihrer Lebensumstände nicht haben erwerben können. Schließlich zeigen diese Zitate, wie dieser Mangel an Erfahrungen zu Gefühlen der Unzulänglichkeit, Unsicherheit und Minderwertigkeit führte. Die retrospektive kritische Bewertung ihrer Herkunft wirft jedoch die Frage auf, ob die Art und Weise, wie sich die Frauen an diese Zeit erinnern, darauf zurückzuführen ist, dass sie inzwischen längst die ›deutsche‹ Sichtweise darauf verinnerlicht haben – als zurückgeblieben und im »Dschungel« lebend –, oder ob die Bewertung einfach aus der Erkenntnis heraus entstanden ist, tatsächlich viel verpasst zu haben. Dass letzteres wohl zutreffender ist, verdeutlicht eine Aussage von Niki Lippok, die sich erinnert, warum sie und ihre Geschwister nicht weiter zur Schule gegangen seien: »Und wie gesagt, es gab die Gelegenheit damals nicht. Meine Geschwister und [ich], wir waren nicht dumm«, sie seien schlichtweg »arme Leute« gewesen.[112] Die zuvor erwähnte Passage, in der die spanische Mode gegenüber der deutschen als fortschrittlich eingestuft worden ist, macht darüber hinaus deutlich, dass der Gedanke eines »Modernitätsdefizits«[113] und die scheinbar klare Dichotomie zwischen dem entwickelten Westdeutschland und den unterentwickelten Herkunftsländern für die Migrantinnen selbst nicht auf alle Lebensbereiche zutraf. Nicht zuletzt dies betont die Notwendigkeit, solche Narrative in der historischen Forschung kritisch zu hinterfragen.

Neben diesen auf die Modernitätsdebatte bezogenen Erlebnissen hatten viele, vor allem europäische Frauen oder ihre Familien, auch bestimmte Erfahrungen mit Deutschland oder der deutschen Bevölkerung im Gepäck, als sie in der Bundesrepublik ankamen. Interessant ist, dass zwei Frauen aus unterschiedlichen Kontexten – aus Griechenland und Spanien – die gleiche Formulierung verwenden, um hervorzuheben,

110 StadtA WOB, H. 3.21, Nr. 26, Niki Lippok, S. 6.

111 StadtA WOB, H. 3.21, Nr. 2, Marika Nedelkovski, S. 8.

112 StadtA WOB, H. 3.21, Nr. 26, Niki Lippok, S. 25.

113 Borgmann, Von der Anwerbung zur Anerkennung, S. 278.

wie präsent die Geschehnisse des Zweiten Weltkrieges auch im Kontext ihrer Migration noch waren: Maria Brauner zufolge war der »Krieg von Hitler [...] noch in den [Köpfen] der Leute«,[114] und auch Angeliki Katsaros erinnert sich, bezogen auf die Besetzung Griechenlands durch Nazi-Deutschland, »es war alles noch frisch im Kopfe«.[115] Dass sich die noch frischen Erinnerungen innerhalb der Familien auch auf deren Reaktionen auswirkte, zeigt sich nicht zuletzt in der Enttäuschung ihrer Großmutter, die mahnte: »Wenn dein Vater wüsste, dass du in der deutschen Schule bist. [...] Dass ich nach Deutschland will, wo gibt's so was? So viel Geld ausgegeben für die Ausbildung und dann nach Deutschland? Wenn das dein Vater wüsste.«[116] Für Katsaros' Vater, der als griechischer Befreiungskämpfer gegen die deutschen Besatzer gekämpft hatte, waren die Deutschen »das Feindbild Nummer eins«.[117] Anders und doch ähnlich sind die Erinnerungen, die Sylvia Mosur an das problematische Verhältnis zu Deutschland aus dem polnischen Kontext teilt: »Ich habe dort gelebt, in einer Zeit, wo das Deutsche eigentlich verdammt war. Für das Sprechen auf der Straße in Deutsch wurde man in ein Gefängnis gestellt und [an] eine berufliche Karriere war gar nicht [...] zu denken, wenn man [...] [eingestand], dass man deutsche Wurzeln hat.«[118] Aufgrund der durch das nationalsozialistische Deutschland begangenen Gräueltaten an der polnischen Bevölkerung wurde nach Kriegsende alles Deutsche in Polen verbannt und Deutsch zu einer »verbotene[n] Sprache« deklariert.[119]

Wie die Migrationshistorikerin Maria Alexopoulou in einer Oral-History-Studie festgestellt hat, erinnerten sich andere (griechische) Arbeitsmigrantinnen und Arbeitsmigranten in Deutschland später, als sie in Deutschland als Ausländerinnen und Ausländer ausgegrenzt wurden, an diese früheren Erfahrungen mit den Deutschen und der deutschen Besatzung.[120] Dies ist bei den in dieser Studie porträtierten Frauen indes nicht der Fall. Viele konstatieren vielmehr, zum Zeitpunkt ihrer Emigration noch zu jung gewesen seien, um zu verstehen, was diese geteilte Geschichte zwischen ihren Herkunftsländern und dem Land,

114 StadtA WOB, H. 3.21, Nr. 5, Maria Teresa Martinez Alvarez Brauner, S. 11.

115 StadtA WOB, H. 3.21, Nr. 25, Angeliki Katsaros, S. 19.

116 Ebd., S. 11 und 18. Siehe zum griechischen Widerstand Fleischer, Krieg und Nachkrieg, S. 32–62.

117 Novinšćak, Auf den Spuren von Brandts Ostpolitik und Titos Sonderweg, S. 135.

118 StadtA WOB, H. 3.21, Nr. 3, Sylvia Mosur, S. 4.

119 Mihułka, Zum Stellenwert des Deutschen in Polen, S. 58.

120 Siehe dazu Alexopoulou, Ignoring Racism in the History of the German Immigration Society, S. 3.

in das sie auswandern würden, bedeutete. Angeliki Katsaros deutet dies an, wenn sie erzählt: »Aber wir waren alle so jung und da kannten wir nicht Dachau. Meine Oma wusste das, ich nicht.«[121] Ähnliches betont Niki Lippok: »Nein, ich war viel zu klein damals. Ich habe das [Deutschlands Besatzung Griechenlands] nicht so wahrgenommen. Später habe ich das gehört und mir meine Gedanken darübergemacht, natürlich. [...] Nein, nein, nein. Ich habe solche Vorurteile [gegen die Deutschen] gar nicht gehabt. Nein.«[122] Es kann hier jedoch nicht abschließend geklärt werden, ob diese Erzählungen und das absolute Leugnen, jemals Zweifel an der Auswanderung nach Deutschland gehabt zu haben – jener Nation, die in ihren Heimatländern so viel Leid verursacht hatte –, ihre wahren Gefühle widerspiegeln. Sie könnten auch eine Möglichkeit darstellen, die eigene Lebensgeschichte zu bestätigen und sich selbst zu versichern, dass es eben kein Fehler gewesen sei, nach Deutschland emigriert zu sein.

Dieser letzte Abschnitt hat bereits angedeutet, wie viele dieser Frauen mit bestimmten Kriegs- und Diktaturerfahrungen immigriert sind, die in den Interviews oft nur in kleinen Nebengeschichten deutlich werden. Marika Nedelkovski zum Beispiel erwähnt, dass ihr Vater im ehemaligen sozialistischen Jugoslawien in die kommunistische Partei eintreten musste, um überhaupt eine Arbeit finden zu können,[123] und Angeliki Katsaros erinnert sich, sie habe als Kind mit ihren Eltern vor den bulgarischen Besatzern fliehen müssen und eine Zeit lang in einem Kloster gelebt.[124] In ähnlicher Weise machte Sylvia Mosur in Polen die Erfahrung: »[E]ntweder du schweigst, oder du sagst was und du sitzt im Gefängnis.«[125] Rita Görlitz-Burfeindt wiederum erklärt, was *»incommunicado«* im argentinischen Kontext bedeutete, als »Leute [von den

121 StadtA WOB, H. 3.21, Nr. 25, Angeliki Katsaros, S. 22. Das Konzentrationslager Dachau kann dabei als pars pro toto für die Grausamkeiten der Nazis verstanden werden. Siehe für das Konzentrationslager Dachau und die mit diesem Namen verbundenen Gräueltaten des NS-Regimes Sigel, Das KZ Dachau und die Konstituierung eines rechtsfreien Raumes als Ausgangspunkt des nationalsozialistischen Terrorsystems.

122 StadtA WOB, H. 3.21, Nr. 26, Niki Lippok, S. 15.

123 StadtA WOB, H. 3.21, Nr. 2, Marika Nedelkovski, S. 28.

124 StadtA WOB, H. 3.21, Nr. 25, Angeliki Katsaros, S. 4.

125 StadtA WOB, H. 3.21, Nr. 3, Sylvia Mosur, S. 13. Sie verweist damit auf eine Situation der politischen Repression, in der man weder ausreisen (siehe Passausstellung oben) noch seine Meinung äußern konnte. »Was blieb, war die Anpassung.« So formuliert es auch Dariusz Stola in seiner Forschung zur Emigration aus Polen. Stola, Das kommunistische Polen als Auswanderungsland, S. 351.

Truppen der Diktatur] mitgenommen wurde[n] und man wusste erst einmal nicht, wo sind sie geblieben?«[126] Diese unterschiedlichen Erfahrungen machten die Frauen widerstandsfähig und intensivierten ihre Motivation, auf der Suche nach einem besseren Leben auszuwandern.

All diese hier diskutierten Überlegungen verdeutlichen den größeren Kontext der einzelnen Migrationsgeschichten und skizzieren die Hintergründe, aus denen diese Frauen stammen. Die Migration dieser Frauen vollzog sich, wie die Oral-History-Gespräche vielfach aufzeigen, nicht im luftleeren Raum. Vielmehr brachten die Migrantinnen bestimmte Erfahrungen und Erwartungen mit, die ihren Integrationsprozess und ihre Wahrnehmung von Deutschland als Aufnahmegesellschaft maßgeblich prägten.

126 StadtA WOB, H. 3.21, Nr. 4, Rita Görlitz-Burfeindt, S. 25. Siehe zu den ›verschwundenen‹ Personen Crenzel, The Memory of the Argentina Disappearances. Für einen allgemeinen Überblick über die brutalen Methoden der argentinischen Militärdiktatur siehe Nalbadidacis, In den Verliesen der Diktatur.

3 Integration: »Jetzt bin ich eine Deutsche«

3.1 »Wie sechs Richtige im Lotto.« Zwischen Fabrik und Familie

Bevor eine vergleichende Analyse der Arbeitsmarktintegration dieser Frauen erfolgen kann, werden im Folgenden die individuellen Berufswege der Frauen kurz skizziert, um die Vielfalt der Branchen sowie der einzelnen Karrierepunkte hervorzuheben. Marika Nedelkovski (Abb. 3) wurde zunächst für die Arbeit in einer Schokoladenfabrik in Berlin angeworben, von wo aus sie relativ schnell auf eine ähnliche Stelle in Quickborn wechselte.[1] Obwohl ihr Vertrag jedes Jahr verlängert wurde, kündigte sie schließlich ihren Job und zog nach Hameln, wohin sie von den Geschwistern einer ehemaligen Kollegin eingeladen worden war. Sie erinnert sich, sie habe einfach gekündigt, denn »früher war es bisschen anders, man kann da immer Arbeit finden, man muss ja nicht lange warten. Gestern klopfen wir, möchte arbeiten, kann man gleich morgen anfangen, [...] es war einfach. Heute ist [es] nicht mehr [so], aber damals war [es] einfach, Arbeit zu finden und man musste nur Lust haben [da]zu.«[2] Die Passage verweist eindeutig auf den in Kapitel 1.1 beschriebenen hohen Bedarf an weiblichen Arbeitskräften in Westdeutschland zu dieser Zeit. Darüber hinaus unterstreicht sie auch die Handlungsfreiheit, die diese Situation den ausländischen Arbeiterinnen bot, vermochten sie doch ihren bevorzugten Arbeitsplatz und ihre Arbeitsbedingungen zumindest zu einem bestimmten Grad selbst zu wählen.

Dieser Freiraum, eigene Entscheidungen treffen zu können, wird besonders deutlich, als sich Marika Nedelkovski an ihre kurze Anstellung bei einem Kleiderbügelhersteller erinnert, nachdem sie eine Zeit lang

1 StadtA WOB, H. 3.21, Nr. 2, Marika Nedelkovski, S. 9.

2 Ebd., S. 23.

Abb. 3: Marika Nedelkovski, links im Bild, mit einer befreundeten »Gastarbeiterin« in Norddeutschland, 1970er Jahre

bei der Elektronikfirma *Telefunken* gearbeitet hatte.[3] Sie erzählt: »Aber es war nicht so schön, weil eine Holzfirma; es war gar nicht gesund da. [...] Gottseidank« habe sie dann ihren »Mann schnell kennengelernt« und sei »dann abgehauen«.[4] Mit ihm zusammen zog sie nach Braunschweig, wo sie – nach einer kurzen Unterbrechung, als ihre Kinder geboren wurden – in der Schreibmaschinenherstellung im *Olympia*-Werk tätig war.[5] Nach ihrem Umzug nach Wolfsburg begann sie bei der

3 Ein großes Elektronikunternehmen in Westdeutschland, das heute noch existiert, zu dem es jedoch noch keine Untersuchungen über ausländische Arbeitskräfte in den Fabriken gibt. Aber ein Zitat aus dem Jahr 1970 besagt, dass jeder fünfte Arbeiter ein Ausländer war, siehe: »Komm, komm, komm – geh, geh, geh«, in: Der Spiegel, Nr. 43, vom 18. Oktober 1970.

4 StadtA WOB, H. 3.21, Nr. 2, Marika Nedelkovski, S. 24.

5 *Olympia* war ein Unternehmen, das Schreibmaschinen herstellte und Anfang der 1970er Jahre auch ein Werk in Braunschweig eröffnete. Zur Anwerbung

Fast-Food-Kette *McDonald's*, wo sie für 16 Jahre blieb und sogar eine Zusatzausbildung zur Schichtleiterin absolvierte. Sie »[h]abe [...] gut verdient und es war schon eine schöne Zeit«, erinnert sie sich, schildert aber auch, dass sie lieber eigenständig frühzeitig gekündigt habe, als aufgrund ihres Alters entlassen zu werden.[6] Nachdem sie gekündigt hatte, absolvierte sie eine siebenmonatige Ausbildung, ehe sie als Kassiererin im Lebensmittelgeschäft *Edeka* anfing, wo sie die verbleibenden 13 Jahre bis zu ihrer Pensionierung arbeitete. Faszinierend an dieser Geschichte ist vor allem die Vielfalt der Berufe und Branchen, die Marika Nedelkovski durchlaufen hat, und die dadurch sichtbar werdende Flexibilität und Bereitschaft, in ebenso unbekannten wie ungewohnten Umgebungen neu anzufangen. Bei der Betrachtung ihrer Erzählung wird deutlich, dass sie die negativen Arbeitsbedingungen, die sie in einigen Jobs erlebte, nicht eigens hervorhebt, um sich als Opfer ihrer Umstände darzustellen. Stattdessen nutzt sie diese, um ihre eigene *Agency*, Freiheit und Unabhängigkeit zu demonstrieren. Infolgedessen bewertet sie ihre beruflichen Erfahrungen positiv und ist stolz auf ihren Fleiß und ihr Engagement. Der letzte Punkt wird deutlich, wenn sie selbstbewusst kundtut, sie habe »[n]ie einen Tag gestempelt«, stattdessen »immer schön fleißig gearbeitet, immer«.[7]

Eine ähnliche Geschichte erzählt Maria Brauner (Abb. 4), die zusammen mit ihrer Schwester 1963 angeworben wurde. Anfangs arbeitete sie in einer Porzellanmanufaktur in Fürstenberg an der Weser, wo sie am Fließband in der Porzellandekoration eingeteilt war. Mit Blick auf das Arbeitsumfeld erinnert sie sich: »Und wir sind immer gut behandelt worden, von den Chefs, auch von den Leuten.«[8] Nachdem sie mit ihrem Mann nach Wolfsburg gezogen war, arbeitete sie in einem Pelzgeschäft in Wolfsburg-Mörse, bis dieses nach der Pensionierung des Inhabers geschlossen wurde und sie für einige Monate arbeitslos war. Bald konnte sie jedoch bei den *Herrenkleiderwerken Odermark* anfangen, der Männerbekleidungsfabrik, die 1967 in Wolfsburg eine neue Produktionsstätte eröffnet hatte und so neue Arbeitsplätze für Frauen schaffen sollte. Maria Brauner brachte 1970 ihre Tochter zur Welt; sie erinnert sich: »Da ich hier keine Oma, keine[n] Opa, keine

ausländischer Arbeitskräfte siehe Wöhler, »In Deutschland wartet das Paradies auf uns«.

6 Hier und im Folgenden StadtA WOB, H. 3.21, Nr. 2, Marika Nedelkovski, S. 24.

7 Ebd.

8 Hier und im Folgenden StadtA WOB, H. 3.21, Nr. 5, Maria Teresa Martinez Alvarez Brauner, S. 4.

Abb. 4: Maria Teresa Martinez Alvarez Brauner gemeinsam mit ihrem Mann Georg, noch in Fürstenberg, circa 1965

Familie hatte, bin ich zu Hause geblieben.«[9] Konnte sie schon nicht auf familiäre Unterstützung zurückgreifen, sah sie sich auch mit dem Problem fehlender Kindergartenplätze konfrontiert, denn obwohl sie ihre Tochter gleich nach der Geburt angemeldet habe, wurde ihr erst 1976 – ein halbes Jahr vor Schulbeginn – ein Platz zugesichert. Infolgedessen blieb sie zu Hause, um sich um ihr Kind zu kümmern. Sie erinnert sich nüchtern an diese Episode ihres Lebens, ohne eigens zu betonen, wie schwer es damals für sie gewesen sein muss, zumal sie tatsächlich Schwierigkeiten hatte, eine neue Stelle zu finden, nachdem sie längere Zeit zu Hause geblieben war. Erst 1980 begann sie für *Volkswagen* zu übersetzen, wenn spanischsprachige Besucher nach Wolfsburg kamen. Allerdings wurde sie stets allein für die Dauer des Aufenthalts der Gäste angestellt, der jeweils zwischen einem und fünfzehn Tagen lag. Sie erinnert sich, dass es ihr nicht möglich gewesen war, eine feste Stelle im Unternehmen zu bekommen: »Ich habe keine Arbeit gefunden. Ja mein Mann hat versucht, dass ich bei VW anfange zu arbeiten, aber das war nicht möglich.«[10] Ähnlich wie sie die Zeit

9 Ebd., S. 5.
10 Ebd., S. 5.

nach der Geburt ihrer Tochter beschreibt, konzentriert sie sich auch hier nicht auf die negativen Erfahrungen, die sie gemacht hatte. Statt den Fokus auf die Schwierigkeiten der Jobsuche zu legen, erzählt sie lieber von den engen Beziehungen, die sie zu Freunden aufgebaut, und davon, wie gut sich ihre Tochter im Kindergarten integriert hatte.

Frauen, die als Familien- oder Heiratsmigrantinnen einwanderten, demnach ohne einen bereits unterzeichneten Arbeitsvertrag wie angeworbene Migrantinnen, hatten oft größere Schwierigkeiten, in den deutschen Arbeitsmarkt einzutreten. Die Geschichte von Giuseppa Lo Presti ist ein Beispiel dafür. Nach ihrer Ankunft in Deutschland und der Geburt ihrer Zwillinge blieb sie in den ersten Jahren zu Hause und beschloss schließlich, als die Kinder zwölf Jahre alt waren, einen Reinigungsjob anzunehmen. Erst später erlebte sie das, was sie als eine echte Erfolgsgeschichte beschreibt: »Und dann mit 52 musste ich ja, bin in[s] Werk bei VW reingekommen, aber ich war so stolz. ›Ich bin im Werk.‹« Zurückblickend fasst sie zusammen:

> [D]ie acht Jahre da drin für mich war[en] sehr schön. Acht Jahre, da muss ich sagen, die Kollegen haben geweint, [als] ich gegangen bin. Ich habe auch geweint, weil für mich war [es] richtig, [...] im Werk gewesen [zu sein]. Ich hätte noch nicht gedacht, aber deswegen [war es] für mich [...] schön. Schöne acht Jahre.[11]

Ihre dreimalige Erwähnung, wie »schön« diese Zeit gewesen sei, zeigt, dass sie ein sehr positives Narrativ konstruiert, um ihre Erfahrungen bei der *Volkswagen AG*, wie das Unternehmen seit 1985 heißt, zu beschreiben. Alexander Freund und Laura Quilici haben in ihrer gemeinsamen Untersuchung zu Erinnerungen von Migrantinnen und Migranten in einem anderen Kontext festgestellt, wie wenig die Konstruktion positiver Arbeitsmythen Kritik an den harten Arbeits- und Lebensbedingungen zulasse.[12] Die Frage, die sich aus ihrem Befund für die vorliegende Geschichte ergibt, ist, ob diese Ausblendung negativer Erfahrungen der Intention dient, das lange Warten auf die Anstellung zu rechtfertigen und die eigene Lebensgeschichte als Erfolg darzustellen zu können.

Eine ähnliche Erfolgsgeschichte wie Giuseppa Lo Presti erzählt auch Rosario Westphal, die als Kind eines Arbeitsmigranten nach Wolfsburg

11 StadtA WOB, H. 3.21, Nr. 1, Giuseppa Lo Presti, S. 9.

12 »The construction of positive work myths did not allow for a critique of harsh working and living conditions«, in: Freund/Quilici, Exploring Myths in Women's Narratives, S. 43.

gekommen ist. Obwohl sie in Deutschland die Schule besucht hatte, hatte sie zunächst Schwierigkeiten, ihren beruflichen Weg zu finden. Doch bekam sie unverhofft Unterstützung durch eine ihrer vormaligen Lehrerinnen, die ihr eine Weiterbildung finanzierte und sie ermutigte, ihren eigenen Weg zu gehen:

> Und dann fragte sie [die Lehrerin]: »Ja und was dann? Und was möchtest du noch machen?« Und ich habe gesagt: »Ja, da gibt es in Braunschweig eine Sprachschule, das ist ja schon eine Fachschule. Also [die] ist auch IHK geprüft und, ja aber die können meine Eltern nicht bezahlen.« Und dann hat sie [...] gesagt: »Lass mich mal überlegen. Ich gebe dir das Geld.« Und ich war ganz baff, habe das mit meinen Eltern besprochen und wir wollten das erst gar nicht annehmen. Aber sie hat gesagt: »Nein, wenn du arbeitest, dann kannst du mir das Geld ja wieder zurückgeben.« Und so habe ich auch gefragt: »Ja, und wenn ich das nicht schaffe?« – »Du schaffst das.«[13]

Diese Passage unterstreicht die herausragende Bedeutung weiblicher Netzwerke, die nicht nur materielle oder finanzielle Hilfe leisteten, sondern vor allem auch emotionale Unterstützung und Ermutigung boten. Nach ihrer erfolgreich abgeschlossenen Ausbildung begann Rosario Westphal als Fremdsprachenkorrespondentin bei *Volkswagen* zu arbeiten: Als 1974 der »Einstellungsstopp bei Volkswagen war, bin ich trotzdem reingerutscht«.[14]

Ein anderes Beispiel ist Angeliki Katsaros, die ihrem Mann nach Wolfsburg folgte und dort beruflich schnell Fuß fasste. Zunächst in der Garderobe der *Stadtwerke* tätig, wechselte sie schließlich in den medizinischen Bereich und arbeitete im *Gottschalk Sanitätshaus*: Sie habe da zunächst »ein bisschen geholfen, Inventur zu machen. [Meine Chefin] war von mir sehr begeistert und dann hat sie mich gefragt, ob ich da arbeiten will.«[15] In der Folgezeit begann sie ebenda eine Ausbildung, bevor Katsaros sich auf Brustimplantate spezialisierte. Stolz erinnert sie sich an die 38 Jahre und drei Monate, die sie in dieser Position gearbeitet hat: »Und da war ich die erste Kraft bei Gottschalks

13 StadtA WOB, H. 3.21, Nr. 6, Rosario Westphal, S. 8.

14 Ebd., S. 8. Sie verweist dabei auf einen Einstellungsstopp bei der *Volkswagenwerk AG* im Jahr 1974, der aufgrund der schlechten Wirtschaftslage und einem Absatzrückgang von 22,2 Prozent in Westdeutschland erfolgte. Siehe dazu Eiben, Industriestädte und ihre Krisen, S. 66–110; Grieger, Die »geplatzte Wirtschaftswundertüte«, S. 53.

15 StadtA WOB, H. 3.21, Nr. 25, Angeliki Katsaros, S. 5.

und eine von den besten, kann ich sagen, Verkäuferinnen von Sanitätshäusern in Niedersachsen.«[16] Bemerkenswert ist, wie dankbar sie von ihrer ehemaligen Chefin spricht, die sie als »*die* Person« in ihrem Leben bezeichnet.[17]

Während ihrer Anstellung absolvierte sie mehrere Fortbildungen, wobei sie sich mit der Herausforderung konfrontiert sah, ihre beruflichen Anforderungen und Erfolge mit den Aufgaben als Mutter zu vereinbaren. So erinnert sie sich an eine Zeit, als sie für sechs Wochen in Hannover eine Fortbildung besuchte und stets erst »abends nach Hause [kam]. Musste kochen, mein Kind zur Schule schicken. Also von da aus musste ich immer gucken, dass ich dann morgens wegfahren [kann], so, aber ich war noch jung, nicht ganz 40, war 35, das habe ich alles mit links geschafft.«[18] Katsaros erzählt nicht nur eine Geschichte von Entbehrungen und Herausforderungen, sondern auch von Stolz, Leistung und Dankbarkeit für die Menschen, die sie unterstützt haben. Dies wird besonders deutlich, wenn sie sich an die entscheidende Rolle erinnert, die ihre Chefin bei der Sicherung eines Kindergartenplatzes für ihr Kind gespielt hat, was damals für junge Familien aus dem Ausland eine große Herausforderung darstellte. In diesem Zusammenhang erinnert sie sich auch an die finanziellen Aspekte ihres beruflichen Lebens: »Ich habe 200 D-Mark verdient und der Kindergarten hat 195 gekostet. Also müssen Sie das wissen. Aber ich bedauere das nicht. Mein Kind hat [dort] besser Deutsch […] gelernt […].«[19] Dieser Ausschnitt verdeutlicht, was in Kapitel 1.1 bereits angeschnitten wurde, nämlich dass (migrantische) Frauen oft nur ein zusätzliches Einkommen erzielten. Der eingeschobene Satz – »Also müssen Sie das wissen.« – deutet dabei auf eine gewisse Ungläubigkeit aus heutiger Perspektive an und zeigt zudem, wie wichtig es ihr ist, diese Information im Interview zu platzieren und so vielleicht auch auf die Situation von Migrantinnen in dieser Zeit hinzuweisen. Zugleich unterstreicht dies jedoch auch die Bereitschaft vieler Migrantinnen, für ihre Kinder und deren Integration bestimmte Opfer zu bringen.

Auch die individuell eingewanderten Frauen hatten oftmals Schwierigkeiten beim Einstieg in den Wolfsburger Arbeitsmarkt, insbesondere wenn sie noch keine Kontakte vor Ort hatten. Niki Lippok erinnert sich noch sehr gut an die anfänglichen Herausforderungen der Arbeitssuche:

16 Ebd., S. 6.

17 Ebd., S. 14. Hervorhebung durch die Verfasserin.

18 Ebd., S. 14.

19 Ebd., S. 5.

> Und natürlich, ich musste jetzt Arbeit suchen, denn das Zimmer muss bezahlt werden. Ich habe keine Unterstützung von meinen Geschwistern bekommen, weil ich wollte es auch nicht. Jedenfalls ja, dann muss ich natürlich Arbeit suchen, Arbeitsamt, das Rathaus, muss ich mich anmelden und da habe ich dann mit meinem Diplom damals, das ich gemacht habe als Schneiderin, habe ich Arbeit gesucht. Und na ja, da bin ich dann eben an besondere Geschäfte gegangen, die dann damit zu tun gehabt haben mit Stoffe[n] und Schneidern.[20]

Aufgrund ihrer begrenzten Sprachkenntnisse musste sie sich, als sie zum ersten Mal zusammen mit ihrem Bruder das Jobcenter besuchte, »mit Händen und Füßen« verständigen.[21] Im Zusammenhang mit diesem Besuch behauptet sie stolz, man habe ihr damals gesagt, sie sei »die erste Ausländerin, die in Wolfsburg war und gearbeitet hat«[22] oder zumindest beim Arbeitsamt vorstellig geworden sei. Leider lässt sich dies nicht rekonstruieren und über das kommunale Schriftgut verifizieren, da die entsprechenden Unterlagen des Arbeitsamtes nicht archiviert worden sind. Diese anekdotische Erzählung deutet an, wie sehr Arbeitsmigration auch zu Beginn des hier untersuchten Zeitraums bereits weibliche Migration einschloss.

Niki Lippok beschreibt indes auch eine weitere Problematik: »Und jedes Jahr musste ich natürlich ins Rathaus und [eine] neue Arbeitserlaubnis holen. Wenn man keine Arbeit gehabt hat, da mussten wir dann auch weg.« Sie bezieht sich dabei auf die in Kapitel 1.1 beschriebenen gesetzlichen Bestimmungen für Arbeitsmigrantinnen und -migranten, die als Touristinnen und Touristen eingereist waren. Die Arbeitssuche erwies sich indes zunächst als schwierig – und entsprechend kompliziert war es für sie, den behördlich geforderten Beschäftigungsnachweis zu erbringen. Das erste Unternehmen, an das sie sich wandte, bot ihr lediglich 1,50 D-Mark pro Stunde, was sie mit den Worten »Ja, das ging nicht« abtat. Schließlich bekam sie eine Stelle in einer Fabrik, in der Uniformen für die Bundeswehr und Feuerwehren hergestellt wurden. Sie blieb dort eineinhalb Jahre.[23] In jener Zeit sollte sie zudem ein deutsches Ehepaar kennenlernen, das für sie »sehr wichtig« wurde:

20 StadtA WOB, H. 3.21, Nr. 26, Niki Lippok, S. 8.
21 Ebd., S. 23.
22 Hier und im Folgenden ebd., S. 8.
23 StadtA WOB, H. 3.21, Nr. 26, Niki Lippok, S. 8.

> Er war Ingenieur im [VW-]Werk und sie war Sekretärin, und ich habe die kennengelernt in einem Geschäft, zufällig, mit meinem Bruder. Und die haben gemerkt, dass wir Ausländer waren und dann ist man ins Gespräch gekommen. Und die haben uns, wie gesagt, richtig aufgenommen. Die haben uns Wolfsburg gezeigt. [...] Und vor allem er hat mir geholfen, dann ins [VW-]Werk zu kommen. Das war natürlich dann damals wie sechs Richtige im Lotto.[24]

Diese Passage unterstreicht einmal mehr die Bedeutung interethnischer sozialer Verbindungen – besonders bei der Suche nach einem Arbeitsplatz. Wie bereits in Kapitel 1.2 erörtert, stellte die *Volkswagenwerk AG* damals fast keine (ausländischen) Frauen ein, was den entscheidenden Einfluss der genannten Freunde auf ihren beruflichen Werdegang unterstreicht. Niki Lippoks besondere Stellung im Unternehmen wird in ihren Worten deutlich: »Und vor allem ich war die einzige Ausländerin, wirklich, damals im [VW-]Werk. Die haben keine Frauen angenommen, vor allem Ausländerinnen überhaupt nicht. Na ja, weil ich nähen konnte, da haben sie mich in der Polsterei [eingesetzt].«[25] Als ihre Kinder zur Welt kamen, kündigte sie jedoch ihren Vertrag mit dem Automobilkonzern, da das Unternehmen in ihren Augen damals einen zu kurzen Mutterschaftsurlaub von nur sechs Wochen gewährte.[26] Später entschied sie sich dazu, in die Fußpflegepraxis der Familie ihres Mannes einzutreten, wo sie bis heute tätig ist.[27]

Rita Görlitz-Burfeindt (Abb. 5) erinnert sich daran, dass sie, nachdem sie nach Westdeutschland gekommen war, sich von »nur Haushalt und Kinder oder umgekehrt, Kinder und Haushalt« unterfordert gefühlt habe. In der Folge beschloss sie ganz pragmatisch: »Also das Beste, was ich konnte, das war, meine eigene Sprache beizubringen.«[28] Ihren ersten Spanischkurs gab sie 1981 an der *Volkshochschule* (VHS). Da man dort mit ihrer Arbeit zufrieden war, begann sie, weitere Kurse und Seminare zu leiten, sogar in verschiedenen Städten Niedersachsens. Für sie war Wolfsburg und die dortige Monopolstellung *Volkswagens* ein Vorteil: »Wir haben ja hier in dieser Stadt [...] einen großen Arbeit-

24 Ebd., S. 9.

25 Ebd., S. 10.

26 Ebd., S. 21. Die Regelung des sechswöchigen Mutterschaftsurlaubs wurde erst im Jahr 1965 nach großen politischen Diskussionen eingeführt. Siehe dazu Gesetz zur Änderung des Mutterschutzgesetzes und der Reichsversicherungsordnung, Bundesgesetzblatt, Jahrgang 1965, Teil 1, S. 912.

27 StadtA WOB, H. 3.21, Nr. 26, Niki Lippok, S. 14.

28 StadtA WOB, H. 3.21, Nr. 4, Rita Görlitz-Burfeindt, S. 9.

Abb. 5: Rita Görlitz-Burfeindt, 1975

geber, der auch [seine] Leute überallhin geschickt ha[t]«, und diese benötigten daher das, was sie vermittelte: »Kenntnisse der spanischen Sprache«,[29] was sie 1998 zu *VW-Coaching* brachte, wo sie eine »ähnliche Aufgabe wie in der Volkshochschule, aber eben für andere Art von Leute« übernommen habe.[30]

Auch Sylvia Mosur strebte eine Karriere als Sprachlehrerin an: Nachdem sie Polen mit ihrer Ausbildung im Bereich Fremdenverkehr und Tourismus sowie ihrem absolvierten Germanistikstudium verlassen hatte, empfahl ihr eine Freundin in Wolfsburg: »Geh doch mal zum Arbeitsamt, die suchen Deutsch-Lehrkräfte. Die Volkshochschule sucht deutsche Lehrkräfte, weil jetzt sehr viele Spätaussiedler kommen.«[31] Sie befolgte ihren Rat und machte eine Erfahrung, die sie nach eigenen An-

29 Ebd., S. 10.

30 Ebd., S. 14.

31 StadtA WOB, H. 3.21, Nr. 3, Sylvia Mosur, S. 10. Sie bezieht sich dabei auf die in Kapitel 1.1 thematisierte vierte Welle der Nachkriegsmigration nach Deutschland, die aus Polen und der Sowjetunion stammende Deutschstämmige betrifft. Siehe dazu Grieger, Zuwanderung und junge Industriestadt, S. 205–209.

gaben nie vergessen wird: »Ich war im Arbeitsamt, habe mich vorgestellt. Eine Woche später hatte ich das Vorstellungsgespräch bei dem ehemaligen Leiter der Volkshochschule. [...] Das Vorstellungsgespräch war am Mittwoch und am Montag habe ich angefangen zu arbeiten.«[32] Von 1988 bis 1995 arbeitete sie zunächst als freiberufliche Trainerin und Dozentin für Deutsch als Fremdsprache, bevor sie von der pädagogischen Mitarbeiterin zur Leiterin der Abteilung Deutsch als Fremdsprache und schließlich zur Leiterin der gesamten Fremdsprachenabteilung der VHS aufstieg. Außerdem wurde sie Integrationstrainerin und gab Deutschkurse für neu zugewanderte Migrantinnen und Migranten.

Und schließlich ist da noch Angela Ziemann, die nach Deutschland gekommen ist, um ihren Traum von der Ausbildung zur Krankenschwester zu erfüllen, später aber in den verschiedensten Branchen arbeiten sollte. Ihr Weg begann in Lübeck, wo sie wegen ihrer noch fehlenden Sprachkenntnisse zunächst in der Küche des *Deutschen Roten Kreuzes* arbeitete, bevor sie die angestrebte Ausbildung begann. Zu der Zeit verdiente sie 49 D-Mark im Monat, erinnert sie sich: »Ich hatte damals keine warmen Schuhe, gar nichts, musste ich halt alles immer sparen.«[33] Später zog sie nach Stuttgart, wo sie ihren Ehemann kennenlernte, und folgte ihm dann nach Mainz. In beiden Städten war sie auf der Intensivstation eines Krankenhauses tätig. Auch nach der Geburt ihres Sohnes äußerte ihr Arbeitgeber Interesse, die Zusammenarbeit fortzusetzen: »Die Klinik wollte es mir halt zum Glück so leicht wie möglich machen und sagte: ›Arbeite weiter, mach das, wir wollen dich nicht verlieren und so weiter.‹ Aber es ging nicht, weil ich hatte niemanden und ich hätte auch mein Kind niemanden gegeben.«[34] Nach einer beruflichen Auszeit und ihrem Umzug nach Wolfsburg begann sie als freiberufliche Übersetzerin für die *Volkswagen AG* zu arbeiten. Diese Zeit und deren schleichendes Auslaufen beschreibt sie folgendermaßen:

> Da hat VW mich angerufen und ich sollte als Dolmetscherin da arbeiten. Habe ich es auch gemacht, in der Zwischenzeit, weil ich hatte ja Kinder und meine Kinder waren mir immer sehr wichtig. [...] Sie [VW] meinten, ich wäre sehr teuer. Ich habe die Preise nicht gemacht, die haben das bezahlt, was sie bezahlt haben. Und dann haben sie mich weniger [an]gerufen, weil sie ja andere billiger hatten.[35]

32 Ebd., S. 10.

33 StadtA WOB, H. 3.21, Nr. 27, Angela Ziemann, S. 10.

34 Ebd., S. 12.

35 Ebd., S. 13.

Aus dieser Erfahrung resultierte ihr Wunsch nach Unabhängigkeit und ihr Entschluss, ihr eigenes Unternehmen zu gründen: »Ich mache jetzt Crêpe! [...] Ich hab' keine Lust, immer zu warten, dass VW mich anruft und fragt, ob ich da hinkomme. Ich will selbstständig sein«,[36] woraufhin ihr Mann sie gefragt habe: »Bist du verrückt?« Sie ließ sich nicht von ihrem Plan abbringen, entdeckte auf diese Weise die Selbstständigkeit für sich und startete ihr erstes Unternehmen, dem später noch viele nachfolgen sollten. Nach ihrem Crêpe-Abenteuer wanderte sie mit ihren Kindern für ein paar Jahre nach Kolumbien aus, wo sie kurzentschlossen ein Restaurant eröffnete. Sie tat dies eigenständig ohne ihren Ehemann und erhoffte sich davon, ihren Kindern zu ermöglichen, »weltoffen[er]« zu werden.[37] Da ihre Kinder jedoch eine deutsche Schule besuchen sollten, kehrte sie nach Deutschland zurück, allerdings nach Kassel und nicht nach Wolfsburg. Damals wurde ihr klar: »Mit dem Hund nur rauszugehen, das war nicht mein Leben. Da habe ich eben eine Ausbildung als Kosmetikerin gemacht, weil als Krankenschwester war ich schon so lange raus und es ist alles halt weitergegangen mit der Technik und ich glaube, da hätte ich nicht mehr gepasst. Dann habe ich ja ein Kosmetikstudio eröffnet.«[38] Dieses betrieb sie über mehrere Jahre, musste es jedoch nach dem Tod ihres Mannes aufgeben, als sie zurück nach Wolfsburg zog, wo dieser noch immer gearbeitet hatte. Dort angekommen, eröffnete sie einen weiteren Salon, mit dem sie sich »einen Namen gemacht« habe. Ihre Erzählung ist eine von vielen Neuanfängen und eines an diesen wachsenden Selbstbewusstseins. Darüber hinaus wird in ihrer Geschichte die familiäre Einbettung ihres Lebensweges deutlich, bringt sie doch die verschiedenen Etappen ihres Lebens oft mit dem Alter ihrer Kinder in Zusammenhang. Wenn es darum gehe, sich an konkrete Daten zu erinnern, sei ihr Sohn ihr »Leitfaden«.[39] Was zunächst nicht besonders relevant erscheinen mag, betont jedoch die These von Anita Placenti-Grau: Für diese Migrantinnen sind es eben nicht ein etwaiges politisches Engagement oder die Meilensteine im Beruf, sondern es ist die Familie, die den Alltag strukturierte und ihre größte Lebensaufgabe war.

Diese kurze Übersicht der individuellen Karrierewege dieser Migrantinnen legt die Unterschiede offen, auf welche Art und Weise die

36 Hier und im Folgenden ebd., S. 14.

37 Ebd., S. 15.

38 Hier und im Folgenden ebd., S. 16f.

39 Ebd., S. 28.

angeworbenen und die individuell immigrierten Frauen nach ihrer Ankunft in Westdeutschland eine Beschäftigung fanden, zeigt aber auch viele Gemeinsamkeiten, was die jeweiligen Erfahrungen anbelangt. Die wohl bedeutendste ist, dass alle Frauen den Großteil ihres Lebens arbeiteten, obwohl es, wie vor allem im Fall von Maria Brauner deutlich wurde, für Frauen in Wolfsburg sehr schwierig sein konnte, einen Arbeitsplatz zu finden. Trotz des Wissens der Stadt um die eingeschränkten Arbeitsmöglichkeiten für Frauen und der in Kapitel 1.2 skizzierten Diskussion über mögliche Lösungen konnten nicht alle arbeitssuchenden Frauen eine geeignete Beschäftigung finden. Eine weitere Gemeinsamkeit ist, dass die Frauen – mit Ausnahme von Angeliki Katsaros und Rosario Westphal – sehr oft den Arbeitsplatz und sogar die Branche wechselten, wie es für Arbeitsmigrantinnen und -migranten in dieser Zeit durchaus üblich war.[40] Während jedoch in anderen Kontexten die hohe »horizontal job mobility« der Migrantinnen und Migranten festgestellt worden ist,[41] der Wechsel des Arbeitsplatzes, ohne mit diesem die eigene Position zu verbessern, ist dies bei den Frauen hier nicht der Fall. Die meisten von ihnen haben im Laufe ihrer Karrieren mehrere Ausbildungen absolviert und vermochten auch dadurch beruflich mitunter deutlich aufzusteigen.

Trotz der häufigen Berufswechsel lassen sich bestimmte Muster in der Beschäftigung erkennen. Zum einen war die Mehrheit der Frauen in Branchen beschäftigt, die in Kapitel 1.1 als »typische [...] Frauenberufe« vorgestellt worden sind.[42] Dazu zählen beispielsweise der medizinische Bereich,[43] aber auch Reinigungsbetriebe,[44] die Elektro- und Lebensmittelindustrie[45] sowie die Textilindustrie.[46] Zweitens, und das ist eine durchaus überraschende Erkenntnis, arbeiteten eine Reihe von Frauen für den Volkswagenkonzern, sei es im Werk selbst,[47] als (freiberufliche)

40 Zeppenfeld, Vom Gast zum Gastwirt, S. 30.

41 De Bock, Not all the Same after all? S. 163.

42 »Per Moneta«, in: Der Spiegel, Nr. 41, vom 6. Oktober 1964.

43 StadtA WOB, H. 3.21, Nr. 27, Angela Ziemann, S. 12; StadtA WOB, H. 3.21, Nr. 25, Angeliki Katsaros, S. 6.

44 StadtA WOB, H. 3.21, Nr. 1, Giuseppa Lo Presti, S. 9.

45 StadtA WOB, H. 3.21, Nr. 2, Marika Nedelkovski, S. 9 und 12.

46 StadtA WOB, H. 3.21, Nr. 26, Niki Lippok, S. 8; StadtA WOB, H. 3.21, Nr. 5, Maria Teresa Martinez Alvarez Brauner, S. 16.

47 StadtA WOB, H. 3.21, Nr. 1, Giuseppa Lo Presti, S. 9; StadtA WOB, H. 3.21, Nr. 26, Niki Lippok, S. 10.

Dolmetscherinnen[48] oder in festen Coaching-Teams.[49] In Anbetracht der Tatsache, dass das Unternehmen, wie zuvor beschrieben, lange Zeit nur selten ausländische Frauen einstellte, ist dies ein unerwartetes Ergebnis. Drittens fanden viele dieser Frauen in ihren Muttersprachen einen Vorteil, der sie von anderen unterschied und ihnen die Möglichkeit bot, auf dem deutschen Arbeitsmarkt Fuß zu fassen. Schließlich gibt es noch den besonderen Fall von Angela Ziemann, die in verschiedenen Branchen vom Gesundheitswesen bis zur Lebensmittel- und Schönheitsindustrie reüssiert hat und deren Berufswahl an den hohen Anteil selbstständiger ausländischer Frauen in Wolfsburg erinnert, der in Kapitel 1.2 aufgezeigt worden ist. Sie entdeckte, dass die Selbstständigkeit ihr ein höheres Maß an Autonomie bot als andere Berufsformen.

Der letztgenannte Punkt deutet bereits auf die *Agency* dieser Frauen in ihren beruflichen Laufbahnen hin. Nicht nur das Engagement von Angela Ziemann, sich selbstständig zu machen, obgleich sie anfangs gegen einige Widerstände ankämpfen musste, sondern auch die Entscheidung von Marika Nedelkovski, ihre Arbeitsstelle aufgrund der ungünstigen Arbeitsbedingungen zu verlassen, zeigen, dass diese Frauen in der Lage waren, ihre eigenen Entscheidungen zu treffen. Sie waren demnach nicht einfach Opfer ihrer Umstände, wie Migrantinnen von der damaligen Gesellschaft oft wahrgenommen[50] und wie sie auch in einigen Forschungsarbeiten skizziert wurden.[51] Damit verbunden, haben sich die meisten Frauen im Laufe ihrer Karriere persönlich und beruflich weiterentwickelt, nicht nur durch ständige Fortbildungen, sondern auch durch persönliche Erfolgserlebnisse.

Neben ihrer Handlungskompetenz ist die Bedeutung der individuellen Kontakte für ihr berufliches Weiterkommen ein weiterer gemeinsamer Faktor ihres beruflichen Erfolgs. Ob es die Lehrerin war, die, wie im Fall von Rosario Westphal, die Ausbildungskosten übernahm, ob es die Chefin war, die, wie in der Lebensgeschichte von Angeliki Katsaros, an diese glaubte, ihr Entfaltungsmöglichkeiten auf der Arbeit bot und sie in persönlichen Angelegenheiten unterstützte, oder ob es, wie im Falle Niki Lippoks, zufällige Bekanntschaften waren, die

48 StadtA WOB, H. 3.21, Nr. 5, Maria Teresa Martinez Alvarez Brauner, S. 5; StadtA WOB, H. 3.21, Nr. 27, Angela Ziemann, S. 13; StadtA WOB, H. 3.21, Nr. 6, Rosario Westphal, S. 8.

49 StadtA WOB, H. 3.21, Nr. 3, Sylvia Mosur, S. 10; StadtA WOB, H. 3.21, Nr. 4, Rita Görlitz-Burfeindt, S. 14. Beide waren hauptsächlich an der VHS beschäftigt.

50 Siehe hierfür etwa Kürten, Gastarbeiterinnen im wilden Streik, S. 535.

51 Siehe für eine detaillierte Recherche zur Entwicklung dieser Opfer-Perspektive Huth-Hildebrandt, Das Bild von der Migrantin.

zu Freunden wurden und dazu beitrugen, einen Job bei der *Volkswagenwerk AG* zu bekommen – all diese Menschen waren im richtigen Moment zur Stelle und unterstützten die Frauen. Besser als Sylvia Mosur kann man die Bedeutung dieser Kontakte wohl nicht beschreiben, wenn sie in ihrem Interview sagt: »Die Begegnung im Leben, die steuert einen, die bringt manchmal jemanden in andere Richtungen, die zeichne[t] die Zukunft auf. Ich frage mich sehr oft manchmal: ›Was wäre gewesen, wenn du dem oder dem Menschen nicht begegnet wärst? Dein Leben würde völlig anders aussehen.‹«[52] Ähnlich wie im Fall der von Sabina Stelzig-Willutzki erforschten brasilianischen Frauen in Deutschland[53] waren interethnische Netzwerke bei der Suche nach Jobs oder Kindergartenplätzen von großer Bedeutung. Während innerethnische Netzwerke besonders wichtig waren, um den Kontakt zur Heimatkultur zu halten und ein Gefühl der Geborgenheit in Wolfsburg zu schaffen, wie in Kapitel 3.4 erörtert wird, waren es die Kontakte zu Deutschen, die diesen Frauen während ihrer beruflichen Laufbahn die meiste Unterstützung boten.

Trotz dieser überwiegend guten Erfahrungen ist kritisch anzumerken, dass die in den Interviews entsprechend positiv konstruierten Erzählungen auch anders gerahmt werden könnten. So spielen die Herausforderungen, mit denen sie sich etwa in Form von niedrigen Löhnen konfrontiert sahen, die sie im Alltag einschränkten, da sie lediglich ein zusätzliches Einkommen für ihren Haushalt darstellten, in den Interviews nur gelegentlich eine Rolle. Oftmals werden sie auch nicht direkt negativ bewertet, sondern eher faktisch dargestellt. Auch der »double burden«,[54] neben dem Beruf auch für den Haushalt und die Kinder verantwortlich zu sein, zwischen Familie und Fabrik jonglieren zu müssen, wird oft nur am Rande erwähnt.

Dass die Migrantin und eben nicht der Migrant wiederum als »›Motor‹ des Familienalltags« verstanden werden kann, so die Soziologin Leonie Herwartz-Emden,[55] zeigt sich in vielen der Interviews. Die Mehrheit der Frauen hörte auf zu arbeiten, als ihre Kinder geboren wurden, und musste wegen mangelnder Kindergartenplätze oft für längere Zeit aus

52 StadtA WOB, H. 3.21, Nr. 3, S. 12, Sylvia Mosur, S. 12.

53 Stelzig-Willutzki, Soziale Beziehungen und Migrationsverlauf.

54 »Double burden« ist ein Konzept, das allgemein angewendet wird, wenn eine Person am Arbeitsmarkt teilnimmt und gleichzeitig für große Teile der Hausarbeit verantwortlich ist. Für den aktuellen Kontext siehe Zhou/Nordquist, Work and Its Place in the Lives of Immigrant Women, insbesondere S. 189.

55 Herwartz-Emden, Konzepte von »Weiblichkeit« im Migrationskontext, S. 106.

dem Berufsleben aussteigen. Der letzte Punkt spiegelt ein allgemeines Problem des westdeutschen Sozialstaates wider, in dem häufig auf die Großeltern zurückgegriffen wurde, um Kinderbetreuung gewährleisten zu können, während auch die Frauen einer Erwerbsarbeit nachgingen.[56] Ähnlich wie es die Soziologin Venetia Evergeti für die Situation griechischer Einwanderinnen in Großbritannien festgestellt hat,[57] konnten auch die in dieser Studie beforschten Migrantinnen eben nicht auf eine solche Unterstützung durch Großeltern oder andere Familiennetzwerke setzen. Obgleich Migrantinnen mit ähnlichen Einschränkungen ihrer Arbeitsmarktbeteiligung zu kämpfen hatten wie deutsche Frauen, konzentrierten sich die deutschen Behörden vor allem auf die Unterschiede zwischen diesen Frauen, wie es Lauren Stokes in ihrem wichtigen Beitrag zu Migrantenfamilien in Deutschland ausführt:

> [By] telling the West German state what was foreign about these »non-working housewives« [...] they missed what was female about the »non-working housewives«: the fact that they lived in a country that already made it extremely difficult to combine waged work and childcare.[58]

Die meisten Frauen aus dieser Stichprobe haben sich im Interviewkontext dafür entschieden, die Schwierigkeiten, mit denen sie konfrontiert waren, durch eine Erzählung darzustellen, die ihre Unabhängigkeit und *Agency* betont. Auch wenn ich nicht so weit gehen würde, diese als »myths« zu bezeichnen,[59] gilt es sich vor Augen zu führen, dass diese Narrative eine spezifische Art darstellen, ihre Lebenswege zu erzählen, die auch als Geschichten von Ungerechtigkeit und Herausforderungen erzählt werden könnten.

Die Ergebnisse dieses Kapitels hinterfragen eindeutig die häufig wiederholte und scheinbar selbstverständliche Wahrnehmung von Migrantinnen als »*nicht* berufstätig und *nicht* ›emanzipiert‹«.[60] Obwohl das weitverbreitete Bild der migrierenden Frau als Kettenmigrantin im Wolfsburger Kontext nicht ganz falsch ist, da alle von ihnen aufgrund der Beschäftigung von Ehemännern oder Familienmitgliedern in diese Stadt gekommen sind, sind die Geschichten, die diese Frauen erzählen,

56 Stokes, The »Market-Conforming« Family, S. 9.

57 Evergeti, Notions of »Home« and Belonging Among Greeks in the UK, S. 112.

58 Stokes, Knowledge about the »Migrant Woman«.

59 Freund/Quilici, Exploring Myths in Women's Narratives.

60 Siehe zu diesem Kritikpunkt Herwartz-Emden, Konzepte von »Weiblichkeit« im Migrationskontext, S. 109, Hervorhebung im Original.

solche von Ehrgeiz und Autonomie. Alle haben trotz der Schwierigkeit, die das Ankommen und Einleben in der »Männerwelt« Wolfsburg mit sich brachte, eine Anstellung gefunden, alle haben sich durch die Kontakte, die sie am Arbeitsplatz hatten, integriert, und alle haben – wie in Kapitel 4 noch näher ausgeführt wird – durch ihre Karrieren Prozesse der Selbstermächtigung, Selbstentwicklung und Emanzipation erlebt.

3.2 »Sie [hat] gedacht, mein Mann bringt mich um.« Integration in eine »Männerwelt«

Nachdem im vorangegangenen Kapitel die Arbeitsmarktintegration der interviewten Migrantinnen erörtert wurde, gehe ich in diesem Abschnitt auf die persönliche Ebene der Integration ein und untersuche, wie sie Kontakte zu Deutschen hergestellt und soziale Netzwerke gebildet haben. Wie bereits zuvor angedeutet, hatten Frauen, die als angeworbene Arbeitskräfte kamen, beruflich bedingt häufig bereits Kontakt zu deutschen Kolleginnen und Kollegen. Ein Beispiel dafür ist die Geschichte von Maria Brauner: »Und wir sind mittwochs immer in einem Lokal gewesen, mit den deutschen Jungs und deutschen Mädchen. Sind Tanzen gegangen.«[61] Während einige Frauen auf ein größeres ethnisches Netzwerk in Wolfsburg zurückgreifen konnten, wie in Kapitel 3.4 weiter ausgeführt werden wird, vermochte die Mehrheit der Frauen nicht von solchen Netzwerken zu profitieren. Daher waren sie umso mehr auf den Kontakt mit Deutschen angewiesen. Dies wird etwa deutlich, wenn Marika Nedelkovski erklärt: »Und ich habe auch Freunde. Sehr viele, viele deutsche Freunde, mehr deutsche Freunde als mazedonische. Weil [hier] in Wolfsburg gibt es ja keine Mazedonier.«[62]

Das Interview von Giuseppa Lo Presti (Abb. 6) zeigt jedoch, dass selbst ein ethnisches Netzwerk – in ihrem Fall von Italienerinnen und Italienern – nicht automatisch zu einem tendenziell eher begrenzten Kontakt mit Einheimischen führt. Trotz der großen Gemeinschaft von Italienern in Wolfsburg verwendet sie einen großen Teil ihres Interviews darauf, über ihre Freundschaften mit Deutschen zu sprechen und schildert: »Ich habe immer Kontakt mit Deutschen gehabt. Das muss, ich glaube, so sein, dass wenn du hier bist, lebst du in Deutschland, du musst

61 StadtA WOB, H. 3.21, Nr. 5, Maria Teresa Martinez Alvarez Brauner, S. 4.
62 StadtA WOB, H. 3.21, Nr. 2, Marika Nedelkovski, S. 12.

Abb. 6: Giuseppa Lo Presti in ihrer ersten Wohnung in Vorsfelde, Oktober 1978

dich ein bisschen integrieren.«[63] Aus diesem Zitat und einer weiteren Passage in ihrem Interview geht hervor, dass sie sich bewusst und aktiv darum bemühte, Beziehungen zu ihren Nachbarn und anderen Deutschen aufzubauen, was ihr Bestreben nach Integration widerspiegelt:

> Ich habe so mit Deutschen, die [in] meine[m] Eingang gewohnt haben, immer Kontakt gehabt. [...] Wir haben immer so Kaffee zusammen getrunken. Einmal waren sie bei mir. Ich kann mich erinnern, [...] ich habe Kaffee gemacht, ich habe Tiramisu gemacht, ich habe alles gemacht. Auf einmal sagte [ich]: »Ja, wo sind eure Männer?« Na ja, so und die Männer sind dazugekommen. Die haben Wein getrunken. Sogar die Frau[en]. [...] Und wir haben so gelacht. Weil die alle Wein getrunken haben. Und auf einmal war[en] fünf Liter Wein weg. [...] Aber ich bin stolz gewesen auf mich, weil ich habe gesagt: »Wo sind eure Männer?«, und die [Frauen haben ihre] Männer dann angerufen und die Männer sind dazugekommen und dann, anstatt nur Frauen, dann waren [Männer] und Frau[en] bei mir, dann da. Da hat angefangen, dass wir alle zusammen essen gegangen sind. [...] Eine schöne Zeit mit [denen aus] dem Eingang von 36.[64]

63 StadtA WOB, H. 3.21, Nr. 1, Giuseppa Lo Presti, S. 10.
64 Ebd., S. 19.

Diese Geschichten zeigen, dass es Italienerinnen und Italiener in Wolfsburg gab, die trotz ihres großen ethnischen Netzwerks die deutsche Sprache lernten und eine große Bereitschaft zur Integration zeigten, was der oft geäußerten Meinung widerspricht, sie seien isoliert gewesen und hätten bis auf wenige Ausnahmen gerade die Bereitschaft vermissen lassen, sich zu beteiligen oder zu integrieren.[65]

Darüber hinaus ist es wichtig, die besondere Rolle von Migrantinnen beim Aufbau dieser Beziehungen zu Einheimischen hervorzuheben. Wie der Lokalhistoriker Matthias Brodtmann gezeigt hat, dienten vor allem Spielplätze als »Kontaktbörsen« und boten eine Möglichkeit,[66] neue Leute kennenzulernen. Folglich waren die Kontakte oft an Kinder und infolge der klassischen Rollenmuster überwiegend an Frauen gebunden. Dies wird beispielsweise in der Geschichte von Rita Görlitz-Burfeindt deutlich, die hervorhebt, es seien vor allem die Frauen gewesen, die für die Kinder zuständig gewesen seien, die mit den Kindergärten und Schulen interagiert und den Nachwuchs zum Fußballtraining gebracht hätten.[67] Auch Giuseppa Lo Presti erinnert sich, dass der Umgang mit dem Kindergarten in ihren Aufgabenbereich gefallen sei. Während sie anfangs noch mit ihrem Mann gemeinsam dorthin gegangen sei, meisterte sie diese Herausforderung später alleine, »obwohl wir [deutschsprachige] Versammlung[en] gehabt haben«.[68] Die große Integrationsleistung, die, wie sich in den Interviews zeigt, den Frauen zufiel, wurde auch in anderen Studien konstatiert:

> Wenn über Gastarbeit gesprochen wird, muss die besondere Integrationsleistung anerkannt werden, die die zugewanderten ausländischen Frauen durch ihre Erwerbs- und Familienarbeit erbracht haben. Sie kann gedeutet werden als »unsichtbar erarbeitetes« Zeichen der gesellschaftlichen und sozialen Teilhabe.[69]

Ein weiterer »Ort […] sozialer Eingliederung«,[70] den fünf der neun Frauen erlebten, war die Ehe mit einem deutschen Mann.[71] Während Rita Görlitz-Burfeindt ihren Mann bereits in Argentinien kennengelernt

65 Richter/Richter, Die Gastarbeiter-Welt, S. 14; dies., Der Opfer-Plot.

66 Hier und im Folgenden Brodtmann, Wohnen in der Wirtschaftswunderzeit, S. 170f.

67 StadtA WOB, H. 3.21, Nr. 4, Rita Görlitz-Burfeindt, S. 21.

68 StadtA WOB, H. 3.21, Nr. 1, Giuseppa Lo Presti, S. 22.

69 Wöhler, »In Deutschland wartet das Paradies auf uns«, S. 192.

70 Lorke, Wo die Liebe hinfällt, S. 144.

71 StadtA WOB, H. 3.21, Nr. 4, Rita Görlitz-Burfeindt; StadtA WOB, H. 3.21, Nr. 26, Niki Lippok; StadtA WOB, H. 3.21, Nr. 6, Rosario Westphal; StadtA

hatte,[72] trafen alle anderen Frauen ihre Ehepartner erst in Deutschland, so auch Niki Lippok, die sich folgendermaßen an die erste Begegnung erinnert:

> Eine Arbeitskollegin sagte zu mir: »Wir machen jetzt ein[en] Ausflug nach Gifhorn.« Und die war verlobt und der Verlobte von ihr hatte einen Bruder, der nimmt den auch mit. »Und du bist auch allein. Komm mal mit, machen wir einen schönen Ausflug.« [...] Das habe ich auch gemacht. Und ja, das war eben der Schwager von meiner Freundin. Und dann habe ich ihn das erste Mal kennengelernt. [...] Und ja, da war die Beziehung mit meinem ersten Freund [...] nicht mehr so eng nach so viele[n] Jahre[n]. Wir waren ungefähr fünf Jahre zusammen. Ich habe andere Menschen kennengelernt und ja, ich habe mich neu verliebt. Und da hat mein Mann gesagt, der heutige Mann, »entweder er oder ich«. Und ich musste mich entscheiden, das war für mich damals eine sehr, sehr wichtige Entscheidung. Das heißt, ich musste, ja, ich musste hierbleiben und das war damals nicht so, ich war nicht so begeistert. Aber immerhin, ich habe gedacht, gut, ich mache mit ihm Schluss, ich bleibe hier. Ich habe da auch die Unterschiede gesehen: Er war da, der andere war weit.[73]

Diese Passage verdeutlicht nicht nur, dass sich binationale Paare oft über gemeinsame Freunde oder Kolleginnen und Kollegen kennenlernten, sondern zeigt auch, wie wichtig und nicht selten auch schwierig die Entscheidung für die Frauen war, einen deutschen Mann zu heiraten. Mit der Entscheidung zur Eheschließung mit einem Deutschen, dies verdeutlicht Niki Lippoks Geschichte, war häufig auch die Option zur Rückkehr zu den Akten gelegt oder zumindest erschwert, wie ich in Kapitel 3.4 weiter ausführen werde.

Was aus ihrer Geschichte ebenfalls hervorgeht: Häufig waren die Familien dieser Frauen nicht unbedingt begeistert von deren Entschluss, einen deutschen Mann zu heiraten. Dabei wurden offenbar Unterschiede zwischen den Geschlechtern gemacht, wie sich in der Erzählung von Niki Lippok zeigt: »Und mein Bruder hat eine Deutsche geheiratet. Ja, aber ich durfte nicht. Ja, also, das ist das. Das war damals,

WOB, H. 3.21, Nr. 5, Maria Teresa Martinez Alvarez Brauner, sowie StadtA WOB, H. 3.21, Nr. 27, Angela Ziemann.

72 StadtA WOB, H. 3.21, Nr. 4, Rita Görlitz-Burfeindt, S. 7.

73 StadtA WOB, H. 3.21, Nr. 26, Niki Lippok, S. 10.

wenn es um so was geht, sehr streng.«[74] Auch Maria Brauner erinnert sich, ihre Eltern seien ihrer Idee, einen Deutschen zu heiraten, ablehnend gegenübergetreten, allerdings aus einem anderen Grund: »Der Krieg von Hitler war noch in den [Köpfen] der Leute, und da hat sie [ihre Mutter] gedacht, mein Mann bringt mich um.«[75] Während Niki Lippoks Eltern vor allem hofften, sie würde einen griechischen Mann heiraten, lag das Problem bei Maria Brauner eindeutig darin, dass der zukünftige Ehemann Deutscher war. Die Wunden des Zweiten Weltkrieges waren offenbar noch tief – und dies war auch ein Grund dafür, warum Familien zögerten, ihre Töchter nach Deutschland zu schicken.[76] Wie aus Rosario Westphals Erinnerung hervorgeht, blieb diese interethnische Skepsis in diesen ersten Nachkriegsjahrzehnten offenbar bestehen und beruhte mitunter auch auf Gegenseitigkeit, denn auch ihr Mann wurde von seinen Eltern davor gewarnt, sie zu heiraten: »Ja, also die Schwiegereltern waren natürlich total dagegen, erst mal, ne weil: ›Pass auf, dass du kein Messer in den Rücken kriegst!‹, hieß es dann, ne.«[77]

Mit den binational geschlossenen Ehen traten verschiedene Probleme rechtlicher Natur auf: »Zu der Zeit gab es auch viele Scheinehen und […] dieses ganze Theater auch. Haben auch gezweifelt, ob das vielleicht auch wirklich eine normale Ehe ist oder eine Scheinehe.«[78] Wie Christoph Lorke gezeigt hat, war dieses Misstrauen wie auch die Ablehnung binationaler Ehen durch die Gesellschaft generell der Wahrnehmung geschuldet, dass diese Beziehungen als »eine von der Norm abweichende Paarbeziehung« angesehen wurden.[79] Dies wird deutlich, wenn Rosario Westphal erklärt, wie diese Skepsis und dieses Misstrauen sie veranlassten, die deutsche Staatsbürgerschaft zu verweigern:

> Das war so eine Willkür von einigen Beamtinnen damals. Und dann hatte ich mitbekommen, dass die auch das so hätten machen können, dass sie die Nachbarn fragen, ob die meinen, dass ich eben eine deutsche, eine gute deutsche Bürgerin werden kann. Und so weiter. Und [da] habe ich gedacht, nein, das mache ich nicht. Ich hatte ja

74 Ebd., S. 17.

75 StadtA WOB, H. 3.21, Nr. 5, Maria Teresa Martinez Alvarez Brauner, S. 11.

76 Zur Wahrnehmung der Deutschen im Ausland nach dem Zweiten Weltkrieg siehe Wittlinger, Perceptions of Germany and the Germans in Post-War Britain.

77 StadtA WOB, H. 3.21, Nr. 6, Rosario Westphal, S. 25.

78 Ebd., S. 14.

79 Lorke, Deutsch-ausländische Ehen in der Bundesrepublik.

praktisch schon die Sicherheit, dass ich bleiben kann und dass ich eben arbeiten darf.[80]

Lorke zufolge wurde die ablehnende Haltung lokaler Behörden gegenüber binationalen Eheschließungen durch die Tatsache verstärkt, dass die Heirat mit einem deutschen Ehepartner erhebliche Vorteile mit sich brachte. Nicht nur die Aufenthaltsgenehmigung, sondern auch die wirtschaftlichen und politischen Vorzüge, die mit der Eheschließung verbunden waren, führten dazu, dass tatsächlich viele Ehen nur auf dem Papier geschlossen wurden.[81] Während solche behördlichen Zweifel an der Aufrichtigkeit der Ehe und die daraus resultierenden Herausforderungen bereits vor der Eheschließung auftraten, kamen einige Probleme erst später auf. Wie Rosario Westphal erinnert, brachten binationale Ehen mitunter gewisse Kommunikationsprobleme mit sich:

> Ich hatte ja sprachlich da überhaupt gar keine Probleme, ich war ja hier voll integriert, aber es war schon natürlich nicht einfach, weil meine Gefühlswelt war und ist immer noch spanisch [...]. Da waren natürlich viele Sachen, die mein Mann immer nicht so gut verstanden hat.[82]

Beide Herausforderungen – die inneren wie die äußeren – kommen in der von Lorke durchgeführten Untersuchung über binationale Ehen in Wolfsburg sehr gut zum Ausdruck:

> Diese Ehen stehen damit für das Aufeinanderprallen des »Eigenen« mit dem »Fremden« und der daraus resultierenden Verhandlung vorhandener, teils tatsächlicher, teils imaginierter Unterschiede – sowohl aufseiten des Paares als auch der sie umgebenden Umwelt.[83]

Neben der Interaktion mit Kolleginnen und Kollegen, Kindergärten und Ehepartnern knüpfen Migrantinnen und Migranten oft auch durch Freizeitaktivitäten Verbindungen zu Einheimischen. Während die Soziologin Helen Kim für koreanische Frauen, die nach Deutschland migriert sind, festgestellt hat, diese würden sich oft durch politische Partizipation integrieren,[84] haben die Frauen der hier untersuchten Stichprobe ihre Netzwerke in vielen Fällen durch ihr soziales Engagement

80 StadtA WOB, H. 3.21, Nr. 6, Rosario Westphal, S. 14.

81 Lorke, Deutsch-ausländische Ehen in der Bundesrepublik. Siehe für ausländische Frauen, die einen deutschen Mann heiraten und die deutsche Staatsangehörigkeit erhalten, auch von Münch, Die deutsche Staatsangehörigkeit, S. 208.

82 StadtA WOB, H. 3.21, Nr. 6, Rosario Westphal, S. 25.

83 Lorke, Wo die Liebe hinfällt, S. 144.

84 Kim, Making Homes Here and Away.

Abb. 7: Angeliki Katsaros während des Oral-History-Interviews, 19. April 2023

aufgebaut. Oft handelt es sich dabei um Frauennetzwerke unterschiedlicher Ausprägung. Ein herausragendes Beispiel dafür ist die Geschichte von Angeliki Katsaros (Abb. 7), die von sich berichtet, nach 42 Jahren Aktivität in der von ihr mitaufgebauten Selbsthilfegruppe *Hilfe nach Krebs* Ehrenmitglied geworden zu sein. Bis heute wird sie von den anderen freundschaftlich »›Angelikachen‹« genannt. »[Ich habe] sehr viel für die Krebspatienten getan und bin darauf stolz.«[85] Sie erklärt weiter:

> Wir haben sehr vielen Frauen geholfen […]. Keiner wusste was, selbst in den Familien hatten die Schwierigkeiten mit den Ehemännern oder [den] Kindern. Das war ein Ding, und dann war das *Sanitätshaus Gottschalk* wie eine Sozialstation für Brustamputierte. Und das war das meiste, Brustamputierte. […] Das war eine schöne Zeit, das habe ich sehr gerne gemacht, heute noch, und ich habe zu meinem 80. Geburtstag so viele Gratulationen von den Frauen gekriegt. Das ist unglaublich.[86]

85 StadtA WOB, H. 3.21, Nr. 25, Angeliki Katsaros, S. 6.
86 Ebd., S. 16.

Diese bemerkenswerte Geschichte zeigt nicht nur, wie diese Form des sozialen Engagements Frauen eine Möglichkeit bot, sich in die Gesellschaft zu integrieren, sondern auch eine Form der Selbstermächtigung darstellte: Ihr Engagement zeigte ihnen, dass sie wertvolle Mitglieder ihrer Gemeinschaft sind, auf die sie einen positiven Einfluss ausüben konnten, was sie oftmals mit Stolz erfüllte.

Die Bedeutung von Frauennetzwerken für die emotionale und funktionale Unterstützung während ihres Migrations- und Integrationsprozesses zeigt sich auch darin, dass viele dieser Frauen Initiativen ins Leben gerufen haben, um Migrantinnen mit unterschiedlichen Hintergründen zusammenzubringen. Angeliki Katsaros berichtet beispielsweise vom *Ausländischen Frauenforum*, das im Jahr 2000 gegründet wurde. Einmal im Monat kommen Frauen aus verschiedenen Kontexten zusammen, um sich über ihre Heimatländer auszutauschen, aber auch, um Unterstützung bei Problemen zu erhalten. Dabei betont Katsaros: »Man hat von der Spanierin oder der Portugiesin [gelernt], wir waren sehr eng.«[87] Ein weiteres Beispiel dafür beschreibt Sylvia Mosur, die sich in der Initiative *Haus der Frauen* engagierte, in der sich Migrantinnen trafen und über Fragen austauschten wie: »Was bedeutet Migration? Was bedeutet Fremdsein? Was bedeutet [es], als Frau in einem fremden Land zu sein? Frau, Kind, Kindererziehung, alles ein ganz großer Batzen zu diesem Thema.«[88] Sie erklärt: »Wir haben uns gestärkt dadurch, dass wir uns gegenseitig kennengelernt haben.« Indem sich die Frauen über ihre spezifischen weiblichen Migrationserfahrungen ausgetauscht und die damit verbundenen Emotionen validiert haben, waren diese Treffpunkte eine Form des *Empowerments*. Gleichzeitig boten diese Gruppen auch einen Ort für praktische Unterstützung durch den Austausch von Erfahrungen und Informationen untereinander.

Ein letztes Beispiel hierfür findet sich in der Geschichte von Angela Ziemann, die zu einer Gruppe von etwa zehn lateinamerikanischen Frauen gehört, die gemeinsam kochen und ihr Essen verkaufen, um Geld zu sammeln, das sie an Projekte in Lateinamerika spenden.[89] Stolz berichtet sie, dass sie mit ihrer Gruppe sogar von der Stadt Wolfsburg gebeten wurde, sich an Veranstaltungen wie dem »Frauentag« zu beteiligen. Das zeigt einmal mehr, wie sehr solche Initiativen den Frauen nicht nur eine Möglichkeit bieten, ihre Heimatländer zu unterstützen, sondern auch zu Plattformen werden, von denen aus sie sich Respekt

87 Ebd., S. 20.

88 Hier und im Folgenden StadtA WOB, H. 3.21, Nr. 3, Sylvia Mosur, S. 19.

89 StadtA WOB, H. 3.21, Nr. 27, Angela Ziemann, S. 17.

verschaffen, als Frauen Anerkennung finden und zum Gemeinschaftsleben in Wolfsburg beitragen.

Darüber hinaus ist es wichtig, die bedeutende Rolle anzuerkennen, die weibliche Unterstützung auch im Privatleben von Migrantinnen spielt, insbesondere innerhalb ihrer ethnischen Gemeinschaften. In Giuseppa Lo Prestis Geschichte wird die Erleichterung deutlich, die sie empfand, als auch ihre Schwester nach Deutschland kam: »Dann haben wir uns täglich gesehen, muss ich sagen, täglich gesehen. Wir sind einkaufen zusammen gewesen.«[90] Sie betont auch die entscheidende Rolle, die zwei sizilianische Freundinnen in ihrem Leben gespielt haben: »Ich bin immer noch froh, dass ich gehabt habe diese zwei, weil für mich, die waren für mich eine Rettung, weil die haben ein bisschen hier schon gelebt, paar Jahre glaube ich, eine glaube ich drei Jahre, die andere mehr, die andere fünf, sechs Jahre und die haben alles gewusst.«[91] Schließlich erzählt sie, wie eine andere italienische Freundin sie einlud, die Nachmittage bei und mit ihr zu verbringen, um nicht so allein zu sein: »›Wenn Lorenzo [ihr Ehemann] Spätschicht hat, [...] kommst [du] zu mir und bleibst [...], bis Lorenzo kommt‹. Haben wir so gemacht [einen] Monat, zwei Monate bestimmt, haben wir so gemacht, weil die Männer, die beiden [sind] zusammen zur Arbeit gefahren.«[92] Diese Ausschnitte verdeutlichen nicht nur die Notwendigkeit von Beratung bei der Ankunft in einem neuen Land, sondern unterstreichen auch die Tatsache, dass Männer offenbar nur wenig Unterstützung für die spezifischen Herausforderungen und Fragen von Migrantinnen bieten konnten – entweder weil sie selbst nicht mit denselben Herausforderungen konfrontiert waren oder weil sie aufgrund ihrer Arbeitszeiten einfach nicht zur Verfügung standen. Dies zeigt deutlich, wie sehr das Geschlecht eine Rolle spielt, wenn es um die sozialen Netzwerke von neu angekommenen Migrantinnen und Migranten geht.

Irgendwann waren die meisten dieser Frauen so gut integriert, dass sie selbst anfingen, neu angekommene Migranten und insbesondere Migrantinnen bei ihren Integrationsprozessen zu unterstützen. Ein Beispiel dafür ist Angela Ziemann, die erklärt: »Man kennt immer wieder Leute, die jetzt aus Kolumbien da sind. Die brauchen Unterstützung im Übersetzen, Briefe schreiben und solche Sachen.«[93] Rosario Westphal erinnert sich sogar daran, schon als Kind anderen Spaniern beim Übersetzen ge-

90 StadtA WOB, H. 3.21, Nr. 1, Giuseppa Lo Presti, S. 18.

91 Ebd., S. 25.

92 Ebd., S. 20.

93 StadtA WOB, H. 3.21, Nr. 27, Angela Ziemann, S. 18.

holfen zu haben: »Dann bin ich auch sehr früh ins Rathaus gegangen mit den wenigen Spaniern, die hier waren, die eigentlich kaum Deutsch reden konnten, habe ich die begleitet. Da war ich vielleicht elf oder zwölf, dann bin ich immer mitgegangen.«[94] Später, erklärt sie, »wurde [ich] aber dann auch oft Ansprechpartnerin für viele Leute, die eben Spanisch gesprochen haben, also auch Latinos, die haben sich ja später dann ja auch anders organisiert, aber das ist immer noch so ein bisschen geblieben. Meine Telefonnummer wurde oft weitergereicht, wenn jemand plötzlich kam.«[95] Ganz offenbar unterstützten Migrantinnen und Migranten Neuankömmlinge, weil sie zum einen ähnliche Erfahrungen von Einsamkeit und Überforderung gemacht haben und weil es ihnen zum anderen Möglichkeiten bot, etwas davon zurückzugeben, was sie selbst durch hilfsbereite Menschen im eigenen Migrationsprozess erfahren haben.

In Anlehnung an die Begriffe von Vogler und Fritzsche habe ich in diesem Kapitel gezeigt, dass alle Frauen sowohl subjektiv als auch objektiv sehr gut integriert sind. Was die subjektive Perspektive und die eigene Einschätzung betrifft, so geben viele der Frauen wiederholt an, sich gut eingelebt zu haben, so auch Lo Presti: »Wie gesagt, ich denke, ich habe mich gut integriert.«[96] Aber auch in Bezug auf die drei Aspekte, die Vogler und Fritzsche als Marker für eine gelungene objektive Integration aufstellen, können diese Frauen als gut integriert gelten. Zum einen partizipieren sie an verschiedenen Teilsystemen der deutschen Gesellschaft wie dem Arbeitsmarkt und damit der Wirtschaft, am kulturellen Leben, etwa im sozialen Engagement, und am Bildungswesen, etwa in ihrer Interaktion mit Kindergärten und Schulen. Darüber hinaus zeigen diese Frauen die Bereitschaft, sich die Werte der Gesellschaft zu eigen zu machen, zum Beispiel durch das Erlernen der deutschen Sprache, wie im nächsten Kapitel gezeigt wird. Was schließlich die Intensität des Kontakts mit dem System betrifft, so ist die Anzahl der Verbindungen, die sie mit Deutschen eingegangen sind, sei es durch Arbeit, Heirat oder ihre Kinder sowie durch ihr soziales Engagement, ein Zeichen für ihre erfolgreiche Integration. Neben diesen allgemeinen Aspekten der Integration hat die Diskussion in diesem Kapitel die Bedeutung von Frauennetzwerken in diesem Integrationsprozess hervor-

94 StadtA WOB, H. 3.21, Nr. 6, Rosario Westphal, S. 6.

95 Ebd., S. 25.

96 StadtA WOB, H. 3.21, Nr. 1, Giuseppa Lo Presti, S. 10. Siehe auch Niki Lippok: »Ich bin da auch sehr gut integriert.« In: StadtA WOB, H. 3.21, Nr. 26, Niki Lippok, S. 12 und Rosario Westphal: »Ja, wenn ich zurückdenke, [...] bin ich eigentlich ganz gut integriert.« StadtA WOB, H. 3.21, Nr. 6, Rosario Westphal, S. 5.

gehoben. Wie gezeigt wurde, handelt es sich dabei zumeist um interethnische Kontakte, nicht nur, weil viele der Frauen in Wolfsburg keine größeren ethnischen Communities vorfanden, sondern auch, weil sie von den verschiedenen Perspektiven profitierten, wenn Migrantinnen aus unterschiedlichen Ländern zusammenkamen. Ein weiterer Grund für die Bildung dieser eigenständigen Frauennetzwerke ist in der Defizienz der bereits bestehenden ethnischen Netzwerke zu sehen, die meist von Männern geprägt waren und nicht die emotionale und praktische Unterstützung boten, die die Frauen suchten oder benötigten. In diesem Zusammenhang hat das Beispiel von Giuseppa Lo Presti gezeigt, dass selbst diejenigen, die über ein größeres ethnisches Netzwerk in Wolfsburg verfügten, dennoch an Kontakten zu Einheimischen interessiert waren, was ihr Bestreben nach Integration unterstreicht. Der Integrationsprozess dieser Migrantinnen war jedoch trotzdem nicht die reine Erfolgsgeschichte, als die sie oft skizziert wird.[97] Vielmehr sahen sich viele der interviewten Frauen auch mit Rassismus konfrontiert, wie im nächsten Teil eingehender diskutiert wird.

3.3 »Meine Waffe war die Sprache.« Rassismus und die Bedeutung des Deutschen

»Man hat Arbeitskräfte gerufen, und es kommen Menschen.«[98] Dieser Satz des Schweizer Schriftstellers Max Frisch wird in der Forschung zur Arbeitsmigration ins Westeuropa der Nachkriegszeit häufig zitiert. Er wird verwendet, um zu zeigen, dass die Aufnahmegesellschaften Migrantinnen und Migranten in erster Linie als Arbeitskräfte betrachteten und dabei die Tatsache ignorierten, dass diese ihre eigenen Bedürfnisse und Wünsche mitbrachten und in vielen Fällen die Entscheidung trafen, dauerhaft zu bleiben.[99] Der oben zitierte Auszug ist jedoch nur ein Fragment des Originalsatzes, der ursprünglich lautet: »Ein kleines Herrenvolk sieht sich in Gefahr: Man hat Arbeitskräfte gerufen, und es kommen Menschen.«[100] Damit wird die Rasse als entscheidender

97 Viele Studien über die Arbeitsmigration in dieser Zeit stellen den Erfahrungswandel der Migrantinnen und Migranten als einen linearen Prozess vom »Gastarbeiter« zum gut integrierten Teil der deutschen Gesellschaft dar, siehe zum Beispiel Zeppenfeld, Vom Gast zum Gastwirt; Aysel, Vom »Gastarbeiter« zum »Deutschtürken«.

98 Frisch, Überfremdung I, S. 100.

99 Siehe beispielsweise Tanç, Ne kaldi? Ne kalacak? S. 5.

100 Frisch, Überfremdung I, S. 100.

Faktor dafür eingeführt, warum diese Menschen nicht bleiben sollten. Für Frisch war demnach rassisches Denken und damit auch Rassismus weder mit dem Ende des Zweiten Weltkrieges noch mit der Gründung der Bundesrepublik 1949 verschwunden, vielmehr machte er bestimmte rassistische Kontinuitäten aus, mit denen sich die neu in dieses Land kommenden Menschen konfrontiert sahen.[101]

Der Historikerin Maria Alexopoulou zufolge hat das deutsche Migrationssystem »eine Hierarchie nach Herkunft« geschaffen, indem es Migrantinnen und Migranten als »Bürger zweiter und dritter Klasse« behandelt habe.[102] Daher bedürfe es mehr Forschung darüber, wie und wo rassistisches Denken und Verhalten die »sogenannte Stunde Null« überlebt habe. Zudem sei es unbedingt notwendig, die Diskussion um die deutsche Nachkriegsmigrationsgeschichte um das Themenfeld Rassismus zu erweitern.[103] Im Anschluss an das letzte Kapitel zur Frage nach der Integration der Interviewten und den gesellschaftlichen Bereichen, in denen der Kontakt zu Deutschen gelang, rückt in diesem Kapitel ein komplizierterer Teil des Migrationsprozesses in den Fokus der Untersuchung. In ihm wird die teleologische Erzählung des scheinbar problemlosen Integrationsprozesses infrage gestellt, indem Rassismuserfahrungen und andere Formen diskriminierenden Verhaltens analysiert werden.

Dass Migrantinnen und Migranten in der Bundesrepublik von einem Teil der Bevölkerung nicht willkommen geheißen wurden, zeigt sich auch immer wieder in den Interviews. Rosario Westphal berichtet von einer älteren Frau, bei der sie zu Besuch war, die barsch fragte: »Was wollen die [Ausländerinnen und Ausländer] denn hier? Sollen sie doch alle abhauen.«[104] Häufig sahen sich Migrantinnen und Migranten auch mit Vorurteilen und verschiedenen Formen von Diskriminierung konfrontiert, wurden beispielsweise des Diebstahls bezichtigt. Rosario Westphal erinnert sich zum Beispiel daran, sie sei einmal von einer Mitschülerin beschuldigt worden, ihr etwas gestohlen zu haben. Eine ähnliche Erzählung findet sich im Interview mit Giuseppa Lo Presti, die erzählt:

> Viele Deutsche, die waren gegen uns Italiener. [...] Ich bin im Krankenhaus gewesen, da war im Zimmer eine andere Italienerin und

101 Alexopoulou, Deutschland und die Migration, S. 10. Siehe dazu beispielsweise »Komm, komm, komm – geh, geh, geh«, in: Der Spiegel, Nr. 43, vom 18. Oktober 1970.

102 Alexopoulou, Vom Nationalen zum Lokalen und zurück? S. 469 und 474.

103 Alexopoulou, Ignoring Racism in the History.

104 Hier und im Folgenden StadtA WOB, H. 3.21, Nr. 6, Rosario Westphal, S. 14.

> dann waren zwei Deutsche und sie hat ein bisschen mehr verstanden. Und sie sagte »Pina, weißt Du, was die erzählen?« Was erzählen die? [...] Eine Deutsche hat zu der anderen gesagt: »Lass dein Portemonnaie nicht daliegen, weil die Italiener sind hier so.« [...] Was denkt sie, was wir sind, dass wir zum Beispiel Geld klauen [...]? Aber ich habe so empfunden, ich habe sie mit anderen Augen [gesehen]. Die Nachbarin, die zum Beispiel gegenüber [von] mein[em] Bett stand, ich habe sie anders gesehen, nicht mehr so wie eine Deutsche so, wie ein Feind, dass sie zu mir sagte, nicht zu mir, sondern generell zu uns.[105]

Aus vielen Erinnerungen wird zudem sichtbar, dass die Migrantinnen und Migranten meist nicht dem Bild entsprachen, das die Deutschen von ihnen hatten. Rosario Westphal beispielsweise erzählt: »Es war aber trotzdem schon, schon schwierig, weil ich wurde schon auch angesehen wie etwas, etwas ganz Merkwürdiges. Ich war sogar ein dunkelblondes Mädchen mit ganz langen Haaren. So hatte man sich Spanierinnen gar nicht vorgestellt.«[106] Ein ähnliches Spannungsverhältnis zwischen den Erwartungen der Aufnahmegesellschaft und der tatsächlichen Erscheinung der Migrantinnen und Migranten zeigt sich in dem Interview mit Angeliki Katsaros. Sie kam bereits 1961 in Wolfsburg an und erinnert sich an die Ankunft des ersten Zuges mit italienischen Arbeitsmigranten im Jahr 1962:

> Ich war dabei, wo die Italiener kamen, ich stand da auf der dritten Brücke, da konnte man genau zum Bahnhof sehen, wo die Italiener runterkamen. [...] Vorhin habe ich auch erzählt, was ich gehört habe, was ein alter Herr zu seiner Frau gesagt hat. Das muss ich euch erzählen. Das ist eine sehr, sehr interessante Sache. »Muttchen oder Mutterchen« – weiß ich nicht genau – »Ich habe gedacht, da kommen kleine Affen. Aber das sind hübsche Burschen.«[107]

Im Zusammenhang mit der Diskussion um das vermeintliche »Modernitätsdefizit«[108] der Migrantinnen und Migranten, die in Kapitel 2.4 erörtert worden ist, bestätigen sich in dieser Aussage die vorherrschenden Erwartungen des unterentwickelten und ungebildeten Migranten. Dies zeigt sich auch in einer anderen Erinnerung von Angeliki Katsaros: »Viele Leute, oder einige, haben zu mir gesagt: ›Du, Angelika, als Griechin, das kennst du?‹ [...] ›Woher weißt du das, du als Griechin?‹ Waren

105 StadtA WOB, H. 3.21, Nr. 1, Giuseppa Lo Presti, S. 23.
106 StadtA WOB, H. 3.21, Nr. 6, Rosario Westphal, S. 4.
107 StadtA WOB, H. 3.21, Nr. 25, Angeliki Katsaros, S. 6.
108 Borgmann, Von der Anwerbung zur Anerkennung, S. 278.

die Leute empört darüber, [...] wie können andere Leute von anderen Ländern so was wissen?«[109] Ein weiteres Beispiel für die gefühlte Überlegenheit der Deutschen gegenüber den Migrantinnen und Migranten wird in einer Erinnerung von Angela Ziemann deutlich: »Ich fand es nur lustig, dass einige Leute mich gefragt haben, ob man in Bolivien noch auf Bäumen lebt.«[110]

Neben der eindeutig rassistischen Dimension, die sich in dieser Erinnerung zeigt, lässt sich anhand ihrer ablesen, wie viele der Frauen darum bemüht waren, ihre Erfahrungen mit rassistischen Äußerungen und Verhaltensweisen herunterzuspielen, und versuchten, es mit Humor zu nehmen. Angela Ziemann selbst erinnerte sich beispielsweise erst an die oben erwähnte Bemerkung, als sie direkt nach rassistischen Erfahrungen gefragt wurde. Erst dann erzählte sie: »Doch, doch, doch, doch. Einmal, zweimal [habe ich Rassismus erlebt]. Stimmt! Aber solche Sachen vergisst man.«[111] Ihre Aussage deutet darauf hin, dass diese Erfahrungen keinen Platz in der Erzählung ihrer Lebensgeschichte haben, sie nicht auftauchten, als sie sich im Oral-History-Interview an ihre ersten Jahre in Deutschland erinnerte. Es stellt sich die Frage, ob sie diese Vorfälle wirklich »vergessen« hat, weil sie in ihrem Leben keine große Rolle gespielt haben, oder ob sie diese nicht vielmehr verdrängt hatte oder zumindest nicht erzählen wollte, weil sie zu schmerzhaft waren.[112] Oder hielt der offizielle Rahmen der Interviewsituation sie davon ab, von diesen negativen Erfahrungen zu berichten? Ähnliche Fragen stellen sich auch bei anderen Interviews, zum Beispiel mit Angeliki Katsaros. Während sie in ihrer Erzählung ihres Lebens in Deutschland ein insgesamt positives Bild zeichnet, erwähnt sie nur am Rande: »Sicher, wir hatten auch böse Leute, die uns beleidigt haben oder die waren neidisch oder dieses oder jenes. Aber im Großen und Ganzen haben wir ein schönes Leben hier in Wolfsburg, bis heute noch.«[113] Was konkret sie damit meint, spezifiziert sie nicht weiter.

109 StadtA WOB, H. 3.21, Nr. 25, Angeliki Katsaros, S. 6.

110 StadtA WOB, H. 3.21, Nr. 27, Angela Ziemann, S. 26.

111 Ebd., S. 26.

112 Dass die Verdrängung von Erinnerungen an diskriminierende Erfahrungen ein weit verbreiteter Weg ist, mit Rassismus umzugehen, zeigt das Buch *Plantation Memories* der portugiesischen Psychiaterin und Autorin Grada Kilomba, in dem sie schreibt: »Sometimes I have to ignore ... not ignore. I have to ›verdrängen‹. Pretend I forgot everything. It is as if I have to cut it from myself, to cut my personality like a schizophrenic. As if some parts of me didn't exist.« Kilomba, Plantation Memories, S. 75.

113 StadtA WOB, H. 3.21, Nr. 25, Angeliki Katsaros, S. 7.

Andere Frauen wie beispielsweise Niki Lippok erinnern sich schlicht nicht daran, irgendeine Form von Feindseligkeit erlebt zu haben: »Ich habe von überall Hilfe bekommen. Kann nichts Schlechtes sagen als Ausländer oder so was gar nicht.«[114] Und auch Marika Nedelkovski ist sich sicher: »Ich hatte auch keine Probleme, dass ich Ausländer bin. Noch nie, nie würde, hat keiner auf mich einen Finger gezeigt oder mich beleidigt. Das kenne ich gar überhaupt nicht. [...] Also ich selber nicht. Mein Mann auch nicht.«[115] An einer anderen Stelle wiederholt sie: »Nein, nein, nein, gar nicht. War schön, deshalb bin ich auch geblieben. Hier, 53 Jahre und hier bleibe ich. Ja, hier werde ich auch nicht mehr weggehen.«

Dessen ungeachtet haben sich einige der Migrantinnen nicht willkommen oder gar vernachlässigt gefühlt. Dies zeigt sich etwa, wenn Niki Lippok erzählt: »Damals war ein Zimmer zu bekommen oder eine Wohnung – wie heute die Flüchtlinge alles bekommen[116] – war nichts.«[117] Nicht nur verrät dieses Zitat etwas über die Wohnungsnot, die viele Migrantinnen und Migranten damals erlebt haben, die hier jedoch nicht ausführlicher behandelt werden kann.[118] Es verrät darüber hinaus, wie Erinnerungen durch aktuelle Geschehnisse verändert und neu geprägt werden können: Niki Lippok erinnert sich an diesen Teil ihrer Migrationserfahrung aus ihrer jetzigen Position heraus und weiß Dinge – zum Beispiel darüber, wie Geflüchtete, etwa aus der Ukraine, heute behandelt werden –, die sie damals nicht wissen konnte. Diese Erfahrung verändert in Konsequenz, wie sie ihre vergangenen Erlebnisse bewertet und welche Gefühle, in diesem Falle des Zu-kurz-Kommens, sie damit verbindet.

Auf die Frage, wie diese Frauen dieser Art rassistischen Verhaltens begegneten, geben viele Frauen an, davon profitiert zu haben, die deutsche Sprache verstehen und sprechen zu können. So erinnert sich Angela

114 StadtA WOB, H. 3.21, Nr. 26, Niki Lippok, S. 20.

115 Hier und im Folgenden StadtA WOB, H. 3.21, Nr. 2, Marika Nedelkovski, S. 12.

116 Sie verweist damit auf Geflüchtete, die etwa aus der Ukraine nach Deutschland kommen und Wohnraum zur Verfügung gestellt bekommen, der entweder durch das Jobcenter oder das Sozialamt bezahlt wird, siehe dazu Bundesamt für Migration und Flüchtlinge, Unterbringung und Wohnraum für Geflüchtete aus der Ukraine.

117 StadtA WOB, H. 3.21, Nr. 26, Niki Lippok, S. 8.

118 Siehe zur Wohnungsnot in Wolfsburg Herlyn/Tessin, Faszination Wolfsburg, S. 59; Grieger, Zuwanderung und junge Industriestadt. Dass die Wohnungsnot generell im Wolfsburg der 1960er Jahre groß war, zeigt Kraus, Stadt ohne Geschichte? S. 333–348.

Ziemann: »Aber da hatte ich das Glück, ich konnte Deutsch, ich konnte mich wehren.«[119] Auch für Rita Görlitz-Burfeindt war die Kenntnis der deutschen Sprache in diesem Kontext elementar:

> In anderen Teilen der Stadt war dann Rassismus. Was man heute Rassismus nennt. Damals hieß es also eher Fremdenfeindlichkeit, und das haben wir auch erlebt. Das heißt, ich mit meinen Kindern manchmal auch, ja, es ist also aber nicht so gravierend und meine Waffe war die Sprache. Ich konnte mit den Menschen sprechen und das hat dann eben die Kritik oder die Feindlichkeit abgeschwächt. [...] Ja, zum Beispiel, also wir wurden im Bus zum Beispiel angesprochen, die Kinder hatten also Eis vorher gegessen und [...] sie wurden also mal als »dreckige Schweine«, also »ausländische dreckige Schweine« zum Beispiel genannt, und [...] so manchmal, also [gab es] auch so Andeutungen, also die nicht gerade freundlich waren, nicht so gravierend. Wie gesagt, ich konnte ja mit den Leuten reden und Gott sei Dank hatte ich nicht so viele Schwierigkeiten.[120]

Dass das Erlernen der Sprache der Aufnahmegesellschaft einer der wichtigsten Prozesse bei der Integration ist, wurde bereits für verschiedene Migrationskontexte festgestellt. Helen Kim führt beispielsweise aus: »Fluency in the German language becomes the primary means through which migrants are expected to demonstrate their successful integration.«[121] Während einige der Frauen bei ihrer Ankunft bereits über Vorkenntnisse der deutschen Sprache verfügten – wie Angeliki Katsaros, die erklärt, »dadurch habe ich es nicht schwer hier gehabt, weil ich schon Schreiben und Lesen und Deutsch [ge]lern[t] hatte«[122] –, stand die Mehrheit der Frauen vor der Herausforderung und Notwendigkeit, Deutsch zu lernen. Die meisten von ihnen erinnern sich an ihre mangelnden Kenntnisse bei ihrer Ankunft in Deutschland mit Sätzen wie »Ich habe nur ›Ja‹ und ›Nein‹ verstanden«,[123] »Ich habe keinen Schimmer gehabt«,[124] oder »Da wir nicht verstanden haben, haben wir mit dem Finger bestellt«.[125]

119 StadtA WOB, H. 3.21, Nr. 27, Angela Ziemann, S. 26.
120 StadtA WOB, H. 3.21, Nr. 4, Rita Görlitz-Burfeindt, S. 22.
121 Kim, Making Homes Here and Away.
122 StadtA WOB, H. 3.21, Nr. 25, Angeliki Katsaros, S. 9.
123 StadtA WOB, H. 3.21, Nr. 1, Giuseppa Lo Presti, S. 7.
124 StadtA WOB, H. 3.21, Nr. 26, Niki Lippok, S. 6.
125 StadtA WOB, H. 3.21, Nr. 5, Maria Teresa Martinez Alvarez Brauner, S. 8.

Dass diese Situationen, in denen sie kein Wort verstanden, bei vielen Frauen ein Gefühl der Unsicherheit und Hilflosigkeit auslösten, wird in Geschichten deutlich, die mitunter schwierigere und schmerzhaftere Situationen beschreiben. Ein Beispiel dafür ist Giuseppa Lo Prestis Erinnerung an ihre erste Begegnung mit dem Schornsteinfeger:

> Ich bin alleine gewesen, sagte, ich habe alles nicht verstanden. Ich habe nur gesehen, dass er schwarz angezogen war. Und auf einmal kommt mein Bruder und ich habe erzählt, da war ein schwarzer Mann bei mir. Nicht, dass er schwarz war, der war nur schwarz angezogen. Und er sagte ›Weißt du, wer das war? Er will den Ofen mit den Rohren sauber machen.‹ Und [...] ich sagte ja trotzdem, ich habe kein Wort verstanden, ich habe [ihn] nicht reingelassen. Auf einmal hat er wieder geklingelt, aber mein Bruder war da und ich habe immer so gemacht, als[o] ich konnte Entschuldigung nicht sagen. Und ich habe immer so gemacht von Herzen.[126]

Lo Presti nutzt diese Geschichte hier nicht nur, um zu verdeutlichen, wie viel Angst sie hatte, als sie nicht verstand, was dieser in ihren Augen seltsam gekleidete Mann von ihr wollte, sodass sie sich entmündigt fühlte und auf die Hilfe ihres Bruders angewiesen war, sondern auch, wie peinlich es ihr war, sich nicht einmal für ihr Verhalten entschuldigen zu können. Ein anderes Beispiel dafür findet sich in der Geschichte von Marika Nedelkovski, die eigentlich hatte Seife besorgen wollen, dann aber feststellen musste, dass die Kreide, die sie stattdessen gekauft hatte, irgendwie gar nicht schäumte. Dies war für sie durchaus eine schwierige Situation, die sie nachhaltig beschäftigte, bemerkt sie doch im Nachsatz, es sei »schlimm« gewesen.[127] Ein zweiter Indikator dafür ist die hohe Erzählgeschwindigkeit in diesem Abschnitt des Interviews und dessen Länge. Sie beschreibt ein Ereignis, das an sich gar nicht so lange gedauert hat, sehr ausführlich. Auch in Rosario Westphals Erinnerungen finden sich Erzählungen von Missverständnissen, die sie bis heute nicht vergessen hat. So habe sie in der Schule einmal ein Hünengrab malen sollen, stattdessen jedoch einen Hühnerhaufen gemalt, da die Begriffe *Hüne* und *Hühner* in ihren Ohren so ähnlich klangen.[128]

Auch wenn diese Geschichten von Hühnerzeichnungen und Kreidemissverständnissen den heutigen Leserinnen und Lesern vielleicht ein kleines Lächeln entlocken, so spiegeln sie doch die Herausforderungen

126 StadtA WOB, H. 3.21, Nr. 1, Giuseppa Lo Presti, S. 22.

127 StadtA WOB, H. 3.21, Nr. 2, Marika Nedelkovski, S. 19.

128 StadtA WOB, H. 3.21, Nr. 6, Rosario Westphal, S. 5.

wider, in einem fremden Land anzukommen, ohne auch nur ein einziges Wort zu verstehen, sich daher ständig unzulänglich zu fühlen und den Drang zu verspüren, sich zu verbessern. Letzteres wird besonders in Niki Lippoks Erinnerung daran deutlich, wie ihre wahrgenommene Unzulänglichkeit in Bezug auf die Sprache ihr zur Motivation wurde, ihre Deutschkenntnisse zu verbessern:

> Ab und zu haben die mich ausgelacht, weil [ich] das »R« nicht richtig aussprechen konnte. Und da haben sie alle gelacht und das hat mir gar nicht gefallen. Ich habe gedacht, die lachen mich aus. Ich habe mir dann damals versprochen, wenn ich ein Wort sage, dann muss ich [es] ordentlich sagen. Das hat mir sehr wehgetan, wenn sie mich ausgelacht haben. Und ich habe gesagt, ich müsste richtig Deutsch lernen. Ja, das war sehr wichtig [...]. Ja, ja, das [die deutsche Sprache lernen] wollte ich unbedingt. Unbedingt wollte ich das.[129]

Nicht nur, wie vehement sie sich an den Gedanken erinnert, die deutsche Sprache lernen zu wollen, sondern vor allem ihr offenes und wiederholtes Eingeständnis, wie sehr diese Kommentare beziehungsweise das Verhalten ihrer Kollegen sie damals verletzt haben, zeigt, wie wichtig die Sprache nicht nur für die Kommunikation ist, sondern auch, um akzeptiert und respektiert zu werden und Zugehörigkeit zu erfahren.

Die Art und Weise, wie diese Frauen die deutsche Sprache erlernten, unterscheidet sich dabei für angeworbene und individuell zugewanderte Frauen mitunter deutlich. Die erstere Gruppe lernte oft schon durch ihre Arbeitskolleginnen die deutsche Sprache, so auch Maria Brauner, die sich erinnert: »In der Porzellanfabrik haben wir [ihre Schwester und sie] nicht zusammengesessen, sondern an verschiedenen Arbeitsplätzen, mit Deutschen, dass wir die deutsche Sprache lernen.« Sie fährt fort: »Und da wir viel mit den Deutschen zusammen [waren], haben wir auch ziemlich schnell Deutsch gelernt.«[130]

Die einzeln zugewanderten Frauen erwarben ihre Deutschkenntnisse oft auf inoffiziellem Weg, etwa mit ihren Kindern[131] oder durch das Fernsehen, kurze Gespräche mit den Nachbarn und dann in der Kommunikation mit Kindergärten und Schulen. Auch hier zeigt sich wieder die extreme Exposition zur Mehrheitsgesellschaft, die Frauen aufgrund ihrer Position in ihren Familien erlebten. Die Historikerin Maike

129 StadtA WOB, H. 3.21, Nr. 26, Niki Lippok, S. 20 und 23.

130 StadtA WOB, H. 3.21, Nr. 5, Maria Teresa Martinez Alvarez Brauner, S. 8.

131 Hier und im Folgenden StadtA WOB, H. 3.21, Nr. 1, Giuseppa Lo Presti, S. 22.

Wöhler hebt mit Blick auf griechische Arbeitsmigrantinnen, die in den *Olympia Werken* in Wilhelmshaven tätig waren, hervor:

> Neben der Berufstätigkeit waren sie auch für die Betreuung der Kinder und die Hilfe bei Schulaufgaben zuständig. Durch diese sozialen Kontakte zu deutschen Nachbarn, Eltern und Kolleginnen kamen sie ständig in Alltagssituationen mit der Sprache in Berührung.[132]

Eine Erinnerung von Marika Nedelkovski unterstreicht zudem, woher sich der dafür notwendige Ehrgeiz speiste:

> Ich war neugierig. Wie [...] das alles funktioniert, neugierig, und dadurch habe ich vielleicht auch gelernt. Ich habe keine Schule besucht, [um] Deutsch [zu] lernen, das habe ich nicht besucht. Ich habe das alles von mir selber.[133]

Viele der Frauen wiederum, die einen deutschen Mann geheiratet haben, sprachen zu Hause Deutsch und verzichteten oft bewusst darauf, ihren Kindern ihre eigene Muttersprache beizubringen, sollten diese doch richtiges Deutsch lernen, wie im nächstfolgenden Kapitel 3.4 noch näher ausgeführt wird. Und dann gibt es noch einige Frauen, die offizielle Deutschkurse an der *Volkshochschule* besuchten, wie etwa Niki Lippok.[134] Frauen wiederum, die zu einem späteren Zeitpunkt kamen, so Rita Görlitz-Burfeindt, äußerten jedoch, es habe in Wolfsburg keine Sprachkurse gegeben: »Vielleicht [...] weil [...] eben noch nicht so viele Ausländer da waren. Oder die lernten die deutsche Sprache nicht. Weiß ich nicht genau.«[135] Deshalb musste sie immer mit Bus und Bahn nach Hannover fahren, um einen Sprachkurs zu besuchen. Diese Passage weist nicht nur darauf hin, wie sehr sich der Migrationskontext in Wolfsburg im Untersuchungszeitraum verändert hat, sondern verdeutlicht zudem den hohen Integrationswillen dieser Frauen, der sich etwa in der Bereitschaft zeigte, zum Erlernen der Sprache in eine andere Stadt zu pendeln. Letzteres wird auch in einer Aussage von Marika Nedelkovski deutlich: Die »deutsche Sprache war nicht einfach am Anfang, aber wenn man sich Mühe gibt, dann klappt das auch alles«.[136] Allein die Tatsache, dass alle hier untersuchten Oral-History-Interviews

132 Wöhler, »In Deutschland wartet das Paradies auf uns«, S. 183.
133 StadtA WOB, H. 3.21, Nr. 2, Marika Nedelkovski, S. 20.
134 StadtA WOB, H. 3.21, Nr. 26, Niki Lippok, S. 9.
135 StadtA WOB, H. 3.21, Nr. 4, Rita Görlitz-Burfeindt, S. 9.
136 StadtA WOB, H. 3.21, Nr. 2, Marika Nedelkovski, S. 12.

in bemerkenswertem Deutsch geführt wurden, zeigt die enormen Anstrengungen und Leistungen, die diese Frauen erbracht haben.

In diesem Kapitel habe ich gezeigt, wie viele der Frauen trotz ihrer individuell wahrgenommenen und objektiv sichtbar erfolgreichen Integration während ihrer Zeit in Deutschland auch mit Rassismus konfrontiert waren. Der ehemals biologische Rassismus in Deutschland schlug mehr und mehr in einen kulturellen Rassismus um,[137] der sich darin äußert, andere Gruppen als unterprivilegiert, wissens- und zivilisationsfern zu verstehen. Dabei hat die Mehrheit der Frauen solche rassistischen Erfahrungen gemacht, unabhängig von ihrem Ankunftsjahr oder Herkunftsland. Viele von ihnen geben an, erst ihre Sprachkenntnisse sowie ihr Bestreben, mit den Menschen zu sprechen und Feindseligkeiten zu überwinden, habe sie in die Lage versetzt, herausfordernde Begegnungen zu meistern. In diesem Zusammenhang haben viele Interviewpassagen gezeigt, wie verzweifelt einige der Frauen die Sprache lernen wollten, um ihre Unabhängigkeit wiederzuerlangen und um in den unterschiedlichen Situationen, mit denen sie konfrontiert waren, aktiv reagieren zu können. Auch wenn sie sich um das Erlernen der Sprache bemühten und schließlich in der Lage waren, rassistischem Verhalten verbal zu begegnen, haben diese Erfahrungen dennoch Spuren hinterlassen. Inwiefern einige von ihnen vielleicht auch erfahrenen Rassismus verdrängt haben, um sich zu schützen und weiter in diesem Land leben zu können, kann letztlich nicht abschließend geklärt werden. Doch erfuhren die Interviewten durchaus auch freundliche Gesten – wie etwa die Idee eines Wolfsburger Bürgers, Arbeitsmigrantinnen und -migranten einzuladen, Weihnachten mit deutschen Familien zu feiern, um ihnen ein Gefühl von Heimat zu geben.[138] Unabhängig davon kann nicht übersehen werden, dass einige der Migrantinnen unterschiedlichste Formen von Alltagsrassismus erfahren haben.

3.4 »Mein Herz ist immer da unten.« Zwischen zwei Welten

Während in den letzten drei Unterkapiteln die spezifischen Erfahrungen der Migrantinnen im Zusammenhang mit ihrer Integration untersucht wurden, werden im Folgenden nun stärker Fragen nach Identi-

137 Vukadinović, Rassismus in der bundesdeutschen Nachkriegsgeschichte, S. 51.

138 StadtA WOB, B.1.2, Nr. 6650, Band 1, Bürgerwünsche per Telefon, Nr. 129, 25.11.1974.

tät und Zugehörigkeit zum Thema. Das Kapitel ist dabei in drei Teile untergliedert: die Veränderungen ihrer Heimatverbundenheit, die Inkorporation ihrer Heimatkultur in ihre Lebenswirklichkeit in Deutschland und schließlich ihre Akzeptanz von Wolfsburg als neuer Heimat.

Zunächst wird bei der Erörterung der Frage, wie diese Frauen von Deutschland aus den Kontakt zu ihrer Heimat und ihren Familien aufrechterhielten, deutlich, wie schwierig dies vor allem in den ersten Jahren war. Da es in ihren Heimatstädten oft keine oder nur wenige Telefone gab und Ferngespräche zu dieser Zeit zudem häufig unzuverlässig waren, wurde das Briefschreiben zur gebräuchlichsten Form der Kommunikation, obgleich Briefe mitunter bis zu einem Monat unterwegs waren.[139] Darüber hinaus erinnern sich fast alle Frauen an regelmäßige Besuche in ihren Heimatländern, wie Maria Brauner etwa, die jährlich nach Spanien zurückkehrte,[140] oder Giuseppa Lo Presti, die erzählt, jedes Jahr auf Sizilien gewesen zu sein, schließlich sei ihr »Herz immer da unten«.[141]

Doch trotz dieser häufigen Besuche waren sich die Migrantinnen bewusst, viele der wichtigen Anlässe in der Heimat wie Hochzeiten und Familienfeiern zu verpassen.[142] Während Frauen, die aus typischen Anwerbeländern kamen, in den Ferien oder an Feiertagen die Sonderzüge nutzen konnten, die die *Volkswagenwerk AG* für ihre ausländischen Arbeitnehmer und deren Familien organisierte,[143] waren diese Reisen in die Heimat für andere Frauen eine größere Herausforderung. Migrantinnen aus Lateinamerika zum Beispiel hatten mit den unterschiedlichen Jahreszeiten zu kämpfen und mussten längere Reisezeiten und teurere Transportmittel in Kauf nehmen.[144] Für andere Frauen waren Besuche in der Heimat aufgrund der dort herrschenden politischen Situation mitunter nur bedingt möglich. Niki Lippok erinnert beispielsweise, »fast jedes Jahr, bevor der jugoslawische Krieg angefangen hat, da sind wir jedes Jahr nach Griechenland gefahren«.[145] Ganz beiläu-

139 StadtA WOB, H. 3.21, Nr. 2, Marika Nedelkovski, S. 21.

140 StadtA WOB, H. 3.21, Nr. 5, Maria Teresa Martinez Alvarez Brauner, S. 9.

141 StadtA WOB, H. 3.21, Nr. 1, Giuseppa Lo Presti, S. 11.

142 Ebd.

143 Siehe dazu StadtA WOB, B.1.2, Nr. 16626, Arbeitskreis ausländische Arbeitnehmer, Brief von Joachim Lömker an Oberstadtdirektor Balk, 15.2.1969, S. 3. Einige der Frauen erinnern sich daran, mit diesen Sonderzügen zurück nach Spanien gereist zu sein. Siehe StadtA WOB, H. 3.21, Nr. 5, Maria Teresa Martinez Alvarez Brauner.

144 StadtA WOB, H. 3.21, Nr. 4, Rita Görlitz-Burfeindt, S. 15.

145 StadtA WOB, H. 3.21, Nr. 26, Niki Lippok, S. 13.

fig erwähnt sie die Jugoslawienkriege in den 1990er Jahren,[146] die eine Reise nach Griechenland erschwerten beziehungsweise phasenweise unmöglich machten.

Die Aussage Niki Lippoks deutet bereits an, dass sich die Heimatländer dieser Frauen in den Jahren ihres Aufenthalts in Deutschland stark verändert haben. Ergänzend zu ihrem Hinweis auf die Jugoslawienkriege erinnert sich auch Marika Nedelkovski, die aus dem ehemaligen Jugoslawien emigriert war:

> Wir sind auch, bevor [der jugoslawische] Krieg ausgebrochen ist, [über] Zagreb [...] die Küste entlang bis nach Montenegro und da waren wir immer zehn Tage und [haben] schönen Urlaub gemacht. Dann sind wir nach Mazedonien gefahren. Es war schön da, [der] Urlaub. Das Meer sah man fast jedes Jahr, bis der Krieg ausgebrochen ist, dann nicht mehr.

Sie fährt fort:

> Klar, wir konnten auch in keinen Urlaub fahren. Natürlich. Nein, man fährt nicht, wo [...] geschossen wird, in den Urlaub, aber sonst [hat man davon nichts gemerkt], gar nicht so richtig. [...] Ja, natürlich, wenn man sich da versammelt, dann redet man auch darüber. Aber Politik? Nein. Na ja, ab und zu mal. Man redet aber nicht viel. Nein, trink mal einen Slivovitz jetzt und dann ist alles gut.[147]

Diese Passage unterstreicht nicht nur erneut, wie sehr die Besuche in der Heimat zur jährlichen Routine gehörten, sondern zeugt auch davon, als in Deutschland lebende Emigrantin trotz persönlicher Betroffenheit keinen Einfluss auf die Situation in der Heimat gehabt zu haben, was oftmals mit einem Gefühl der Hilflosigkeit einherging. Dies kommt auch in Erinnerungen von Niki Lippok zum Ausdruck, als sie davon erzählt, wie sie auch während der Militärdiktatur Griechenland besucht haben:[148]

146 Siehe dazu Baker, The Yugoslav Wars of the 1990s.

147 StadtA WOB, H. 3.21, Nr. 2, Marika Nedelkovski, S. 15–17. Slivovitz ist ein »plum spirit, commercially and privately produced in Eastern and Central Europe«, siehe Mlekuž, Slivovitz and Everyday Nationalism, S. 1.

148 Griechenland war von 1967 bis 1974 eine Militärdiktatur, nachdem das Militär einen Staatsstreich gegen die vormals zivile Regierung durchgeführt hatte. Nalbadidacis, Geburtshelfer der Demokratie; Anastasakis/Lagos, The Greek Military Dictatorship.

> Und wir [...] [mussten] da natürlich dann zur Polizei gehen und [...] uns anmelden, was wir sonst nicht gemacht haben. Wir haben schon gemerkt, dass da was nicht in Ordnung war. Natürlich hat mich das dann auch mitgenommen, das hat mir nicht gefallen.[149]

So offenbaren die Interviews häufig, wie die migrierten Frauen die politischen Veränderungen in ihren Heimatländern wahrnahmen. Dies zeigt sich besonders im Oral-History-Interview mit Rosario Westphal, die erklärt, wie sich ihr Heimatland Spanien unter dem faschistischen Franco-Regime, das das Land vom Ende des Bürgerkrieges 1939 bis 1975 beherrschte, verändert habe.[150] Sie erinnert sich an ihre Besuche in Spanien während dieser Zeit:

> Wir waren im Baskenland und da habe ich das [die Repression] schon auch mitbekommen, weil wir hatten auch Verwandte, die waren gewerkschaftlich organisiert, auch die waren ständig im Gefängnis [...]. Und wenn wir da gesessen haben, erzählt haben, dann hieß es dann auch »jetzt Themawechsel«, »nicht, wenn der oder die dabei sind«. Also da wurde schon wirklich aufgepasst oder auch die Jalousien runtergezogen, wenn man dann über bestimmte Themen geredet hat. Also das habe ich dann schon mitbekommen.[151]

Zum einen unterstreicht gerade diese Erinnerung die bedeutenden Veränderungen, die in den Heimatländern vieler Frauen während des hier untersuchten Zeitraums eingetreten sind. Sie zeigt zum anderen aber auch, wie wenig die im Ausland lebenden Frauen es aus ihrem Leben in Deutschland gewohnt waren, Angst und Verfolgung zu erleben, weshalb sie auch nicht mit dem in solchen Situationen angemessenen Verhalten vertraut waren.

Dass die Frauen, nachdem sie mehrere Jahrzehnte im Ausland gelebt hatten, oft begannen, sich von ihrem Herkunftsland zu distanzieren, und der Wunsch, dorthin zurückzukehren, immer geringer wurde, zeigt sich besonders in der Geschichte von Angeliki Katsaros, die sich an die Situation in Griechenland erinnert: Es sei »eine böse Zeit« gewesen, »ängstlich und so weiter. Und dadurch ist unser Verlangen, wieder zurückzugehen, weg.«[152] In einer ähnlichen Weise beschreibt

149 StadtA WOB, H. 3.21, Nr. 26, Niki Lippok, S. 16.

150 Die Diktatur war geprägt von Repression und Gewalt gegen als sozialistisch eingeschätzte Menschen, siehe dazu Collado Seidel, Ideologie, Herrschaft und Gewalt in Spanien unter Franco.

151 StadtA WOB, H. 3.21, Nr. 6, Rosario Westphal, S. 22f.

152 StadtA WOB, H. 3.21, Nr. 25, Angeliki Katsaros, S. 13.

auch Sylvia Mosur ihr heutiges Verhältnis zu Polen: »Ich spreche ja die Sprache des Landes, ich bin ja kulturell mit dem Land verbunden, mich verbindet ja mit dem Land was, aber zur Zeit [...], wir haben das Jahr 2022, identifiziere ich mich mit dem Land überhaupt nicht mehr. [...] Das, was dort passiert, ist für mich ein NoGo.«[153] Sie spielt damit auf den politischen Rechtsruck seit Anfang der 2000er Jahre an. Dieser manifestierte sich in der Gründung der Partei *Prawo i Sprawiedliwość*, zu Deutsch »Recht und Gerechtigkeit«, durch die Brüder Lech und Jarosław Kaczyński. Diese führte zu einer Radikalisierung der polnischen Politik, die sich in der zunehmenden Beschneidung der Bürgerrechte ebenso zeigt wie im Hochhalten traditioneller Werte, etwa im Abtreibungsverbot, das im Oktober 2020 beschlossen worden ist.[154]

Anschließend an die vorangegangene Diskussion darüber, wie diese Frauen die Verbindung zu ihrer Heimat aufrechterhalten haben, untersuche ich im zweiten Teil dieses Kapitels Praktiken, mit denen die Migrantinnen versuchten, wenigstens ein Stück ihrer Heimat nach Wolfsburg zu bringen. Der Fokus der Analyse liegt dabei besonders auf der Bedeutung ethnischer Netzwerke und migrantischer Organisationen für die Aufrechterhaltung kultureller Praktiken. Dass die Gründung kultureller Vereine keine Besonderheit von Migrantinnen und Migranten in Wolfsburg war und bereits von Zeitgenossinnen wie Zeitgenossen für den bundesdeutschen Kontext beobachtet worden ist, zeigt der folgende Auszug aus dem Vorschlag einer Gewerkschaft zur Gründung eines internationalen Ausschusses für Ausländer:

> Gegenwärtig ist es üblich, daß sich die in der Bundesrepublik Deutschland lebenden und arbeitenden ausländischen Arbeitnehmer in einzelnen nationalen Gruppen zusammenfinden. Das gibt den ausländischen Arbeitnehmern der jeweiligen Nation die Möglichkeit, ihre Gewohnheiten aus den Heimatländern wie: Sprache, Festlichkeiten an nationalen Feiertagen u.ä. zu pflegen.[155]

Die Existenz dieser Vereine hing jedoch maßgeblich davon ab, wie viele Ausländerinnen und Ausländer einer bestimmten Nationalität – oder Provinz, wie das Beispiel der zahlreichen italienischen Vereine in Wolfsburg zeigt – in einer Region ansässig waren. Wie in Kapitel 1.2 bereits aufgezeigt wurde, bildete die italienische Community die größte

153 StadtA WOB, H. 3.21, Nr. 3, Sylvia Mosur, S. 15.

154 Siehe dazu Mulder, The Revolt against Liberalism.

155 AdsD – IG Metall 5/IGMA170941, Überlegungen für ein Internationales Ausländer Komitee (IAK), Jahreszahl o.A.

ausländische Gruppe in Wolfsburg. In Bezug auf die Herkunftsländer der hier betrachteten Migrantinnen zeigt die Grafik 2, dass sich die jeweiligen ethnischen Gruppen auch im Jahr 1973 noch deutlich in ihrer Größe unterschieden:[156]

Grafik 2: Anzahl der Ausländerinnen und Ausländer in Wolfsburg nach Herkunftsland, 1973

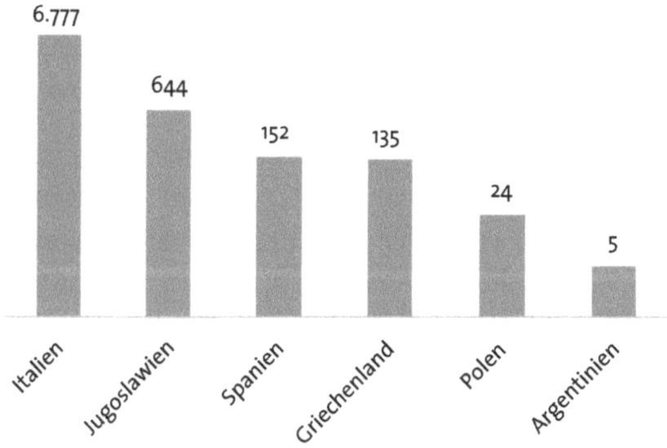

Quelle: Eigene Darstellung aus StadtA WOB, B.1.2, Nr. 3999, Ausländerstatistik, Band 2/2

Dass ein erheblicher Teil von ihnen auf kein ethnisches Netzwerk in der Stadt zurückgreifen konnte, wird in einigen Aussagen der Frauen deutlich. So stellt Rita Görlitz-Burfeindt fest, es habe zwar in Finnland und Schweden größere lateinamerikanische Netzwerke gegeben, insbesondere aus Chile, in Deutschland dagegen und besonders in Wolfsburg hätten diese lange nicht existiert, insbesondere nicht für Exilargentinierinnen und -argentinier.[157] Auch für den spanischen Kontext erklärt Rosario Westphal: »Also hier in Wolfsburg gab es ja ganz, ganz

156 Die Grafik ist mit einer logarithmischen Skala dargestellt. Angela Ziemann ist erst 1979 nach Wolfsburg gekommen und wird daher in dieser Statistik nicht gezählt.

157 StadtA WOB, H. 3.21, Nr. 4, Rita Görlitz-Burfeindt, S. 32. Siehe zum politischen Exil und den diasporischen Gemeinschaften der Chilenen Wright/Oñate Zúñiga, Chilean Political Exile. 1973, ein Jahr vor der Ankunft von Rita Görlitz-Burfeindt in der Bundesrepublik, lebten exakt 2.487 Chilenen im Exil in Westdeutschland. Ihre Zahl stieg bis 1989 auf 6.135. Es bildeten sich auch kulturelle Zentren, so in Münster und Berlin. Wolfsburg war eher kein Ziel für sie. Siehe Wojak/Holz, Chilenische Exilanten in der Bundesrepublik Deutschland, S. 175 und 183.

wenige Spanier. Ja, ja, wir kannten uns alle. Aber es war nicht so wie bei den Italienern beispielsweise […], die viele Vereine haben. Das gab es bei uns nicht.« Das änderte sich jedoch im Laufe der Zeit, als auch die kleineren Minderheiten begannen, ihre eigenen Kulturvereine zu gründen. So fährt Westphal fort:

> Damals hatten wir ja da den Verein gegründet, weil wir wollten so einen Freundeskreis gründen. Und ah, der Name, also ich war nicht dafür, aber wir haben es dann alle demokratisch entschieden. Wir nannten uns *Lateinamerikanisch-Spanisch-Deutscher Freundeskreis.*[158]

Es lohnt, an dieser Stelle die Erzählperspektive näher zu betrachten: Während die meisten Erinnerungen der Frauen in persönlicher Form ausgedrückt werden, verwenden sie häufig die erste Person Plural, wenn sie über diese ethnischen Netzwerke sprechen, was auf eine gemeinschaftliche Perspektive hindeutet. Ganz offenbar schufen diese ethnischen Netzwerke ein Zugehörigkeitsgefühl, indem sie Traditionen bewahrten und eine Heimat in der Ferne boten. Die Bedeutung dieser Verbände für die einzelnen Migrantinnen und ihre unterstützende Funktion wird besonders deutlich, wenn Niki Lippok feststellt:

> Wir haben die griechische Gemeinde gehabt seit Jahren, und da haben wir wieder eine Heimat gefunden. Jedenfalls, ich. Und dann war alles dann nicht mehr so schwer. Man hat sich getroffen. Einmal monatlich haben wir uns getroffen bei der griechischen Gemeinde, wir haben schöne Ausflüge gemacht, ich habe auch schöne Bilder, und so habe ich mich dann auch heimisch gefühlt, war nicht mehr so alleine. Ich konnte meine Sprache […] sprechen. Das war sehr wichtig. […] Und das ist sehr wichtig für mich, dass ich das Griechische nicht verloren [habe].[159]

Diese Situation ist indes keine Besonderheit der Frauen, die nach Wolfsburg gekommen sind, sondern eine allgemeinere Erfahrung von Migrantinnen, wie Helen Kims Studie über koreanische Frauen zeigt, die zur gleichen Zeit nach Deutschland immigrierten. Sie argumentiert: »In looking at these new constructions of ›home‹, we see how it is constructed locally, and grounded through diasporic practices of emplacement and belonging.«[160] Neben ihrer wichtigen Rolle bei der Schaffung

158 StadtA WOB, H. 3.21, Nr. 6, Rosario Westphal, S. 23.

159 StadtA WOB, H. 3.21, Nr. 26, Niki Lippok, S. 25.

160 Kim, Making Homes Here and Away; siehe auch Foner, The Immigrant Family, S. 963.

eines Heimatgefühls boten diese Vereine auch eine Möglichkeit, Elemente der Heimatkultur an die in Deutschland geborene zweite Generation weiterzugeben. Bei Marika Nedelkovski war die intensive Partizipation im mazedonischen Verein eng mit ihrem Wunsch verbunden, ihren Kindern Elemente ihrer Kultur nahezubringen: »Wo die Kinder klein waren, haben [wir] Folklore getanzt und so richtig, damit sie auch die Heimatkultur kennenlernen. [...] Sie sollten auch ein bisschen kennenlernen, [...] wo die Wurzeln herkommen.«[161]

Abgesehen von diesen beiden Funktionen – der Community-Bildung und der Weitergabe kultureller Praktiken an die nächste Generation – boten diese Vereine den Frauen aber auch die Möglichkeit, sich sozial zu engagieren. Rosario Westphal beispielsweise erklärt: »Also habe ich da mitgewirkt, ganz viel sogar. [...] Irgendwann mal war ich auch Vorstandsvorsitzende.«[162] Äußerst dankbar für diese Gemeinschaft, erinnert sich auch Angeliki Katsaros: »Das Tollste ist, dass wir eine griechische Gemeinde haben, [in der] wir auch von Anfang an Mitglied sind. [...] Und dann, vier Jahre später, habe ich [...] die Kasse übernommen und alles, was Organisation ist.«[163] Und auch Giuseppa Lo Presti denkt mit Stolz an ihre eigene Teilnahme im Sizilianischen Verein zurück: »Dann haben wir alle mitgemacht, zum Beispiel, wenn Essen vorzubereiten war oder gebacken [werden sollte], weil ich backe gerne, muss ich sagen, und deswegen dann haben wir so angefangen mit den Verein was zu tun zu haben und dann sind wir mit den Leuten miteinander gekommen, das ist immer mein Ziel gewesen.«[164] In den genannten Beispielen wird die entscheidende Rolle sichtbar, die die Frauen häufig für die Schaffung eines Gemeinschaftsgefühls in diesen Vereinen spielten.

Die Aussage von Rita Görlitz-Burfeindt, ihr Kulturverein sei von der Stadt Wolfsburg unterstützt worden,[165] wird durch einen Bericht des Ausländerbeirats aus dem Jahr 1976 gestützt, in dem es heißt: »Die finanzielle und ideelle Förderung von ausländischen Vereinigungen in Wolfsburg gehört zu den besonderen Anliegen der Stadt. Sie soll in erster Linie den Emanzipationsprozess der ausländischen Mitbürger beschleunigen.«[166] Diese Positionierung deutet zum einen darauf hin, dass

161 StadtA WOB, H. 3.21, Nr. 2, Marika Nedelkovski, S. 14.
162 StadtA WOB, H. 3.21, Nr. 6, Rosario Westphal, S. 23f.
163 StadtA WOB, H. 3.21, Nr. 25, Angeliki Katsaros, S. 8.
164 StadtA WOB, H. 3.21, Nr. 1, Giuseppa Lo Presti, S. 28.
165 StadtA WOB, H. 3.21, Nr. 4, Rita Görlitz-Burfeindt, S. 14.
166 StadtA WOB, B.1.2, Nr. 6658, Ausländerreferat, Bilanz der Tätigkeit des Ausschusses für Ausländerangelegenheiten und des Referats für Ausländerangelegenheiten, 16.9.1976, S. 4.

sich die kommunalen Integrationsbemühungen während des Untersuchungszeitraums durchaus veränderten. Zum anderen betont es, wie sehr die Integration der Migrantinnen und Migranten in die deutsche Gesellschaft mit ihrer Herkunftskultur verbunden war und wie sie diese mit nach Wolfsburg brachten. Dies betrifft vor allem zwei Aspekte: zunächst einmal ganz basal die Verbreitung von Informationen über das jeweilige Heimatland und damit verbunden die Verbreitung kultureller Praktiken, angefangen mit Gerichten über Musik und Tänze bis hin zu anderen Sprachen. Sodann zeigt es die Fähigkeit der migrantischen Communities, ihr lokales Umfeld zu verändern, wie bereits in der Einleitung aufgezeigt worden ist.[167] Giuseppa Lo Presti beispielsweise betont, auf welch vielfältige Art und Weise die Italienerinnen und Italiener ihren Lebensstil nach Wolfsburg gebracht und Nachbarn wie Bekannte in ihre kulturellen Praktiken eingeführt haben: »Wir haben immer [ein] volles, volles Haus. [...] Das haben wir aus Sizilien mitgebracht; und wir machen Pizza. Wir backen, wir grillen, wir erzählen, wir tanzen, wir machen. Na, na, für mich ist das so, wenn ich zusammen mit den Leuten bin, ich bin glücklich.«[168] Angeliki Katsaros führt darüber hinaus aus, dass sich diese kulturellen Transferprozesse auch über den privaten Bereich hinaus in einem größeren gesellschaftlichen Rahmen ereignet haben:

> Und wir haben auch hier in Wolfsburg gewisse Kulturen [...] gebracht. Denn da in den Kaufhäusern gab es außer dicken Makkaroni und für die Suppe die Buchstaben keine anderen. Heute kannst du die ganze Welt hier kaufen und so weiter. Und darum haben wir kein so großes Heimweh, weil alles da ist.[169]

Dadurch, dass sie bestimmte Elemente aus ihrer alten Heimat mitbrachten, sowohl materielle Produkte als auch Gewohnheiten und eine bestimmte Lebensweise, trugen sie mit den oben genannten Praktiken dazu bei, den Trennungsschmerz zu lindern und Wolfsburg mehr und mehr als neue Heimat zu akzeptieren.

Aus mehreren Interviews geht jedoch hervor, dass die Sehnsucht nach dem Heimatland trotz aller Bemühungen um die Aufrechterhaltung ihrer Heimatkultur nicht vollständig überwunden werden konnte. Niki Lippok etwa erklärt: »Aber trotzdem, die Sehnsucht nach zu Hause und Griechenland blieb ganz groß. [...] Ja, die Sehnsucht nach meiner Hei-

167 Siehe hierzu Širbegović, Shift the City, insbesondere S. 142.
168 StadtA WOB, H. 3.21, Nr. 1, Giuseppa Lo Presti, S. 28.
169 StadtA WOB, H. 3.21, Nr. 25, Angeliki Katsaros, S. 22.

mat ist natürlich geblieben und bleibt auch immer noch.«[170] Ähnlich äußert sich auch Giuseppa Lo Presti wiederholt: »Ich bin gerne in Sizilien. Gerne, gerne, gerne.«[171] Ihre Aussage und besonders die dreifache Repetition unterstreichen dabei nicht nur ihre Sehnsucht nach der Heimat, sondern weisen auch darauf hin, welche Bedeutung die lokale Herkunft für die Migrantinnen und Migranten hat, die oft wichtiger ist als ihre nationale Identität. Deren Selbstbeschreibungen müssen demnach nicht unbedingt mit den Zuschreibungen seitens der Mehrheitsgesellschaft übereinstimmen. Die große Bedeutung Siziliens für das Selbstverständnis von Giuseppa Lo Presti spielt gerade dann eine besondere Rolle, wenn ihre Aussage mit den Beschreibungen ihrer Rassismuserfahrungen verglichen wird. Wie in Kapitel 3.3 erörtert, empfand sie die rassistischen Äußerungen, die sie vernahm, als Angriff auf »uns Italiener«.[172] Identität ist demnach alles andere als statisch, sondern passt sich an aktuelle Situationen an. Zudem zeigt die Passage, wie diskriminierende Handlungen dazu führen können, dass sich Personen mit Beschreibungen identifizieren, die Außenstehende ihrer Gruppe zuweisen.[173]

Obgleich die Migrantinnen mit der Gründung von und aktiven Teilhabe an kulturellen Vereinigungen darauf hinwirkten, ihren Kindern eine intensive Verbindung zu ihren Heimatländern zu ermöglichen, gelang dies bei Weitem nicht immer. Dies wird beispielsweise aus den Worten von Angeliki Katsaros deutlich, die darauf hinweist, ihre griechische Gemeinde bestehe größtenteils aus Angehörigen ihrer Generation: »Wir sind alt geworden und unsere zweite und dritte Generation hat nicht [das] Interesse [für die] Heimat. Für die ist [...] [ihre] Heimat Wolfsburg.«[174] Wie Léa Pessin und Bruno Arpino in ihrer soziologischen Studie herausgefunden haben, ist der »context of origin [...] strongly associated with first-generation [...], while the relationship with the origin becomes weak and statistically insignificant for second-generation immigrants and child migrants.«[175] Dies zeigt sich in einigen der Interviews, besonders in jenen mit Frauen in binationalen Ehen, die oftmals bedauern, dass ihre Kinder ihre Muttersprache nicht fließend sprechen. Rita Görlitz-Burfeindt er-

170 StadtA WOB, H. 3.21, Nr. 26, Niki Lippok, S. 13.

171 StadtA WOB, H. 3.21, Nr. 1, Giuseppa Lo Presti, S. 12.

172 Ebd., S. 23.

173 Siehe zu diesem Punkt Sala, Selbstverortung von Italienern in der »Gastarbeiterära«, S. 235; ders./Wöhrle, Fremdheitszuschreibungen in der Einwanderungsgesellschaft zwischen Stereotypie und Beweglichkeit.

174 StadtA WOB, H. 3.21, Nr. 25, Angeliki Katsaros, S. 20.

175 Pessin/Bruno, Navigating between two Cultures, S. 982.

innert sich: »Die Sprache haben sie [ihre Kinder] immer gehört, aber spätestens, als sie in die Schule kamen, und [da] war [es] ein bisschen schwierig, das zusammenzukriegen, also Deutsch und Spanisch. [...] Deutsch war für sie ihre Sprache.«[176] Und auch Niki Lippok erzählt:

> Das ist wieder ein Punkt, wo ich sehr traurig bin. Die [Kinder] können Lesen und Schreiben und Verstehen, aber richtig Sprechen nicht. Weil ich konnte damals selber nicht Deutsch. Also die haben den Dialog gebraucht. Ich habe sie in eine griechische Schule geschickt, die sind jahrelang hingegangen und mein Mann auch. Aber der Dialog hat gefehlt zu Hause. Ich habe mit denen Griechisch gesprochen und die haben auf Deutsch geantwortet und irgendwann habe ich genug gehabt und hab' ich gesagt: »Das mache ich nicht mehr mit. Entweder lerne ich richtig Deutsch jetzt und die Kinder auch. Oder lassen wir es.« Aber das tut mir weh, wenn wir, wo ich in Griechenland war und ja, die Kinder konnten das nicht – da habe ich mich richtig geschämt. Also eine Griechin, die den Kindern kein Griechisch beigebracht hat, das ist keine Griechin.[177]

Diese Passage verdeutlicht die Enttäuschung und den Schmerz, den viele Migrantinnen empfinden, wenn es der zweiten Generation nicht gelingt, ihr sprachliches oder kulturelles Erbe fortzuführen. Sie unterstreicht zudem, die Weitergabe der Kenntnisse der eigenen Sprache sei für diese Frauen auch eine Frage des Stolzes – ein Phänomen, das auch bei Griechinnen in anderen Diaspora-Ländern, etwa in Großbritannien, zu beobachten ist.[178] Darüber hinaus deutet das Zitat darauf hin, dass Niki Lippok sich bewusst dafür entschieden hat, kein Griechisch mehr zu sprechen, um sich stattdessen auf die Verbesserung ihrer eigenen Deutschkenntnisse zu konzentrieren. Dies geschah auch mit der Zielsetzung, sich besser in die deutsche Gesellschaft integrieren zu können, was wiederum ihr Bestreben widerspiegelt, dauerhaft zu bleiben. Rosario Westphal (Abb. 8), die mit ihren Kindern in einer ähnlichen Situation war, hat sich dagegen anders entschieden:

> Ich habe immer mit meinen Kindern Spanisch gesprochen. [...] Aber ich habe sie jetzt nicht mit aller Gewalt gezwungen, dass die auf Spanisch antworten und so mit dem Schreiben und so weiter, habe ich gedacht, das kommt alles noch. Und der andere, der andere, der

176 StadtA WOB, H. 3.21, Nr. 4, Rita Görlitz-Burfeindt, S. 16.

177 StadtA WOB, H. 3.21, Nr. 26, Niki Lippok, S. 19.

178 Evergeti, Notions of »Home« and Belonging, S. 112.

Abb. 8: Rosario Westphal (geb. Martínez Font) zusammen mit ihrer Schwester in der Wohnung auf dem Laagberg, 1967

> wollte mal, als er so acht, neun war, der wollte, der wollte überhaupt kein Spanisch reden. Und ich: »Okay, du kannst ruhig auf Chinesisch antworten, ich rede weiter Spanisch.« Und dann … Also die sind mir natürlich total dankbar.[179]

Ganz offenbar war es für sie ein schwieriger Weg, ihren Kindern ihre Sprache zu vermitteln, stieß sie doch wiederholt auf erheblichen Widerstand seitens ihrer eigenen Kinder. In binationalen Familien spielt zudem oft eine große Rolle, dass der deutsche Partner die Sprache seiner zugewanderten Ehepartnerin nicht erlernt, was dazu führt, dass zu Hause hauptsächlich Deutsch gesprochen wird. Das zeigt sich in den Erzählungen von Rosario Westphal: »Na ja, ich habe ja auch den Fehler gemacht, dass ich dann immer alles an mich gerissen habe, indem ich immer gedolmetscht habe. Ja, er [ihr Ehemann], er brauchte das

179 StadtA WOB, H. 3.21, Nr. 6, Rosario Westphal, S. 28.

dann auch nicht [die spanische Sprache lernen].«[180] Doch gab es auch Frauen, die ihre Kinder in ihr Heimatland schickten, damit sie dort die Sprache richtig lernen, wie etwa Maria Brauner, die sich erinnert: »Aber wir mochten nicht, dass sie so halb spricht.«[181]

Die in dieser Analyse sichtbar werdende Bedeutung der deutschen Sprache im täglichen Leben deutet bereits an, was im dritten Teil dieses Kapitels verstärkt untersucht werden wird: Wie Wolfsburg im Laufe der Jahre zu ihrer neuen Heimat wurde. Zu Beginn ihrer Migration planten die meisten der Frauen, nach einigen Jahren wieder in ihre Heimatländer zurückzukehren. Das zeigt sich zum Beispiel bei Angela Ziemann, die offen zugibt: »Für mich war es nie ein Ziel, hierzubleiben.«[182] Stattdessen habe sie ihrem Bruder versprochen: »Nö, ich mache meine Ausbildung dort und komme als fertige [Krankenschwester zurück].«[183] Vor allem die Frauen, die als angeworbene Arbeitskräfte migrierten, verließen ihre Heimatstädte im Glauben, nach einem Jahr wieder zurückzukehren, sobald ihre Verträge ausgelaufen wären. Marika Nedelkovski erinnert sich noch an ein Gespräch mit ihren Eltern vor ihrer Abreise: »Ich habe gesagt: ›Ja, ein Jahr.‹ Habe ich nur gesagt: ›Ich bleibe ein Jahr, mehr nicht.‹«[184] Neben dieser ursprünglichen Absicht, einmal zurückzukehren, veranlassten auch die ersten Erfahrungen und Begegnungen in Deutschland viele dazu, eine Abreise in Betracht zu ziehen. Marika Nedelkovski etwa erzählt weiter: »Nach zwei, drei Wochen wollte ich zurück«, habe ihr doch das Essen nicht geschmeckt, und mit der Sprache klappte es auch nicht, da habe sie gesagt, »ich möchte wieder zurück«.[185] Und auch Niki Lippoks Erinnerung daran, wie sie sich fühlte, als sie darüber nachdachte, einen deutschen Mann zu heiraten, offenbart, wie schwer sie sich mit ihrer Entscheidung tat, die ja auch implizierte, in Deutschland zu bleiben: »Das [die Heirat mit diesem Mann] heißt, ich musste, ja, ich musste hierbleiben und das war damals nicht so, ich war nicht so begeistert.«[186]

Dieses Zitat zeigt auch, wie der ursprüngliche Gedanke an eine baldige Rückkehr mehr und mehr verblasste und Wolfsburg zu ihrer Lebensrealität wurde: Eine Stadt, in der die Frauen gut integriert waren,

180 Ebd., S. 29.
181 StadtA WOB, H. 3.21, Nr. 5, Maria Teresa Martinez Alvarez Brauner, S. 13.
182 StadtA WOB, H. 3.21, Nr. 27, Angela Ziemann, S. 10.
183 Ebd., S. 25.
184 StadtA WOB, H. 3.21, Nr. 2, Marika Nedelkovski, S. 7; ähnliches gilt für Maria Brauner, StadtA WOB, H. 3.21, Nr. 5, Maria Teresa Martinez Alvarez Brauner, S. 9.
185 StadtA WOB, H. 3.21, Nr. 2, Marika Nedelkovski, S. 23.
186 StadtA WOB, H. 3.21, Nr. 26, Niki Lippok, S. 10.

wo sie Freunde gefunden, eine Familie gegründet, sich ein neues Umfeld, eine neue Heimat geschaffen haben. Dies wird zum Beispiel erkennbar, wenn Giuseppa Lo Presti erzählt: »Ich konnte [mir] mein Leben, wie gesagt, ohne meinen Mann hier nicht mehr vorstellen. Früher schon, früher. Na ja, aber danach, mit der Zeit, ich finde das schön.«[187] Die Interviews deuten dabei auf mehrere Gründe hin, warum diese Frauen beschlossen, in Wolfsburg zu bleiben. Zunächst einmal wurde eine mögliche Rückkehr immer schwieriger, da der Kontakt zu den Menschen in der Heimat kontinuierlich an Intensität verlor. Angeliki Katsaros etwa beschreibt die Situation wie folgt:

> Jetzt ist [es] zu spät, zurück zu gehen. Wir haben keine …, die alten Freunde, die sind alt. Man kennt sich nicht, man ist entfremdet. Wir sind zwar jedes Jahr da [hin] gefahren, aber hatten wir keine Zeit. Die Eltern da und dann [sind] wir auch bisschen rumgereist und [haben] Badeurlaub gemacht und plötzlich waren die vier, fünf Wochen weg und wir mussten zurück. Keine Zeit, [Kontakte] weiter zu entwickeln.[188]

Ein weiterer Grund, warum der Gedanke an eine Rückkehr immer weniger attraktiv wurde, war der Grad ihrer Integration in Wolfsburg und die engen Beziehungen zu Freunden, die sie im Laufe der Jahre aufgebaut hatten. Maria Brauner zum Beispiel erklärt: »Diesen Wunsch hatte ich nicht, weil wir haben hier neue Freunde, Deutsche und Südamerikaner, Spanier. Wir haben hier unser Leben.«[189] Ein dritter, entscheidender Faktor für das dauerhafte Bleiben war für viele Frauen die Entscheidung, einen deutschen Mann zu heiraten, was auch im Interview von Maria Brauner deutlich wird: »Meine Schwester hat da auch einen deutschen Mann kennengelernt. Da war [es] vorbei [mit dem Wunsch], nach Spanien zu ziehen. […] Aber dadurch, dass wir deutsche Männer gefunden haben, sind wir hiergeblieben.«[190] Und schließlich äußert eine beträchtliche Anzahl von Frauen ähnliche Gefühle wie Giuseppa Lo Presti: »Meine Familie ist jetzt hier in Wolfsburg.«[191] Selbst eine Familie gegründet, in vielen Fällen bereits Enkelkinder zu haben, hat viele dazu bewogen, Wolfsburg zu ihrem neuen Lebensmittelpunkt zu machen. Der Begriff der Heimat steht dabei in

187 StadtA WOB, H. 3.21, Nr. 1, Giuseppa Lo Presti, S. 22.
188 StadtA WOB, H. 3.21, Nr. 25, Angeliki Katsaros, S. 12.
189 StadtA WOB, H. 3.21, Nr. 5, Maria Teresa Martinez Alvarez Brauner, S. 18.
190 Ebd., S. 9.
191 StadtA WOB, H. 3.21, Nr. 1, Giuseppa Lo Presti, S. 22.

vielen Erzählungen im Vordergrund, wenn sich beispielsweise Niki Lippok erinnert: »Und dann langsam habe ich mich auch heimisch gefühlt. [...] Ich bin da auch sehr gut integriert. [...] Ich bin sehr gerne da. Ich habe sehr gute Freunde, Nachbarn. Ja, ich bin einfach glücklich da. [...] Ich fühle mich einheimisch hier.«[192] Oder wenn Giuseppa Lo Presti mit Nachdruck äußert: »Das ist jetzt hier meine Heimat, muss ich sagen.«[193]

Wie bereits erwähnt, haben diese Frauen bestimmte Entwicklungen in ihren Heimatländern nicht miterlebt. Gleichzeitig erlebten sie jedoch einige der bedeutendsten Veränderungen in der deutschen Zeitgeschichte und Gesellschaft, was auch ihr Gefühl der Zugehörigkeit zu und ihr Wissen über die Bundesrepublik intensivierte. Angeliki Katsaros erinnert sich zum Beispiel mit großer Begeisterung: »Wir haben gesehen, wo [die] Mauer gebaut [worden] ist. Wir haben gesehen, wo die Mauer gebaut [worden] ist.« Sie sei »Zeugin« gewesen, als »die Mauer« errichtet worden sei, und sie »war dabei, am 9. November«, als die Mauer fiel. Schließlich konstatiert sie: »Also ich war [bei] vielen Sachen dabei gewesen.«[194] Die dreifache Wiederholung weist dabei auf die Bedeutung hin, die das Miterleben eines so wesentlichen Ereignisses der deutschen Geschichte für ihr Selbstverständnis der Zugehörigkeit zu dieser Nation hatte. In ähnlicher Weise erinnert sich Niki Lippok daran, im Laufe der Jahre große Veränderungen in Wolfsburg miterlebt zu haben:

> Mit den Italienern zum Beispiel und die Stadt war richtig in Aufschwung. Wo wir damals [...] gekommen sind, da war *Hertie*[195] noch nicht da [...]. Überhaupt Busbahnhof, VW-Werk, da war alles wie ein Feld, da war gar nichts. Wenn man so heute bedenkt, was alles passiert ist, also [das] war richtig ein Wunder.[196]

Angeliki Katsaros, die ja noch vor der ersten Welle der Italiener nach Wolfsburg gekommen ist, erinnert sich an den Aufruhr, der damals in der Stadt war: »Und das war ein Erlebnis. Die ganze Stadt war auf den

192 StadtA WOB, H. 3.21, Nr. 26, Niki Lippok, S. 8 und 13.

193 StadtA WOB, H. 3.21, Nr. 1, Giuseppa Lo Presti, S. 32.

194 StadtA WOB, H. 3.21, Nr. 25, Angeliki Katsaros, S. 21 f.

195 Das Kaufhaus *Hertie* wurde tatsächlich bereits am 18. November 1960 eröffnet, baute aber nur langsam seine Abteilung für italienische Lebensmittel aus, worauf sie sich wahrscheinlich bezieht. Siehe dazu »Ein trauriger Tag für Wolfsburg. Vor zehn Jahren schloss Hertie«, in: Wolfsburger Allgemeine vom 27. August 2013.

196 StadtA WOB, H. 3.21, Nr. 26, Niki Lippok, S. 12. Interessant ist hier der bewusste oder unbewusste Bezug auf das ›Wirtschaftswunder‹.

Beinen. Sie wollten unbedingt die Leute sehen.«[197] Diese Erinnerung verdeutlicht einmal mehr, welche Bedeutung die Erinnerungen dieser Migrantinnen und Migranten für das Verständnis einer Sozialgeschichte der jungen Bundesrepublik haben. Oder, um Katsaros' eigene Worte zu verwenden: »Was [diese Migrantinnen und Migranten] in Wolfsburg erlebt habe[n], das ist Geschichte.«

Wie der Historiker Ulrich Herbert bereits hervorgehoben hat, ist »der Entschluß, im Land zu bleiben, [...] nicht schon gleichbedeutend mit ›Integration‹. Er signalisiert jedoch die Bereitschaft des Einwanderers, den Status als Fremder ganz oder teilweise, schnell oder langsam aufzugeben.«[198] Ihre Entscheidung, langfristig in Wolfsburg beziehungsweise Deutschland zu bleiben, wirkte sich auch auf die Identität dieser Frauen aus, wie sich in einigen ihrer Aussagen zeigt, so zum Beispiel, wenn Niki Lippok erklärt: »Aber ich bin, wie gesagt, mehr deutsch geworden als Griechin, dann später.«[199] Oder wenn Giuseppa Lo Presti selbstbewusst behauptet: »Jetzt bin ich eine Deutsche.«[200] Leider erwähnt nur eine der Frauen den Erwerb der deutschen Staatsbürgerschaft, während die anderen dieses Thema in ihren Interviews nicht ansprechen. Da für diese Arbeit allein Sekundärinterviews verwendet wurden, konnte hier nicht tiefergehend nachgeforscht werden. Darüber hinaus zeigt dieser Punkt, dass die Frage der formalen Einbürgerung für das Selbstverständnis der Frauen und die Erzählung ihrer Lebensgeschichte weniger wichtig ist als die eigene Wahrnehmung, gut integriert zu sein und sich im Laufe der Jahre immer »deutscher« gefühlt zu haben. Dies wird besonders in Familien sichtbar, in denen verschiedene Nationalitäten vertreten sind und Deutsch das verbindende Element bleibt, wie im Fall von Rosario Westphal:

> Ganz, inzwischen also das ist wirklich so eine Multikulti-Familie. Ich weiß jetzt nicht, ob das hierfür interessant ist, aber ich finde das wirklich so toll. Meine Kinder sind spanisch und dann deutsch. Die fühlen sich natürlich auch hauptsächlich deutsch, aber der eine hat [eine] halbasiatische Frau geheiratet und der andere hat eine Tunesierin geheiratet. Und so werden bei uns in der Familie mehrere Sprachen gesprochen. Mehrere, ja, kulturelle Eigenarten auch. Aber

197 Hier und im Folgenden StadtA WOB, H. 3.21, Nr. 25, Angeliki Katsaros, S. 6f.

198 Herbert, Geschichte der Ausländerpolitik in Deutschland, S. 341.

199 StadtA WOB, H. 3.21, Nr. 26, Niki Lippok, S. 19.

200 StadtA WOB, H. 3.21, Nr. 1, Giuseppa Lo Presti, S. 23.

> die Hauptsache ist eigentlich doch immer, immer Deutsch, weil wir leben ja hier.[201]

Diese Situation, in der einige Aspekte der Heimatkultur beibehalten werden (dürfen), während gleichzeitig die Bereitschaft besteht, bestimmte Elemente der Aufnahmegesellschaft zu übernehmen, könnte auch als ›die perfekte Integration‹ bezeichnet werden. Zudem spiegelt sie wider, was Kim für die Integration koreanischer Frauen in Deutschland herausgefunden hat, dass Migrationsprozesse nicht zwangsläufig zu einer Dichotomie von einer ausbleibenden Integration oder einer vollständigen Assimilation führen. Sie argumentiert vielmehr, diese Frauen würden ihre eigene gemischte Identität konstruieren und damit »the messier, heterogenous and alternative ways through which belonging is constructed« ausdrücken.[202]

In diesem Kapitel wurde erörtert, dass auch nach jahrzehntelangem Leben in Wolfsburg für die interviewten Frauen die Beziehung zu ihren Heimatländern von großer Bedeutung war und noch heute ist. Die verschiedenen Kulturvereine, in denen sie sich engagiert haben und oftmals immer noch engagieren, haben dabei eine wichtige Rolle gespielt, da sie ihnen ein Gefühl der Zugehörigkeit und Gemeinschaft in der Fremde vermittelten. Zwar war die Gründung migrantischer Vereinigungen schon immer zentral in Migrationsprozessen, da der Rückbezug auf Bekanntes immer zum Integrationsprozess gehört,[203] und ist damit weder spezifisch für die analysierten Lebensgeschichten der Wolfsburger Migrantinnen noch für die Situation in der ›Volkswagenstadt‹. Dennoch liefert die Analyse interessante Ergebnisse. So haben die Frauen in diesen Vereinen verschiedene Aufgaben übernommen, die in hohem Maße dazu beigetragen haben, ein unterstützendes Umfeld für ihre Familien zu schaffen und ihren Integrationsprozess zu fördern. Darüber hinaus hat sich die Stadt Wolfsburg für die Unterstützung dieser Vereine und die Stärkung der migrantischen Gemeinschaften eingesetzt. Schließlich hat die Analyse dieser Vereine die Transferprozesse – von Wissen und Gewohnheiten, aber in vielen Fällen auch von Geld und zumindest für kürzere Zeiträume von Menschen – hervorgehoben, die durch diese Kulturvereine zwischen der entsendenden und der aufnehmenden Gesellschaft stattfinden. Diese »Transnationalisierung der Lebenswelten«,

201 StadtA WOB, H. 3.21, Nr. 6, Rosario Westphal, S. 7.

202 Kim, Making Homes Here and Away.

203 Siehe etwa Pries, (Grenzüberschreitende) Migrantenorganisationen als Gegenstand der sozialwissenschaftlichen Forschung.

wie sie der Migrationsforscher Pascal Goeke genannt hat,[204] erklärt, wie die Beziehung dieser Frauen zu nur einem nationalen Kontext, nämlich ihrem Herkunftsland, an Bedeutung verlor, während neue und flexible Identitäten entstanden, die es ihnen ermöglichten, beide Kulturen auf einzigartige Weise zu kombinieren.

204 Goeke, Transnationale Migrationen, S. 337.

4 Emanzipation: »Ich bin stolz auf mich«

4.1 »Ich war ganz alleine.« Einzelschicksale

Viele Frauen erfüllt ihr erfolgreicher Migrationsprozess und die Erkenntnis, die verschiedensten Herausforderungen ihres Lebens gemeistert zu haben, im Rückblick mit Stolz. Eine der Erzählungen, in denen dieser Stolz eine besondere Rolle spielt, ist die von Angela Ziemann (Abb. 9), die dabei an ihre Schulzeit zurückdenkt:

> Ich weiß nur einmal, in einem Bus, wir sind immer mit dem Bus nach Hause gefahren von der Schule und da haben wir immer untereinander gesprochen. »Was willst du machen? Wo willst du gerne leben?« Und ich habe einfach gesagt, ich würde gerne in Deutschland leben. Und da hat einer gelacht: »Hahaha, da kommst du nie hin …« Und jetzt bin ich hier ganz lange.[1]

Dieser Ausschnitt macht nicht nur deutlich, wie lange sie schon den Gedanken hegte, nach Deutschland zu gehen, sondern zeigt vor allem, wie stolz sie darauf ist, sich diesen Traum erfüllt zu haben. Darüber hinaus finden sich in ihrer Erzählung immer wieder Anzeichen für eine andere Art von Stolz: ein Stolz, der sie davon abhielt, ihre Familie um finanzielle Unterstützung zu bitten; ein Stolz, der sie dazu antrieb, alles aus eigener Kraft schaffen zu wollen; ein Stolz, der sie dazu brachte, trotz aller Herausforderungen in Deutschland zu bleiben. Sie benennt diesen Stolz auch ganz klar, wenn sie an verschiedenen Stellen wiederholt: »Weil ich auch sehr stolz war« oder »mein Stolz war auch sehr, sehr groß«.[2] Es stellt sich die Frage, ob die Erinnerung daran, zu stolz gewesen zu sein, um Hilfe anzunehmen, im Umkehrschluss auch den Stolz auf die eigenen Leistungen bedingt. Mit anderen Worten: Ist es notwendig, eine erfolg-

1 StadtA WOB, H. 3.21, Nr. 27, Angela Ziemann, S. 21.
2 Ebd., S. 10 und 25.

Abb. 9: Angela Ziemann, Mitte der 1980er Jahre

reiche Integrationsgeschichte zu formulieren, um zu beweisen, es in der Tat aus eigener Kraft und ohne Hilfe geschafft zu haben?

Ähnlich und doch etwas anders ist die Geschichte verlaufen, die Niki Lippok erzählt. Auch wenn ich eingangs argumentiert habe, dass es bei den Emanzipationsprozessen dieser Frauen nicht in erster Linie um die Befreiung aus patriarchalen Strukturen gegangen sei, spielt dieser Aspekt für einige der Frauen nichtsdestotrotz eine Rolle. Wiederkehrende Topoi im Interview mit Niki Lippok sind etwa männliche Dominanz und traditionelle Geschlechterrollen, die es ihr anfangs erschwerten, eigene Entscheidungen zu treffen. Diese zeigen sich beispielsweise daran, dass sie nach ihrer Ankunft in der Bundesrepublik nicht bei ihrem Freund in München bleiben durfte, sondern zu ihrem Bruder nach Wolfsburg ziehen musste, damit dieser sie ›beaufsichtigen‹ konnte. Ihr traditioneller Hintergrund spiegelt sich noch deutlicher in der familiären Reaktion auf ihre Heirat mit einem deutschen Mann wider: »Wie gesagt, ich habe auch Schwierigkeiten mit meinen Geschwistern gehabt, weil die wollten nicht, dass ich einen Deutsche heiraten möchte, dass ich in Deutschland bleibe.«[3] Dass sie die Heirat dessen ungeachtet vollzog, zeigt, wie sie sich mehr und mehr von den durch die Männer ihrer Familie aufgestellten Regeln emanzipierte. Dies zeigt sich auch in den neuen Fähigkeiten, die sie nach ihrer Migration nach Deutschland erlernte, die sie in Griechenland nicht hat erlernen dürfen: »Ich habe schwimmen gelernt. Dabei [habe] ich direkt am Meer gewohnt. Da konnte ich noch nicht richtig schwimmen. Habe hier Fahrrad gelernt, weil ich zu Hause nicht Fahrrad fahren durfte. Weil es verboten war für Frauen, für Mädchen. Das war, wenn man heute bedenkt, so was Dummes.«[4] Der nachgeschobene Zusatz verdeutlicht dabei, wie unvorstellbar ihr diese frühere Realität im Rückblick erscheint.

Dennoch muss hier die scheinbar direkte Korrelation zwischen Emigration nach Westeuropa und daraus resultierender Emanzipation etwas relativiert werden, gilt es doch, ihr junges Alter zum Zeitpunkt ihrer Emigration zu berücksichtigen, war sie damals doch erst 16 Jahre alt. Somit ist davon auszugehen, dass zumindest die Entscheidung, sie zu ihrem Bruder nach Wolfsburg zu schicken, auch ein Mittel zum Schutz der minderjährigen Tochter gewesen sein könnte. Neben dieser Emanzipationsthematik ist ein zweiter wiederkehrender Aspekt ihrer Geschichte, der sich vielleicht sogar aus dem ersten ergibt, ihr Wunsch nach Unabhängigkeit und Selbstständigkeit – ganz ähnlich dem in Angela Ziemanns Interview zum Ausdruck gebrachten Stolz. Lippok erinnert sich: »Ich habe keine Unterstützung von meinen Geschwistern bekommen, weil ich wollte es auch nicht.«[5] Sodann ist eines der wichtigsten Themen in ihrer Erinnerung an die ersten Tage in Deutschland das Gefühl von Einsamkeit: »Mein Bruder hat ein Zimmer gemietet an der […] Gleisstraße. Und da habe ich ein Zimmer bekommen und dann war ich da ganz alleine. […] Der Bruder hat gearbeitet […] und der hat natürlich auch nicht so viel Zeit für mich gehabt.« Von dieser Zeit erzählt sie wie folgt:

> Und ich weiß, ich kann mich erinnern, dass ich, ich habe Angst [gehabt], rauszugehen. Also das waren wirkliche Ängste. Jedenfalls, ich habe mich getraut nach paar Tagen. Ich bin rausgegangen bis zum *Kaufhof* und zurück, denn ich habe Angst gehabt, dass ich irgendwie verloren gehe. Und ich wusste gar nicht, wie ich die Leute ansprechen soll, um wieder das Haus zu finden. Kann man sich das

3 StadtA WOB, H. 3.21, Nr. 26, Niki Lippok, S. 12.

4 Ebd., S. 21.

5 Hier und im Folgenden ebd., S. 8 und 7.

> vorstellen? Also das war für mich sehr schlimm. Ich habe das [als] sehr schlimm empfunden damals. Dumm eigentlich. Na ja, ich habe mich getraut, da bin ich bis am. Wie heißt das wieder? Dieses, diese an der Berufsschule die Straße, bis dahin bin ich gegangen und wieder zurück.[6]

Diese Passage unterstreicht nicht nur, wie verzweifelt sie sich fühlte und wie schwierig es für sie war, nicht unabhängig zu sein, sondern zeigt auch, wie sich ihre Erzählung in eine Geschichte der Überwindung dieser Angst und der Wiedererlangung ihres Selbstvertrauens verwandelt. Retrospektiv waren es für sie

> schwere Jahre, waren das am Anfang, aber gute Jahre. Ja, so ist die Zeit vergangen: Ich kam mit 16 und jetzt bin ich fast 80. So ist die Zeit vergangen und war [eine] schöne Zeit, schlechte Zeit, wie es so ist im Leben. Aber ich bin glücklich hier.[7]

Einerseits war die Emigration für sie demnach ein Weg, sich von den traditionellen Geschlechternormen und den vorgegebenen Entscheidungen ihrer Familie zu emanzipieren. Andererseits war die Migrationserfahrung aber auch ein individueller Weiterentwicklungsprozess, in dem sie ihre eigenen Fähigkeiten entdeckte, Ängste überwand und erkannte, dass sie sogar die herausforderndsten Situationen, mit denen sie konfrontiert war, meistern konnte.

Eine weitere dieser Erfahrungen von *Empowerment* teilt Rosario Westphal, die ihre Migrationserfahrung vor allem als eine Geschichte über persönliches Wachstum, steigendes Selbstvertrauen und zunehmende Anerkennung der eigenen Fähigkeiten erzählt. Sie erinnert sich, während ihrer Schul- und Ausbildungszeit mehrmals an ihren eigenen Fähigkeiten gezweifelt zu haben, sich nicht sicher gewesen zu sein, ob sie die Prüfungen schaffen würde, und dann immer wieder überrascht gewesen zu sein, sie doch bestanden zu haben: »Und dann hatte ich zu meinem Erstaunen die Prüfung geschafft. [...] Ja, und dann habe ich diese Prüfung gemacht in Braunschweig. Und [da] war ich auch wieder erstaunt, dass ich sie geschafft hatte.«[8] Ähnlich wie bei Niki Lippok und Angela Ziemann geht es auch bei ihr um den eigenen Stolz, das Streben nach Unabhängigkeit und den Wunsch, es aus eigener Kraft zu schaffen. Sie erinnert sich: »Ich durfte [in der Schule] von meinen Mit-

6 Ebd., S. 7.
7 Ebd., S. 14.
8 Hier und im Folgenden StadtA WOB, H. 3.21, Nr. 6, Rosario Westphal, S. 5 f.

schülern abgucken und das wollte ich nicht. Ich wollte das alles irgendwie selber machen [...]. Ich war da ziemlich ehrgeizig.«

Ein weiteres Interview, in dem zweifelsohne eine weitere Emanzipationsgeschichte erzählt wird, ist das mit Giuseppa Lo Presti.[9] Ihre Migrationserfahrung beginnt mit dem wiederkehrenden Narrativ der Einsamkeit, wenn sie sich an ihre ersten Jahre in Deutschland erinnert, was in Aussagen wie dieser sichtbar wird: »Dann habe ich Zwillinge gekriegt. Ich war ganz alleine, muss ich sagen. Ganz alleine.«[10] Die wiederholte Erwähnung des Alleinseins – insgesamt erwähnt sie ihre Einsamkeit während des Interviews 26-mal – unterstreicht nicht nur, wie schwierig es für sie war, mit ihren Zwillingen alleine in einem fremden Land gewesen zu sein, in dem sie die Sprache noch nicht beherrschte, sondern weist auch auf einen Mangel an Selbstvertrauen hin, den sie aufgrund der fehlenden Sprachkenntnisse und des Gefühls der zunächst scheinbar verlorenen Unabhängigkeit erlebte:

> Damals war [es] nicht so, zum Beispiel für mich, ich gehe in die Stadt, ich gehe Kaffeetrinken oder Eis essen. Nein, damals war das nicht. Das ist immer mit der Zeit gekommen, deswegen, aber. Aber die ersten paar Monate, paar Monate, die waren schlimm. Schlimm, weil ich alleine war. Mein Mann, er musste sowieso arbeiten.[11]

Sie erzählt aber auch, wie sie durch ihre Erfahrungen zunehmend selbstständiger wurde: Sie war stolz darauf, den ersten Lebensmitteleinkauf alleine bewältigt zu haben,[12] stolz auf sich selbst, als sie endlich ihre Nachbarn zum Kaffee einlud und damit neue Freundschaften initiierte,[13] stolz darauf, den Integrationsprozess geschafft zu haben,[14] und vor allem stolz darauf, wie sie ihre Zwillinge allein in einem fremden Land großgezogen hat.[15] Das Hauptnarrativ ihrer Lebensgeschichte, das sie insgesamt sechsmal wiederholt, lautet daher: »Ich bin stolz auf mich, muss ich sagen. [...] Wenn ich zurückdenke, was ich geschafft habe.« Die daraus resultierende Erkenntnis »Ich bin da. [...] [I]ch bin wich-

9 Siehe dazu auch Vizzari, »Eine Reise ins Ungewisse«.

10 StadtA WOB, H. 3.21, Nr. 1, Giuseppa Lo Presti, S. 7.

11 Ebd., S. 26.

12 Ebd., S. 25.

13 Ebd., S. 19.

14 »Ich bin von einem kleinen Dorf, ich bin nähergekommen, ich habe die Sprache nicht gekannt oder die Leute [...]. Wie gesagt, ich denke, ich habe mich gut integriert.« StadtA WOB, H. 3.21, Nr. 1, Giuseppa Lo Presti, S. 22 und S. 10.

15 Hier und im Folgenden ebd., S. 22.

tig«[16] spiegelt dabei eindeutig ein neues Selbstvertrauen wider. Sie zeigt auch, dass sie ihr Umfeld, ihre Bedeutung für die Familie und auch für die Gemeinschaft, in die sie immigriert ist, anerkennt. Bei der kritischen Betrachtung dieser eindeutig positiven Bewertung ihres eigenen Migrationsprozesses und der Stärkung, die sie dadurch erfahren hat, sollte indes bedacht werden, dass dieses positive Narrativ auch als eine Art Rechtfertigung für ihre Migration dienen könnte, da es ihr eine Position der Macht und Handlungsfähigkeit verschafft, wenn sie auf eine Zeit zurückblickt, in der sie sich machtlos, ängstlich und von anderen abhängig fühlte.

Im Gegensatz zu diesen Erinnerungen vor allem aus dem individuellen und familiären Leben ist die Geschichte, die Angeliki Katsaros von ihrer Migration erzählt, in erster Linie eine Geschichte der beruflichen Emanzipation: »Ich habe jedes Jahr Fortbildungen gemacht, ein Diplom nach dem anderen. Ich war wer.«[17] Diese *Empowerment*-Erzählung durch ihre berufliche Laufbahn zeigt nicht nur, wie stolz sie darauf ist, ihre Qualifikationen stets erweitert zu haben, sondern vor allem, wie viel es ihr bedeutete, als jemand anerkannt zu werden, der gut in seinem Feld ist und anderen dadurch Hilfe leisten kann. Der Beruf wurde für sie zu einer Möglichkeit, Akzeptanz und Respekt als Frau wie auch als Migrantin zu gewinnen. Auch ihr soziales Engagement bei der Unterstützung von Krebspatientinnen vermittelte ihr das Gefühl, gebraucht zu werden und Menschen zu helfen, was sie mit Stolz erfüllt: »Also habe ich sehr viel für die Krebspatienten getan und bin darauf stolz.«[18]

4.2 »Ich habe [die Migration] nicht bereut.« Geteilte Erfahrungen

Bevor im Folgenden versucht wird, aus diesen Einzelschicksalen bestimmte verbindende Erkenntnisse abzuleiten, muss zunächst der Begriff der Emanzipation etwas genauer betrachtet werden. Das oft reproduzierte Narrativ eines »Modernitätsdefizits«,[19] das in Kapitel 2.4 bereits diskutiert worden ist, bezieht sich häufig speziell auf Migrantinnen. Dabei gilt es zu bedenken, dass sich im Laufe des Untersuchungszeitraums die westdeutsche Einstellung zur Frauenberufstätigkeit nach

16 Ebd., S. 10.

17 StadtA WOB, H. 3.21, Nr. 25, Angeliki Katsaros, S. 13.

18 Ebd., S. 6.

19 Borgmann, Von der Anwerbung zur Anerkennung, S. 278.

und nach änderte. Während die Berufstätigkeit von Frauen in den späten 1950er Jahren noch gesellschaftlich alles andere als erwünscht war und berufstätige Migrantinnen und ihre Kinder in öffentlichen Debatten nicht selten marginalisiert wurden,[20] hat sich die gesellschaftliche Position zur Frauenerwerbstätigkeit zu Beginn der 1970er Jahre drastisch gewandelt. Die Vereinbarkeit von Beruf und Familie entwickelte sich zum neuen Ideal, nicht zuletzt, da auf diese Weise die Konsummöglichkeiten der Familie gesteigert werden konnten.[21] Resultierend daraus stieg die Quote der erwerbstätigen bundesdeutschen verheirateten Frauen von 26,4 Prozent im Jahr 1950 auf 48,3 Prozent im Jahr 1980 an.[22] Wie Monika Mattes darlegt, »standen [nun] weniger berufstätige Mütter als vielmehr Hausfrauen im erwerbsfähigen Alter unter Rechtfertigungsdruck«.[23] In der Forschung findet sich daher häufig das, was Birgit Rommelspacher »Befreiungspathos« nennt, nämlich die Annahme, Migrantinnen würden überwiegend aus traditionellen und patriarchalischen Kulturen kommen und ihre Position innerhalb ihrer Familien durch den Kontakt mit westlichen Gesellschaften automatisch verbessern, indem sie mehr Freiheit erlangen.[24] Wie Mirjana Morokvašić, eine der Pionierinnen der Forschung zu Migrantinnen, bereits kritisiert hat, betonen viele Wissenschaftlerinnen und Wissenschaftler damit zusammenhängend, dass Migrantinnen sich gerade durch ihre Erwerbstätigkeit emanzipiert hätten und die Lohnarbeit daher als »ein Geschenk der westlichen Gesellschaften an die Frauen der europäischen Peripherie und der Dritten Welt« gedeutet werden könne.[25] In der Folge lag der Fokus der Medien in den 1960er/1970er Jahren auf ausländischen Hausfrauen, die nicht so emanzipiert waren wie deutsche Frauen, die als modern und berufstätig galten.[26] Diese drastische Veränderung zeigt sich besonders in den Forschungsarbeiten von Stokes, die argumentiert:

20 Siehe für den Wandel der Sichtweise auf Migrantinnen in Deutschland Huth-Hildebrandt, Das Bild von der Migrantin.

21 Mattes, Ambivalente Aufbrüche, S. 217.

22 Ebd., S. 223; Westphal, Arbeitsmigrantinnen im Spiegel westdeutscher Frauenbilder, S. 19.

23 Mattes, Ambivalente Aufbrüche, S. 222.

24 Rommelspacher, Feminismus und Islam, S. 129. Siehe für diesen Kritikpunkt an der bisherigen Forschung die Ausführungen in Morokvašić, Jugoslawische Frauen, S. 18; Stokes, Fear of the Family, S. 8.

25 Morokvašić, Jugoslawische Frauen, S. 20.

26 Siehe dazu etwa Czycholl, Bilder des Fremden, S. 10.

> The study's statement that foreign wives could only emancipate themselves with the permission of their husbands had in fact been literally true of West German women until 1976, when a marriage law reform finally deleted the provision stating that a married woman needed her husband's permission to work outside of the home. An entire twelve months later, West Germany evidently no longer had any women confined to the role of the housewife against their will. Now foreign women who did not work were reinterpreted as signs of a culture that oppressed the undifferentiated »Mediterranean woman«.[27]

Hierbei ist die häufige »Gleichsetzung von *Migrantin* mit *türkischer Frau*« zu bedenken, infolge derer sich dieses Narrativ oft auf türkische Migrantinnen bezieht, die aufgrund ihrer islamischen Religionszugehörigkeit in westlichen Ländern oft als unterdrückt wahrgenommen werden.[28] Die Tatsache, dass es in Wolfsburg während des Untersuchungszeitraums lediglich eine sehr geringe Anzahl türkischer Migrantinnen und Migranten gab und dieses Narrativ daher noch weniger auf den vorliegenden Fall zutrifft, unterstreicht die Notwendigkeit, die Vielfalt der damaligen Migrantinnen und Migranten stärker in den Blick zu nehmen. Wie Christine Huth-Hildebrandt in ihrer Untersuchung über das Bild der Migrantin in der deutschen Forschung betont, muss die in den 1980er Jahren weit verbreitete Wahrnehmung der Migrantin als Opfer patriarchaler Unterdrückung im ökonomischen Kontext dieser Zeit gelesen werden:

> Diese Thematisierung der Lebensbedingungen von Migrantinnen fand zu einem Zeitpunkt statt, als die Arbeitsplätze in der Bundesrepublik knapp geworden waren und Massenentlassungen anstanden. Durch die Setzung der *Not der Migrantin als Opfer privater Beziehungsstrukturen* konnte von der Migrantin als *Opfer ökonomischer Veränderungen* abgelenkt werden.[29]

Diese Narrative einer erfolgreichen Emanzipation von Migrantinnen durch die Partizipation am westdeutschen Arbeitsmarkt sowie die An-

27 Stokes, Knowledge about the »Migrant Woman«.

28 Huth-Hildebrandt, Das Bild von der Migrantin, S. 114f., Hervorhebung im Original. Siehe hierzu besonders Chin, Turkish Women, West German Feminists, and the Gendered Discourse on Muslim Cultural Difference, sowie Rommelspacher, Feminismus und Islam.

29 Huth-Hildebrandt, Das Bild von der Migrantin, S. 116, Hervorhebung im Original.

nahme, das Leben in Westeuropa habe diesen Frauen automatisch mehr Freiheiten eröffnet, als sie in ihren Heimatländern gehabt haben, sind aus wenigstens zwei Gründen zu hinterfragen. Zum einen lassen sich Migrantinnen, wie die Pädagogikprofessorinnen Leonie Herwartz-Emden und Manuela Westphal festgestellt haben, nicht mit dem westlichen Emanzipationsideal messen, weil ihre Lebenskonzepte nicht unbedingt Modernitätsideen und der Dichotomie von Traditionalismus und Emanzipation folgen.[30] Zweitens muss bedacht werden, dass diese Frauen aus einer Vielzahl von Ländern und Familienzusammenhängen emigrierten, wobei einige aus einem eher liberalen Umfeld stammten, während andere einen eher konservativen Hintergrund hatten. Huth-Hildebrandt betont in diesem Zusammenhang etwa, dass »Jugoslawien [...] zu dieser Zeit das einzige Emigrationsland mit einer institutionalisierten Gleichstellung der Geschlechter [war], die schon im Lande selbst eine erhöhte Erwerbstätigkeit der Frauen zur Folge gehabt hatte«.[31] Daraus folgt die Notwendigkeit, die Lebensgeschichten der einzelnen Frauen genauer zu untersuchen, wie sie selbst ihre jeweilige Situation und die Veränderungen bewerten, die sie durch ihre Migration erlebten.[32] In diesem Kontext wird Emanzipation daher nicht als rein feministischer Begriff verstanden, der sich auf das Ausbrechen aus traditionellen Geschlechterrollen und patriarchalischer Unterdrückung bezieht,[33] sondern vielmehr als individueller Entwicklungsprozess. Er umfasst darüber hinaus auch den Bewußtwerdungsprozess, eigene Erfahrungen und Entscheidungen machen zu können, sowie die Bedeutung, die eigenen Fähigkeiten anzuerkennen. Denn eines ist ganz klar: Die meisten Geschichten, die diese Frauen erzählen, handeln von der stolzen Rückschau auf überwundene Herausforderungen.

Vor diesem Kontext finden sich in ihren Geschichten neben den eben aufgezeigten bewegenden individuellen Entwicklungen auch einige geteilte Emanzipationserfahrungen. Allen diesen Frauen ist etwa ge-

30 Herwartz-Emden/Westphal, Arbeitsmigrantinnen aus der Türkei in der Bundesrepublik Deutschland, S. 16.

31 Huth-Hildebrandt, Das Bild von der Migrantin, S. 84.

32 Morokvašić, Jugoslawische Frauen, S. 28; dies., Frauen in der Migration, S. 20.

33 Als ein Beispiel für eine solche Definition: »[P]rocess, strategy and myriad efforts by which women have been striving to liberate themselves from the authority and control of men and traditional power structures, as well as to secure equal rights for women, remove gender discrimination from laws, institutions and behavioral patterns, and set legal standards that shall promote their full equality with men.« in: European Institute for Gender Equality, Glossary & Thesaurus, »Emancipation of Women«.

mein, dass sie die Ausdauer hatten, auch in schwierigen Zeiten durchzuhalten und nicht sofort die neuen Zelte in Wolfsburg abzubrechen. Alle von ihnen hatten darüber hinaus eine große Bereitschaft, zu lernen, zu wachsen und sich zu integrieren. Diese Widerstandsfähigkeit, die auch in anderen Forschungen zu weiblicher Migration immer wieder anklingt,[34] wird in ausnahmslos allen Erzählungen deutlich. Darüber hinaus gibt es spezifische Bereiche, in denen viele dieser Frauen *Empowerment* erfahren haben: Für einige, wie etwa für Angeliki Katsaros, waren es das Berufsleben, die besuchten Schulungen und die absolvierten formalen Ausbildungsstufen gleichermaßen, die eine Möglichkeit zur Emanzipation boten; für andere, wie Rita Görlitz-Burfeindt, waren es die Beziehungen, die ihnen ihr Job eröffnete: »Eine Möglichkeit, auch Kontakte zu knüpfen und nicht nur Kinder und Haushalt.«[35] Haushalt und Erwerbsarbeit gleichermaßen gemeistert zu haben, war ihnen in der Retrospektive ebenfalls häufig Anlass, mit Stolz auf das Geleistete zurückzublicken, so wie Maike Wöhler etwa mit Blick auf die griechischen Migrantinnen betont, »gerade am Beispiel der Vereinbarkeit von Familienarbeit und Beruf [zeige sich] die bedeutende, fortschrittliche Pionierarbeit der griechischen Gastarbeiterinnen«.[36]

In vielen Fällen erfüllte das soziale Engagement und das Gefühl, etwas Sinnvolles zu tun, die interviewten Frauen mit Stolz und bot ihnen die Möglichkeit, neue Freundschaften zu schließen und durch den individuellen Austausch persönlich zu wachsen. Manche von ihnen erfuhren gerade durch die Bewältigung persönlicher Herausforderungen Selbstbestätigung. Die meisten Frauen vermittelten in den lebensgeschichtlichen Interviews das Gefühl der Ermächtigung und des Stolzes, wenn sie erkannten, was sie während und mit ihrer Migration erreicht hatten. Dies gilt insbesondere für die Frauen, die vor ihrer Migration auf große Widerstände gestoßen sind. Schließlich besaßen einige von ihnen eine Beharrlichkeit, die sie daran hinderte, auch unter den widrigsten Umständen dem Wunsch nachzugeben, nach Hause zurückzukehren oder Hilfe zu suchen. Dieser Drang, ihren Angehörigen und sich selbst ihre Unabhängigkeit zu beweisen, motivierte sie, ihre Ziele eigenständig zu erreichen. Dass sie es geschafft haben, die Hindernisse zu überwinden, die sich ihnen in den Weg stellten, gab ihnen neues Vertrauen in ihre eigenen Fähigkeiten und erfüllte sie mit Stolz. Und genau das ist es, was hier mit Emanzipation und *Empowerment* gemeint ist.

34 Berger, Immigrant Women Tell Their Stories, S. 178.

35 StadtA WOB, H. 3.21, Nr. 4, Rita Görlitz-Burfeindt, S. 10.

36 Wöhler, »In Deutschland wartet das Paradies auf uns«, S. 187.

Wie Lisa Mazzi in ihrem wichtigen Buch über die Migration italienischer Frauen nach Deutschland feststellt, bewerten viele Migrantinnen ihre Migrationserfahrung positiv, »trotz der gebrachten Opfer und der Anpassungsschwierigkeiten«.[37] Es ist offensichtlich, wie sehr die Frauen in den dieser Studie zugrundeliegenden Oral-History-Interviews ihre Migration generell in einer positiven Art und Weise beschreiben, obwohl sie durchaus auch schwierige Momente erlebt haben. Angeliki Katsaros zum Beispiel führt aus: »Das erfüllt mein Leben und ich bin gar nicht traurig, dass ich damals ausgewandert bin durch die Liebe. Und wie ich sage, wir hatten eine sehr gute Zeit.«[38] Und auch Niki Lippok bekräftigt: »Ich habe es nicht bereut [auszuwandern]. Ich habe allerhand erlebt. Wenn ich dageblieben wäre, hätte ich nie so viel erlebt und ich hätte auch nicht so ein ›besseres‹ Leben gehabt. In Anführungsstrichen.«[39] Dass sie das Bedürfnis verspürt, die Formulierung »besseres Leben« in Anführungszeichen zu setzen, deutet auf die Schwierigkeiten hin, mit denen sie sich in dieser Zeit konfrontiert sah. Es könnte auch als ein subtiler Verweis auf die oben erwähnte Diskussion um die vermeintlich fehlende Modernität interpretiert werden: Auch wenn Deutschland oft als moderner und fortschrittlicher als die jeweiligen Herkunftsländer beschrieben wurde, war dort nicht unbedingt alles besser – nur eben anders. Vielleicht ist es genau dieses Anderssein und die daraus resultierenden neuen und einzigartigen Erfahrungen, die eine Emigration in ein anderes Land mit sich bringen, die Niki Lippok dazu bewegen, andere zu ermutigen, sich auf ihre eigene Migrationsreise zu begeben: »Und wenn [dir] einer sagt […], ›Ich will aus meiner Heimat nicht weg‹ oder ›Ich habe Angst‹. Aber wenn man weiß, dass man es dann ›besser‹ hat irgendwo im Ausland, soll man weg.«[40]

37 Mazzi, »Donne mobili«, S. 14.

38 StadtA WOB, H. 3.21, Nr. 25, Angeliki Katsaros, S. 7.

39 StadtA WOB, H. 3.21, Nr. 26, Niki Lippok, S. 14.

40 Ebd., S. 14.

Fazit

»Nichts Besonderes, aber es ist eben Geschichte.«[1] So beendet Niki Lippok die Schilderung ihrer Lebensgeschichte und hinterfragt damit die Aussagekraft ihrer eigenen Erinnerungen. Was sich darin offenbart, ist eine dritte Ebene, auf der Migrantinnen und ihre Geschichten *ungesehen* geblieben sind: Nicht nur wurden sie von der westdeutschen Aufnahmegesellschaft übersehen und ihre Erfahrungen von der historischen Migrationsforschung bis heute nicht umfangreich berücksichtigt, wie Monika Mattes im Eingangszitat dieses Buches konstatiert, sondern auch sie selbst haben die Bedeutung ihrer Geschichten für die bundesrepublikanische Migrationsgeschichte bislang übersehen. Der Gedanke, ihre Erfahrungen könnten tatsächlich von Interesse sein, auch und besonders für die Wissenschaft, erscheint den interviewten Frauen geradezu als abwegig.

Dabei haben diese Frauen im Laufe ihres Lebens bemerkenswerte Entwicklungen vollzogen. Obwohl sie sich wegen ihrer Ehepartner oder Familienangehörigen in Wolfsburg niederließen und oft Schwierigkeiten hatten, einen Arbeitsplatz zu finden, beschritten alle Frauen ihre eigenen Karrierewege und veränderten sich dadurch beruflich wie persönlich. Dies zeigt sich vor allem in ihrem Willen, eigene Entscheidungen zu treffen, sowie in ihrer Beharrlichkeit, persönliche Herausforderungen zu meistern. Doch trotz dieses Emanzipationsprozesses, der durch die positiven Erzählungen dieser Frauen über ihre Migration betont wird, sollte nicht vergessen werden, wie viele von ihnen immer wieder vor großen Herausforderungen standen – sei es in Form von rassistischem Verhalten ihnen gegenüber, durch Gefühle von Einsamkeit und Überforderung oder etwa der Frage, wie ein Leben zwischen zwei Welten gelingen kann. Ihre Ambitionen, sich in der Bundesrepublik zu integrieren, spiegeln sich vor allem in ihren Bemühungen wider, die deutsche Sprache zu erlernen, sowie in ihrer Be-

1 StadtA WOB, H. 3.21, Nr. 26, Niki Lippok, S. 14.

harrlichkeit und ihrem Stolz, unabhängig von ihren Familien zu bleiben und auf eigenen Beinen zu stehen. Vor allem aber zeigen sie sich in ihrer Integrationsbereitschaft, die insbesondere in dem recht überraschenden Befund zum Ausdruck kommt, dass selbst Frauen, die sich auf ein großes ethnisches Netzwerk in Wolfsburg stützen konnten – wie etwa die italienische Community – dennoch bestrebt waren, die Sprache zu erlernen und Kontakte zu Deutschen zu knüpfen. Viele von ihnen betonen daher auch die große Bedeutung interethnischer Beziehungen zu Deutschen und zu anderen Migrantinnen und Migranten, insbesondere durch die vielseitigen Frauengruppen, die sie gegründet oder besucht haben.

All ihre Geschichten unterstreichen die Vielfalt der Migration nach Westdeutschland während des hier untersuchten Zeitraums. Diese war eben nicht nur durch offiziell angeworbene männliche Arbeitskräfte geprägt, sondern bestand auch zu einem beachtlichen Anteil aus als Individualtouristen eingereisten Männern und eben Frauen. Und obwohl alle der hier betrachteten Frauen durch ihre Ehemänner oder Familienangehörige nach Wolfsburg gekommen sind, waren die meisten von ihnen keine Kettenmigrantinnen oder abhängige Migrantinnen, sondern migrierten eigenständig nach Deutschland und trafen ihre eigenen Migrationsentscheidungen. Darüber hinaus unterstreicht insbesondere die Vielfalt ihrer Lebensgeschichten und mitgebrachten Erfahrungen und Erwartungen die Notwendigkeit, die historische Erzählung und die stereotype und übergeneralisierte Wahrnehmung der »Gastarbeiter«-Migration als ein hauptsächlich wirtschaftliches Phänomen zu überdenken.

Die scheinbar individuellen Biografien dieser Studie ermöglichen dabei auch umfassendere, ja generellere Einblicke in die Erfahrungen vieler Migrantinnen. Dabei geht es etwa um die Frage, warum Frauen, die zunächst zögerten zu bleiben, sich schließlich doch dauerhaft niederließen.[2] Auch die Doppelbelastung durch die Berufstätigkeit und gleichzeitige Verantwortung für die Kinderbetreuung, von der einige Migrantinnen erzählen, und die damit zusammenhängende zentrale Rolle bei der Vermittlung zwischen alter und neuer Heimat finden sich in anderen Migrationszusammenhängen von Migrantinnen wider.[3] Außerdem sind Gefühle von Bedauern über den oftmals weniger intensiven Kontakt der eigenen Kinder zu ihrem Heimatland, besonders mit Blick auf

2 Sawahn, Carmen in der Keksfabrik.

3 Gruner-Domić, Lateinamerikanische Immigrantinnen in Deutschland, S. 292.

ihre Muttersprache, auch in anderen Untersuchungen zur Erfahrung von Migrantinnen zu finden.[4]

Ihre Migration in die »Männerwelt« Wolfsburg birgt aber auch Erfahrungen, die ihnen ganz eigen sind. Während westdeutsche Behörden etwa Schwierigkeiten hatten, die hohe Nachfrage nach ausländischen weiblichen Arbeitskräften zu befriedigen, sahen sich die Frauen, die nach Wolfsburg gekommen sind, mit einem Mangel an weiblichen Beschäftigungsmöglichkeiten konfrontiert. In diesem Zusammenhang überraschen die überwiegend positiven Narrative, die diese Frauen über ihre Erwerbstätigkeit entwickeln, während sie nur am Rande die Herausforderungen der Arbeitssuche oder der gleichzeitigen Verantwortung für die Kinderbetreuung erwähnen. Hier zeigt sich besonders, wie die oft als passiv und abhängig wahrgenommenen Migrantinnen in Wirklichkeit durchaus *Agency* in der Gestaltung ihres Berufslebens und ihrer Freizeit sowie in der Entwicklung ihrer Persönlichkeit entfalteten.

Da die bestehenden männerdominierten ethnischen Netzwerke für Frauen mit ihren spezifischen Fragen nicht immer hilfreich waren, schufen viele der Migrantinnen weibliche Netzwerke oder beteiligten sich an solchen, die nicht nur Hilfe bei der Arbeitssuche boten, sondern auch eine Form der emotionalen Unterstützung und Ermutigung bei individuellen Herausforderungen gewährten. Auch wenn die Mehrheit der Migrantinnen in Wolfsburg zwar, ähnlich wie im westdeutschen Kontext, in der Regel in »typischen Frauenbranchen« wie der Lebensmittel- oder Textilindustrie beschäftigt waren, haben einige der Frauen ihre Muttersprache zum Beruf gemacht oder waren selbstständig tätig. Hierin spiegelt sich zum einen der Mangel an anderen weiblichen Beschäftigungsmöglichkeiten in der »Käferstadt«, zum anderen zeigt sich darin die Eigeninitiative dieser Frauen, trotz aller Schwierigkeiten einen Arbeitsplatz zu finden. Zudem waren erstaunlicherweise einige Frauen auch bei *Volkswagen* beschäftigt, was unterstreicht, wie sich die klassische »Männerwelt«, wie Christine von Oertzen sie beschreibt, im Verlauf des Untersuchungszeitraums etwas aufweicht und vor allem auch das Automobilunternehmen damit begann, ausländische Frauen einzustellen.

Mit Blick auf die Ergebnisse dieser Studie und ihren Beitrag zur Migrationsgeschichte Wolfsburgs wäre es jedoch notwendig, die individuellen Erzählungen, die im Mittelpunkt dieser Analyse stehen, um eine intensivere Diskussion des Wolfsburger Migrationsregimes und

4 Pessin/Arpino, Navigating between Two Cultures; Evergeti, Notions of »Home« and Belonging, S. 112.

der kommunalen Integrationsmaßnahmen zu erweitern, die hier nur am Rande gestreift werden konnten. Daran ließe sich etwa, noch stärker als es hier möglich war, aufzeigen, welche bürokratischen Hürden diese Frauen zu nehmen hatten, aber auch, welche Unterstützung sie von Seiten der Stadt erhalten haben. Darüber hinaus würde eine umfangreichere Untersuchung der migrantischen Erfahrungen aus einer Gender-Perspektive die hier erzielten Ergebnisse bereichern. Besonders gewinnbringend wäre beispielsweise eine Kontrastierung der Geschichten dieser Frauen mit den Erzählungen männlicher Migranten, die zu einem ähnlichen Zeitpunkt immigrierten. Dabei geht es keineswegs darum, der weiblichen Perspektive ihre Relevanz abzusprechen. Im Gegenteil! Eine solche Gegenüberstellung würde illustrieren, wie unterschiedlich die Bedeutung ist, die Migranten und Migrantinnen ihren eigenen Lebensgeschichten und ihrem gesellschaftlichen Beitrag beimessen, und wie wichtig es daher ist, diese Frauen zu ermutigen, ihre Geschichten zu erzählen.

Eine Aussage wie die von Niki Lippok, mit der dieses Fazit eröffnet, verdeutlicht einmal mehr die Notwendigkeit, die Perspektiven von Migrantinnen anzuerkennen und ihre Erfahrungen in der deutschen Migrationsgeschichte abzubilden. So könnte den Frauen aufgezeigt werden, dass sie längst zu einem wichtigen Teil der Gemeinschaft geworden sind, in die sie immigriert sind, dass ihre Erfahrungen in der Tat etwas »Besonderes« sind. Es ist an der Zeit, dass Migrantinnen, ihre bewegenden Lebensgeschichten sowie der von ihnen geleistete Beitrag zur deutschen Gesellschaft und ihrer Geschichte endlich *gesehen* werden.

Quellen- und Literaturverzeichnis

Quellen

Archiv der sozialen Demokratie, Bonn (AdsD)
IG Metall 5/IGMA170941

Stadtarchiv Wolfsburg (StadtA WOB)
B.1.1, Nr. 600, Ausschuss für Ausländerangelegenheiten, Niederschriften (12/1976–02/1981)
B.1.2, Nr. 6650, Band 1
B.1.2, Nr. 6658, Ausländerreferat
B.1.2, Nr. 9437, Arbeitsvermittlung 64–72
B.1.2, Nr. 16626, Arbeitskreis ausländische Arbeitnehmer
H. 3.21, Nr. 1, Giuseppa Lo Presti (Italien)
H. 3.21, Nr. 2, Marika Nedelkovski (ehemaliges Jugoslawien)
H. 3.21, Nr. 3, Sylvia Mosur (Polen)
H. 3.21, Nr. 4, Rita Görlitz-Burfeindt (Argentinien)
H. 3.21, Nr. 5, Maria Teresa Martinez Alvarez Brauner (Spanien)
H. 3.21, Nr. 6, Rosario Westphal (geb. Martínez Font) (Spanien)
H. 3.21, Nr. 25, Angeliki Katsaros (Griechenland)
H. 3.21, Nr. 26, Niki Lippok (Griechenland)
H. 3.21, Nr. 27, Angela Ziemann (Bolivien)

Unternehmensarchiv Volkswagenwerk (VWU)
Autogramm. Volkswagen Aktiengesellschaft. Zeitung für die Werke Wolfsburg, Hannover, Braunschweig, Kassel/Baunatal, Emden und Salzgitter
69, Personalberichte
319, VW Information

Gedruckte Quellen

»400 Tunesier fühlen sich ›über die Ohren barbiert‹«, in: Wolfsburger Nachrichten vom 22. Februar 1977.
»Auch italienische Frauen möchten für VW arbeiten«, in: Wolfsburger Nachrichten vom 10. Juni 1970.
Gesetz zur Änderung des Mutterschutzgesetzes und der Reichsversicherungsordnung, Bundesgesetzblatt, Jahrgang 1965, Teil 1.
Kohl, Dr. Helmut, Bundeskanzler, Stenographische Berichte Bundestag vom 30. Januar 1991, S. 84.
»Komm, komm, komm – geh, geh, geh«, in: Der Spiegel, Nr. 43, vom 18. Oktober 1970.
»Mehr Wohnungen für Italiener-Familien«, in: Wolfsburger Nachrichten vom 5. Februar 1971.
»Penelope in der Fabrik«, in: Frankfurter Allgemeine Zeitung vom 23. Dezember 1961, Bilder und Zeiten, S. 6.
»Per Moneta«, in: Der Spiegel, Nr. 41, vom 6. Oktober 1964.
»Sie wollen sich ihrer eigenen Stärke bewußt werden«, in: Frankfurter Rundschau vom 20. Februar 1984.
»Stichtag. 21. Oktober 1961 – Erste Sendung der ARD für ›Gastarbeiter‹ startet«, online abrufbar unter https://www1.wdr.de/stichtag/stichtag6058.html [6.12.2023].
»Tunesier kommen als Gastarbeiter«, in: Wolfsburger Nachrichten vom 27./28. Juni 1970.
Weicken, Helmuth, »Anwerbung und Vermittlung italienischer, spanischer und griechischer Arbeitskräfte im Rahmen bilateraler Anwerbevereinbarungen«, in: Hessisches Institut für Betriebswirtschaft e.V. (Hg.), Ausländische Arbeitskräfte in Deutschland. Düsseldorf 1961, S. 9–43.
»Wünsche und Anregungen der Italiener stärker als bisher berücksichtigen«, in: Wolfsburger Nachrichten vom 4. März 1970.

Literatur

Abbasian, Saeid/Bildt, Carina, Empowerment through Entrepreneurship – A Tool for Integration among Immigrant Women? CISEG Working Papers Series 6, Jönköping International Business School, Centre for Innovation Systems, Entrepreneurship and Growth, 2009.
Abelshauser, Werner, Deutsche Wirtschaftsgeschichte seit 1945. Bonn 2004.
Abrams, Lynn, Oral History Theory. 2. Aufl. London/New York 2016.
Alba, Richard D./Nee, Victor, Remaking the American Mainstream. Assimilation and Contemporary Immigration. Cambridge 2003.

Alexopoulou, Maria, »Ignoring Racism in the History of the German Immigration Society. Some Reflections on Comparison as an Epistemic Practice«, in: Journal for the History of Knowledge, Jg. 2 (2021), H. 1, S. 1–13.

—, Deutschland und die Migration. Geschichte einer Einwanderungsgesellschaft wider Willen. Dietzingen 2020.

—, »Vom Nationalen zum Lokalen und zurück? Zur Geschichtsschreibung in der Einwanderungsgesellschaft Deutschland«, in: Archiv für Sozialgeschichte, Jg. 56 (2016), S. 463–484.

Amenda, Lars/Rass, Christoph, »Fremdarbeiter, Ostarbeiter, Gastarbeiter. Semantiken der Ungleichheit und ihre Praxis im ›Ausländereinsatz‹«, in: Kramer, Nicole/Nolzen, Armin (Hg.), Ungleichheiten im »Dritten Reich«. Semantiken, Praktiken, Erfahrungen. Göttingen 2012, S. 90–117.

Anastasakis, Othon/Lagos, Katerina (Hg.), The Greek Military Dictatorship. Revisiting a Troubled Past, 1967–1974. New York 2021.

»Angestellte und Arbeiterinnen/Arbeiter«, in: DBB Beamtenbund und Tarifunion (Hg.), Lexikon, online abrufbar unter https://www.dbb.de/lexikon/themenartikel/a/angestellte-und-arbeiterinnen-arbeiter.html [25.7.2023].

Artale, Rocco, Avanti! Vom Arbeitsmigranten zum Ehrenbürger. Hannover 2024.

Assmann, Jan, »Kollektives Gedächtnis und Kulturelle Identität« [1988], in: Obertreis, Julia (Hg.), Oral History. Stuttgart 2012, S. 175–183.

Aysel, Asilgül, Vom »Gastarbeiter« zum »Deutschtürken«. Studien zum Wandel türkischer Lebenswelten in Duisburg. Baden-Baden 2018.

Bade, Klaus J., »Versäumte Integrationschancen und nachholende Integrationspolitik«, in: ders./Hiesserich, Hans Georg (Hg.), Nachholende Integrationspolitik und Gestaltungsperspektiven der Integrationspraxis. Göttingen 2007, S. 21–95.

—, »›Einheimische Ausländer‹ und ›fremde Deutsche‹ im vereinigten Deutschland«, in: Bommes, Michael/Oltmer, Jochen (Hg.), Sozialhistorische Migrationsforschung. Göttingen 2004, S. 417–435.

—/Oltmer, Jochen, »Einführung. Einwanderungsland Niedersachsen – Zuwanderung und Integration seit dem Zweiten Weltkrieg«, in: dies. (Hg.), Zuwanderung und Integration in Niedersachsen seit dem Zweiten Weltkrieg. Osnabrück 2002, S. 12–36.

Baker, Catherine, The Yugoslav Wars of the 1990s. London 2015.

Baumeister, Martin/Sturm-Martin, Imke, »Migration und Urbaner Wandel im 20. Jahrhundert«, in: Informationen zur modernen Stadtgeschichte, Jg. 2 (2007), S. 5–9.

Beck-Gernsheim, Elisabeth, Der geschlechtsspezifische Arbeitsmarkt. Zur Ideologie und Realität von Frauenberufen. Frankfurt am Main/New York 1981.

Berger, Roni, Immigrant Women Tell Their Stories. New York 2011.

Berlinghoff, Marcel, Das Ende der »Gastarbeit«. Europäische Anwerbestopps 1970–1974. Paderborn/München 2013.

Billore, Soniya, »Female Immigrant Entrepreneurship: Exploring International Entrepreneurship through the Status of Indian Women Entrepreneurs in Japan«, in: International Journal of Gender and Entrepreneurship, Jg. 3 (2011), H. 1, S. 38–55.

Bommes, Michael, »Von ›Gastarbeitern‹ zu Einwanderern. Arbeitsmigration in Niedersachsen«, in: Bade, Klaus J. (Hg.), Fremde im Land. Zuwanderung und Eingliederung im Raum Niedersachsen seit dem Zweiten Weltkrieg. Osnabrück 1997, S. 249–322.

Borgmann, Malte, »Von der Anwerbung zur Anerkennung. Migration, Politik und Teilhabe in West-Berlin 1970–1984«, in: Hochmuth, Hanno/Nolte, Paul (Hg.), Stadtgeschichte als Zeitgeschichte. Berlin im 20. Jahrhundert. Göttingen 2019, S. 271–297.

Braeg, Dieter, »Wilder Streik – Das ist Revolution«. Der Streik der Arbeiterinnen bei Pierburg in Neuss 1973. Berlin 2012.

Brettell, Caroline B., Gender and Migration. Cambridge 2016.

Brodtmann, Matthias, »Wohnen in der Wirtschaftswunderzeit. Die Waldsiedlungen Rabenberg, Eichelkamp und Hellwinkel«, in: Reichold, Ortwin (Hg.), ... erleben, wie eine Stadt entsteht. Städtebau, Architektur und Wohnen in Wolfsburg 1938–1998. Braunschweig 1998, S. 164–173.

Bundesamt für Migration und Flüchtlinge, »Unterbringung und Wohnraum für Geflüchtete aus der Ukraine«, 2023, online abrufbar unter https://www.germany4ukraine.de/hilfeportal-de/unterkunft-fuer-ukrainer/unterbringung-und-wohnraum-fuer-gefluechtete-aus-der-ukraine [25.7.2023].

Carotenuto, Gennaro, »Europe and the Latin American Exile. From a Revolutionary Grammar to a Human Right's One«, in: Laschi, Giuliana/Deplano, Valeria/Pes, Alessandro (Hg.), Europe between Migrations, Decolonization, and Integration (1945–1992). Oxon 2020, S. 115–128.

Castro Varela, María do Mar, »Zur Skandalisierung und Re-Politisierung eines bekannten Themas, ›Migrantinnen auf dem Arbeitsmarkt‹«, in: ders./Clayton, Dimitria (Hg.), Migration, Gender, Arbeitsmarkt. Neue Beiträge zu Frauen und Globalisierung. Sulzbach am Taunus 2003, S. 8–29.

Chin, Rita, »Turkish Women, West German Feminists, and the Gendered Discourse on Muslim Cultural Difference«, in: Eurozine, online abrufbar unter https://www.eurozine.com/turkish-women-west-german-feminists-and-the-gendered-discourse-on-muslim-cultural-difference/ [25.7.2023].

Collado Seidel, Carlos, »Ideologie, Herrschaft und Gewalt in Spanien unter Franco«, in: Ganzenmüller, Jörg/Schwinde, Katharina (Hg.), Europas vergessene Diktaturen? Diktatur und Diktaturüberwindung in Spanien, Portugal und Griechenland. Köln 2018, S. 45–68.

Conrad, Anne, »Frauen- und Geschlechtergeschichte«, in: Maurer, Michael (Hg.), Aufriß der Historischen Wissenschaften, Bd. 7: Neue Themen und Methoden der Geschichtswissenschaft. Stuttgart 2005, S. 230–293.

Crenzel, Emilio, The Memory of the Argentina Disappearances. The Political History of Nunca Mas. New York 2011.

Curran, Sara R./Rivero-Fuentes, Estela, »Engendering Migrant Networks. The Case of Mexican Migration«, in: Demography, Jg. 40 (2003), H. 2, S. 289–307.

Cwik, Christian/König, Hans-Joachim/Rinke, Stefan (Hg.), Diktaturen in Lateinamerika im Zeitalter des Kalten Krieges. Darmstadt 2022.

Czycholl, Claudia Valeska, Bilder des Fremden. Visuelle Fremd- und Selbstkonstruktionen von Migrant*innen in der BRD (1960–1982). Bielefeld 2020.

Davis, Benjamin/Winters, Paul, »Gender, Networks, and Mexico-US Immigration«, in: Migration – Journal of Development Studies, Jg. 38 (2001), H. 2, S. 1–26.

De Bock, Jozefien, Parallel Lives Revisited. Mediterranean Guest Workers and their Families at Work and in the Neighbourhood, 1960–1980. New York 2018.

—, »Not all the Same after all? Superdiversity as a Lens for the Study of Past Migrations«, in: Ethnic and Racial Studies, Jg. 38 (2015), H. 4, S. 583–595.

De Haas, Hein, »A Theory of Migration. The Aspirations-Capabilities Framework«, in: Comparative Migration Studies, Jg. 9 (2021), H. 8, S. 1–35.

—, »The Determinants of International Migration. Conceptualising Policy, Origin and Destination Effects«, DEMIG Project Paper 2, 2011.

Dietrich, Helmut/Motte, Jan/von Oswald, Anne, »Literaturüberblick zur Migration im Nachkriegsdeutschland. Von der ›Vertriebenen-Forschung‹ zur Logistik der Zugangsverhinderung«, in: Dominik, Katja (Hg.), Angeworben – eingewandert – abgeschoben. Ein anderer Blick auf die Einwanderungsgesellschaft Bundesrepublik Deutschland. Münster 1999, S. 362–374.

Eiben, Jörn, Industriestädte und ihre Krisen. Wilhelmshaven und Wolfsburg in den 1970er und 1980er Jahren. Göttingen 2019.

»Ein trauriger Tag für Wolfsburg. Vor zehn Jahren schloss Hertie«, in: Wolfsburger Allgemeine Zeitung vom 27. August 2013.

Esser, Hartmut, »Akteure und soziale Systeme«, in: Schwinn, Thomas (Hg.), Differenzierung und soziale Ungleichheit. Frankfurt am Main 2004, S. 271–283.

—, Soziologie. Allgemeine Grundlagen. Frankfurt am Main 1993.

—, Aspekte der Wanderungssoziologie. Assimilation und Integration von Wanderern, ethnischen Gruppen und Minderheiten. Eine handlungstheoretische Analyse. Neuwied/Darmstadt 1980.

Etzold, Raphaela/Löhnig, Martin/Schlemmer, Thomas, »Einleitung«, in: dies. (Hg.), Migration und Integration in Deutschland nach 1945. Berlin 2019, S. 7–14.

European Institute for Gender Equality, Glossary & Thesaurus, »Emancipation of Women«, online abrufbar unter https://eige.europa.eu/publications-resources/thesaurus/terms/1239 [25.7.2023].

Evergeti, Venetia, »Notions of ›Home‹ and Belonging Among Greeks in the UK«, in: Ryan, Louis/Webster, Wendy (Hg.), Gendering Migration. Masculinity, Femininity and Ethnicity in Post-War Britain. Hampshire 2008, S. 106–120.

Field, Thomas C., From Development to Dictatorship. Bolivia and the Alliance for Progress in the Kennedy Era. Ithaka 2017.

Fleischer, Hagen, Krieg und Nachkrieg. Das schwierige deutsch-griechische Jahrhundert, hrsg. von Kambas, Chryssoula. Übersetzt aus dem Griechischen von Andrea Schellinger. Köln 2020.

Fleischmann, Fanella/Höhne, Jutta, »Gender and Migration on the Labour Market. Additive or Interacting Disadvantages in Germany?« In: Social Science Research, Jg. 42 (2013), H. 5, S. 1325–1345.

Foner, Nancy, »The Immigrant Family. Cultural Legacies and Cultural Changes«, in: The International Migration Review, Jg. 32 (1997), H. 4, S. 961–974.

Foroutan, Naika, »Die Einheit der Verschiedenen. Integration in der postmigrantischen Gesellschaft«, in: Focus Migration. Kurzdossier, Nr. 28 (2015).

Freund, Alexander/Quilici, Laura, »Exploring Myths in Women's Narratives. Italian and German Immigrant Women in Vancouver, 1947–1961«, in: The Oral History Review, Jg. 23 (1996), H. 2, S. 19–43.

Frisch, Max, »Überfremdung I, 1965«, in: Öffentlichkeit als Partner. 3. Aufl. Frankfurt am Main 1970.

George, Sheba, When Women Come First. Gender and Class in Transnational Migration. Berkeley 2005.

Geschichtswerkstatt Göttingen e.V., »Zur neueren Migrationsgeschichte in Deutschland. Ein sechsteiliges Einwanderungspuzzle«, in: Dominik, Katja (Hg.), Angeworben – eingewandert – abgeschoben. Ein anderer Blick auf die Einwanderungsgesellschaft Bundesrepublik Deutschland. Münster 1999, S. 29–55.

Giddens, Anthony, The Constitution of Society. Outline of the Theory of Structuration. Cambridge 1989.

Gluck, Sherna/Patai, Daphne, »Einleitung«, in: dies. (Hg.), Women's Words. The Feminist Practice of Oral History. New York 1991, S. 1–5.

—, »What's so Special about Women? Women's Oral History«, in: A Journal of Women Studies, Jg. 2 (1977), H. 2, S. 3–17.

Goeke, Pascal, Transnationale Migrationen. Post-jugoslawische Biografien in der Weltgesellschaft. Bielefeld 2007.

Goeke, Simon, »Wir sind alle Fremdarbeiter!« Gewerkschaften, migrantische Kämpfe und soziale Bewegungen in Westdeutschland 1960–1980. Paderborn 2020.

Gordon, Milton M., Assimilation in American Life. The Role of Race, Religion, and National Origins. New York 1964.

Green, Nancy L./Reynolds, Siân, »Four Ages of Migration Studies«, in: Clio. Women, Gender, History, Jg. 51 (2020), S. 183–204.

–, »Changing Paradigms in Migration Studies. From Men to Women to Gender«, in: Gender & History, Jg. 24 (2012), H. 3, S. 782–798.

Grele, Ronald J., »Oral History as Evidence«, in: Charlton, Thomas L./Myers, Lois E./Sharpless, Rebecca (Hg.), History of Oral History. Foundations and Methodology. Lanham 2007, S. 33–91.

–, »On Using Oral History Collections. An Introduction«, in: The Journal of American History, Jg. 74 (1987), H. 2, S. 570–578.

Grieger, Manfred, »Die ›geplatzte Wirtschaftswundertüte‹. Die Krisen 1966/67 und 1973/75 im deutschen Symbolunternehmen Volkswagen«, in: Tilly, Stephanie/Triebel, Florian (Hg.), Automobilindustrie 1945–2000. Eine Schlüsselindustrie zwischen Boom und Krise. München 2013, S. 23–76.

–, »Italiener und ihre Stadt«, in: Carbonaro, Margherita, La vita è qui. Das Leben ist hier. Wolfsburg, una storia italiana. Wolfsburg, eine italienische Geschichte, hrsg. v. Italienisches Kulturinstitut Wolfsburg, Institut für Zeitgeschichte und Stadtpräsentation Stadt Wolfsburg und IG Metall Wolfsburg. Berlin 2012, S. 509–534.

–/Gutzmann, Ulrike/Schlinkert, Dirk (Hg.), Zuhause bei Volkswagen. Vom Gastarbeiter zum Werksangehörigen. 16 Geschichten. Hörbuch-Booklet. Wolfsburg 2012.

–, »Zuwanderung und junge Industriestadt. Wolfsburg und die Migranten seit 1938«, in: Niedersächsisches Jahrbuch für Landesgeschichte, Bd. 81 (2009), S. 177–210.

Grigera, Juan/Zorzoli, Luciana (Hg.), The Argentinian Dictatorship and its Legacy. Rethinking the Proceso. London 2020.

Gruner-Domić, Sandra, »Lateinamerikanische Immigrantinnen in Deutschland vor und nach 1989. Entwicklung, Formen und Motive einer Migration in zwei Gesellschaften«, in: Archiv für Sozialgeschichte, Jg. 42 (2002), S. 275–293.

Gümen, Sedef, »Frauen, Arbeitsmarkt und Einwanderungsgesellschaft – (k)ein Thema für die Frauenforschung?« In: Castro Varela, María do Mar/Clayton, Dimitria (Hg.), Migration, Gender, Arbeitsmarkt. Neue Beiträge zu Frauen und Globalisierung. Sulzbach am Taunus 2003, S. 30–57.

Hagan, Jacqueline Maria, »Social Networks, Gender, and Immigrant Incorporation. Resources and Constraints«, in: American Sociological Review, Jg. 63 (1998), H. 1, S. 55–67.

Hamoussi-Makina, Sara, »›Vom Gast zum Gastgeber‹. 50 Jahre Tunesier in Wolfsburg«, in: Das Archiv. Zeitung für Wolfsburger Stadtgeschichte, Jg. 5 (2020), Nr. 18, S. 6–14.

Harth, Annette/Herlyn, Ulfert/Scheller, Gitta/Tessin, Wulf, Wolfsburg: Stadt am Wendepunkt. Eine dritte soziologische Untersuchung. Wiesbaden 2000.

Haug, Sonja, »Kettenmigration am Beispiel italienischer Arbeitsmigranten in Deutschland 1955–2000«, in: Archiv für Sozialgeschichte, Jg. 42 (2002), S. 123–143.

Hausen, Karin, »Frauenerwerbstätigkeit und erwerbstätige Frauen. Anmerkungen zur historischen Forschung«, in: Budde, Gunilla-Friederike (Hg.), Frauen arbeiten. Weibliche Erwerbstätigkeit in Ost- und Westdeutschland nach 1945. Göttingen 1997, S. 19–45.

Heckmann, Friedrich, »From Ethnic Nation to Universalistic Immigrant Integration«, in: ders./Schnapper, Dominique (Hg.), The Integration of Immigrants in European Societies. National Differences and Trends of Convergence. Stuttgart 2003, S. 45–78.

Herbert, Ulrich, Geschichte der Ausländerpolitik in Deutschland. Saisonarbeiter, Zwangsarbeiter, Gastarbeiter, Flüchtlinge. München 2001.

—/Hunn, Karin, »Gastarbeiter und Gastarbeiterpolitik in der Bundesrepublik. Vom Beginn der offiziellen Anwerbung bis zum Anwerbestopp (1955–1973)«, in: Schildt, Axel/Siegfied, Detlef/Lammers, Karl C. (Hg.), Dynamische Zeiten. Die 60er Jahre in den beiden deutschen Gesellschaften. Hamburg 2000, S. 273–310.

Herlyn, Ulfert/Tessin, Wulf, Faszination Wolfsburg, 1938–2000. Opladen 2000.

Herwartz-Emden, Leonie, »Konzepte von ›Weiblichkeit‹ im Migrationskontext«, in: Sielert, Uwe/Marburger, Helga/Griese, Christiane (Hg.), Sexualität und Gender im Einwanderungsland. Öffentliche und Zivilgesellschaftliche Aufgaben – ein Lehr- und Praxishandbuch. Berlin 2017, S. 98–113.

—/Westphal, Manuela, Arbeitsmigrantinnen aus der Türkei in der Bundesrepublik Deutschland. Zwischen Unterdrückung und Emanzipation. Hannover 1997.

Hondagneu-Sotelo, Pierrette, Gendered Transitions. Mexican Experiences of Immigration. Berkeley 1994.

Howind, Sascha, Kraft durch Freude und die Illusion eines besseren Lebens. Sozialpropaganda im Dritten Reich 1933–1939. Dissertation, Gottfried Wilhelm Leibniz Universität Hannover, 2011.

Huth-Hildebrandt, Christine, Das Bild von der Migrantin. Auf den Spuren eines Konstrukts. Frankfurt am Main 2002.

Iacovetta, Franca/Srigley, Katrina/Zembrzycki, Stacey, »Introduction«, in: dies. (Hg.), Beyond Women's Words. Feminisms and the Practices of Oral History in the Twenty-First Century. London 2018, S. 1–23.

Jamin, Mathilde, »Fremde Heimat. Zur Geschichte der Arbeitsmigration aus der Türkei«, in: Motte, Jan/Ohliger, Rainer/von Oswald, Anne (Hg.), 50 Jahre Bundesrepublik – 50 Jahre Einwanderung. Nachkriegsgeschichte als Migrationsgeschichte. Frankfurt am Main/New York 1999, S. 145–164.

Jasper, Dirk, »Ausländerbeschäftigung in der DDR«, in: Krüger-Potratz, Marianne (Hg.), Anderssein gab es nicht. Ausländer und Minderheiten in der DDR. Münster/New York 1991, S. 151–189.

Jureit, Ulrike, »Hoffnung auf Erfolg. Akteurszentrierte Handlungskonzepte in der Migrations- und Flüchtlingsforschung«, in: Zeithistorische Forschung/Studies in Contemporary History, Jg. 15 (2018), S. 509–522.

Kalpagam, U., »Oral History. Reconstructing Women's Role«, in: Economic and Political Weekly, Jg. 21 (1986), H. 38/39, S. 1683–1687.

Kathe, Steffen R., Kulturpolitik um jeden Preis. Die Geschichte des Goethe-Instituts von 1951 bis 1990. München 2005.

Kilomba, Grada, Plantation Memories. Episodes of Everyday Racism. Münster 2016.

Kim, Helen, »Making Homes Here and Away. Korean German Nurses and Practices of Diasporic Belonging«, in: Journal of Cultural Geography, Jg. 36 (2019), H. 3, S. 251–270.

Knortz, Heike, Diplomatische Tauschgeschäfte. »Gastarbeiter« in der westdeutschen Diplomatie und Beschäftigungspolitik 1953–1973. Köln 2008.

Kofman, Eleonore/Phizacklea, Annie/Raghuram, Parvati/Sales, Rosemary, Gender and International Migration in Europe. Employment, Welfare, and Politics. London 2000.

Kögel, Johannes, »Für einen anti-integratorischen Imperativ«, in: Zeitschrift für Politische Theorie, Jg. 10 (2019), H. 2, S. 233–253.

Kraus, Alexander, Stadt ohne Geschichte? Wolfsburg als Demokratielabor der Wirtschaftswunderzeit. Göttingen 2021.

—, »Gegen die Lücken der Überlieferung. Zuwanderung anders erzählen«, in: ders./Nedelkovski, Aleksandar (Hg.), Mitgebracht. Eine Zuwanderungsgeschichte Wolfsburgs. Hannover 2020, S. 13–17.

—/Siems, Michael, »Vom Objekt zum Akteur. Kommunale Integrationspolitik der Stadt Wolfsburg und italienische Arbeitsmigranten in den Jahren der ›Normalisierung‹«, in: Das Archiv. Zeitung für Wolfsburger Stadtgeschichte, Jg. 5 (2020), Nr. 19, S. 4–11.

Krauss, Marita/Sonnabend, Holger, »Frauen und Migration. Eine einleitende Problemskizze«, in: dies. (Hg.), Frauen und Migration. Stuttgart 2001, S. 9–19.

Krüger, Kai, Wirtschafswunder und Mangelwirtschaft. Zur Produktion einer Erfolgsgeschichte in der deutschen Geschichtskultur. Bielefeld 2020.

Kühne, Hannelore, Frauen in Wolfsburg. Ein Blick in ihre Geschichte, hrsg. vom Frauenbüro der Stadt Wolfsburg. Wolfsburg 1998.

Kürten, Helena, »›Gastarbeiterinnen im wilden Streik‹. Zur Wahrnehmung von Arbeit, Migration und Geschlecht im Mediendiskurs der Bundesrepublik am Beispiel der rheinischen und westfälischen Metallindustrie«, in: Westfälische Forschungen, Nr. 67 (2017), S. 500–536.

Lalenis, Konstantinos, »Tobacco Era in Kavala, Greece. Shaping up Urban Identities«, in: Jacob, Frank/Dworok, Gerrit (Hg.), Tabak und Gesellschaft. Vom *braunen Gold* zum sozialen Stigma. Baden-Baden 2015, S. 99–120.

Larson, Mary A., »Research Design and Strategies«, in: Charlton, Thomas L./Myers, Lois E./Sharpless, Rebecca (Hg.), History of Oral History. Foundations and Methodology. Lanham 2007, S. 95–124.

Laue, Lars, »Vorbild für gelungene Integration«, in: Nordwest Zeitung Online vom 30. Juni 2018, online abrufbar unter https://www.nwzonline.de/hintergrund/wolfsburg-wolfsburg-vorbild-fuer-gelungene-integration_a_50,1,3856649197.html# [25.7.2023].

Lévesque, Jacques, »The East European Revolutions of 1989«, in: Leffler, Melvyn P./Westad, Odd Arne (Hg.), The Cambridge History of the Cold War. Volume 3: Endings. Cambridge 2010, S. 311–332.

Liebig, Sabine, »Migration und Geschlecht. Eine Einführung in das Thema«, in: Aubele, Edeltraud/Pieri, Gabriele (Hg.), Femina Migrans. Frauen in Migrationsprozessen (18.–20. Jahrhundert). Sulzbach am Taunus 2011, S. 19–35.

Lindlar, Ludger, Das mißverstandene Wirtschaftswunder. Westdeutschland und die westeuropäische Nachkriegsprosperität. Berlin 1996.

Lorke, Christoph, »Deutsch-ausländische Ehen in der Bundesrepublik. Zwischen Grenzen und Paragraphen, Ablehnung und Anerkennung«, in: Deutschland Archiv vom 20. Oktober 2021, online abrufbar unter https://www.bpb.de/themen/deutschlandarchiv/342258/deutsch-auslaendische-ehen-in-der-bundesrepublik/ [25.7.2023].

–, »Wo die Liebe hinfällt. Binationale Eheschließungen in Wolfsburg«, in: Kraus, Alexander/Nedelkovski, Aleksandar (Hg.), Mitgebracht. Eine Zuwanderungsgeschichte Wolfsburgs. Hannover 2020, S. 143–161.

Luhmann, Niklas, Soziale Systeme. Frankfurt am Main 1984.

Lüthi, Barbara, »Migration and Migration History«, in: Docupedia Zeitgeschichte vom 6. Juli 2018, online abrufbar unter https://docupedia.de/zg/Luethi_migration_v2_en_2018 [25.7.2023].

Lutz, Helma/Amelina, Anna, »Gender in Migration Studies. From Feminist Legacies to Intersectional, Post- and Decolonial Prospects«, in: Zeitschrift für Migrationsforschung. Stand, Herausforderungen und Perspektiven der Migrationsforschung, Nr. 1 (2021), S. 55–73.

Mattes, Monika, »›Gastarbeiterinnen‹ in der Bundesrepublik Deutschland«, in: bpb Kurzdossier ›Frauen in der Migration‹, 8. April 2019, online abrufbar unter https://www.bpb.de/themen/migration-integration/kurzdossiers/289051/gastarbeiterinnen-in-der-bundesrepublik-deutschland/ [25.7.2023].

—, »Ambivalente Aufbrüche. Frauen, Familie und Arbeitsmarkt zwischen Konjunktur und Krise«, in: Konrad H. Jarausch (Hg.), Das Ende der Zuversicht? Die siebziger Jahre als Geschichte. Göttingen 2008, S. 215–228.

—, »Migration und Geschlecht in der Bundesrepublik Deutschland. Ein historischer Rückblick auf die ›Gastarbeiterinnen‹ der 1960/70er Jahre«, in: Femina Politica, Nr. 1 (2008), S. 19–28.

—, »Gastarbeiterinnen« in der Bundesrepublik. Anwerbepolitik, Migration und Geschlecht in den 50er bis 70er Jahren. Frankfurt am Main/New York 2005.

—, »Hindernisse und Strategien der staatlichen Anwerbung von ›Gastarbeiterinnen‹ in der Bundesrepublik 1955–73«, in: Archiv für Sozialgeschichte, Jg. 42 (2002), S. 105–121.

Maynes, Mary Jo/Pierce, Jennifer L./Laslett, Barbara, Telling Stories. The Use of Personal Narratives in the Social Sciences and History. Ithaca 2008.

Mazé, Elinor A., »The Uneasy Page. Transcribing and Editing Oral History«, in: Charlton, Thomas L./Myers, Lois E./Sharpless, Rebecca (Hg.), History of Oral History. Foundations and Methodology. Lanham 2007, S. 227–261.

Mazzi, Lisa, »Donne mobili«. Die Frauenmigration von Italien nach Deutschland 1890–2015. Düren 2015.

Miller, Jennifer A., »Her Fight is Your Fight. ›Guest Worker‹ Labor Activism in the Early 1970s West Germany«, in: International Labor and Working-Class History, Nr. 84 (2013), S. 226–247.

—, Postwar Negotiations. The First Generation of Turkish Guest-Workers in West Germany, 1961–1973. New Brunswick 2008.

Mihułka, Krystyna, »Zum Stellenwert des Deutschen in Polen«, in: Glottodidactica XLVII (2020), Nr. 1, S. 53–71.

Mincer, Jacob, »Family Migration Decisions«, in: Journal of Political Economy, Jg. 86 (1978), Nr. 5, S. 749–773.

Mlekuž, Jernej, »Slivovitz and Everyday Nationalism. The Analysis of Slovene Newspapers in Interwar Yugoslavia«, in: Nationalities Papers, Jg. 51 (2023), S. 1–16.

Morokvašić, Mirjana, Jugoslawische Frauen. Die Emigration – und danach. Basel/Frankfurt am Main 1987.

—, »Birds of Passage Are also Women«, in: International Migration Review, Jg. 18 (1984), Nr. 4, S. 896–907.

—, »Women in Migration. Beyond the Reductionist Outlook«, in: Phizacklea, Annie (Hg.), One Way Ticket. Migration and Female Labour. London 1983, S. 13–31.

Motte, Jan/Ohliger, Rainer, »Einwanderung – Geschichte – Anerkennung, Auf den Spuren geteilter Erinnerungen«, in: dies. (Hg.), Geschichte und Gedächtnis in der Einwanderungsgesellschaft. Migration zwischen historischer Rekonstruktion und Erinnerungspolitik. Göttingen 2004, S. 17–49.

—/—, »Geschichte und Gedächtnis in der Einwanderungsgesellschaft. Einführende Betrachtungen«, in: dies. (Hg.), Geschichte und Gedächtnis in der Einwanderungsgesellschaft. Migration zwischen historischer Rekonstruktion und Erinnerungspolitik. Göttingen 2004, S. 7–16.

Mulder, Nicholas, »The Revolt against Liberalism. What's Driving Poland and Hungary's Nativist Turn?« In: The Guardian vom 24. Juni 2021, online abrufbar unter https://www.theguardian.com/world/2021/jun/24/revolt-against-liberalism-eastern-europe-poland-hungary-nativist-politics [25.7.2023].

Münch, Ingo von, Die deutsche Staatsangehörigkeit. Vergangenheit – Gegenwart – Zukunft. Berlin 2007.

Na, Hye-Sim, »South Korean Nurses to West Germany? Reassessing the Role of the State in Postwar Global Labour Migration«, in: Social History, Jg. 52 (2019), Nr. 105, S. 193–207.

Naimark, Norman, »The Sovietization of Eastern Europe, 1944–1953«, in: Leffler, Melvyn P./Westad, Odd Arne (Hg.), The Cambridge History of the Cold War. Volume 1: Origins. Cambridge 2010, S. 175–197.

Nalbadidacis, Janis, In den Verliesen der Diktatur. Folterzentren während der Militärdiktaturen in Griechenland (1967–1974) und Argentinien (1976–1983). Frankfurt am Main 2021.

—, »Geburtshelfer der Demokratie. Die Militärdiktatur in Griechenland, 1967–1974«, in: Ganzenmüller, Jörg/Schwinde, Katharina (Hg.), Europas vergessene Diktaturen? Diktatur und Diktaturüberwindung in Spanien, Portugal und Griechenland. Köln 2018, S. 91–109.

Nawyn, Stephanie J., »Gender and Migration. Integrating Feminist Theory into Migration Studies«, in: Sociology Compass, Jg. 4 (2019), Nr. 9, S. 749–765.

Niethammer, Lutz, »Fragen – Antworten – Fragen. Methodische Erfahrungen und Erwägungen zur Oral History [1985, gekürzte Fassung]«, in: Obertreis, Julia (Hg.), Oral History. Stuttgart 2012, S. 31–72.

Novinšćak, Karolina, »Auf den Spuren von Brandts Ostpolitik und Titos Sonderweg. Deutsch-jugoslawische Migrationsbeziehungen in den 1960er und 1970er Jahren«, in: Oltmer, Jochen/Kreienbrink, Axel/Sanz Dias, Carlos (Hg.), Das »Gastarbeiter«-System. Arbeitsmigration und ihre Folgen in der Bundesrepublik Deutschland und Westeuropa. München 2012, S. 133–148.

Oertzen, Christine von, »Männerwelt Volkswagenwerk. Frauenarbeit und Geschlechterpolitik in der ›Käferstadt‹«, in: Beier, Rosemarie (Hg.), Aufbau West – Aufbau Ost. Die Planstädte Wolfsburg und Eisenhüttenstadt in der Nachkriegszeit. Ostfildern-Ruit 1997, S. 211–217.

Oltmer, Jochen, »Einführung. Migrationsregime vor Ort und lokales Aushandeln von Migration«, in: ders. (Hg.), Migrationsregime vor Ort und lokales Aushandeln von Migration. Wiesbaden 2018, S. 1–12.

–/Kreienbrink, Axel/Sanz Díaz, Carlos (Hg.), Das »Gastarbeiter«-System. Arbeitsmigration und ihre Folgen in der Bundesrepublik Deutschland und Westeuropa. München 2012.

Oswald, Anne von, »›Stippvisiten‹ in der ›Autostadt‹. Volkswagen, Wolfsburg und die italienischen ›Gastarbeiter‹ 1962–1975«, in: Bade, Klaus J./Oltmer, Jochen (Hg.), Zuwanderung und Integration in Niedersachsen seit dem Zweiten Weltkrieg. Osnabrück 2002, S. 225–252.

–, »Arbeitseinsatz der ›Gastarbeiter‹ im Volkswagenwerk (1962–1974/75). Wolfsburger Sonderfall oder bundesdeutscher Normalfall?« In: Dominik, Katja (Hg.), Angeworben – eingewandert – abgeschoben. Ein anderer Blick auf die Einwanderungsgesellschaft Bundesrepublik Deutschland. Münster 1999, S. 83–100.

–, »›Venite a lavorare con la Volkswagen!‹ ›Gastarbeiter‹ in Wolfsburg 1962–1974«, in: Beier, Rosemarie (Hg.), Aufbau West – Aufbau Ost. Die Planstädte Wolfsburg und Eisenhüttenstadt in der Nachkriegszeit. Ostfildern-Ruit 1997, S. 199–209.

Paczkowski, Andrzej, Revolution and Counterrevolution in Poland, 1980–1989. Solidarity, Martial Law, and the End of Communism in Europe. Übersetzt von Christina Manetti. Rochester 2015.

Papadopoulos, Yannis G.S./Tourgeli, Giota, »Gendering Migration in a Patriarchal Society. Assisted Female Migration from Greece During the Early Post-War Period«, in: Labor History, Jg. 64 (2023), H. 4, S. 358–372.

Pessar, Patricia R., »Engendering Migration Studies. The Case of New Immigrants in the United States«, in: Hondagneu-Sotelo, Pierrette (Hg.), Gender and U.S. Immigration. Contemporary Trends. Oakland 2003, S. 20–42.

Pessin, Léa/Arpino, Bruno, »Navigating between Two Cultures. Immigrants' Gender Attitudes toward Working Women«, in: Demographic Research, Jg. 38 (2018), S. 967–1016.

Phizacklea, Annie (Hg.), One Way Ticket. Migration and Female Labour. London 1983.

–, »Introduction«, in: dies. (Hg.), One Way Ticket. Migration and Female Labour. London 1983, S. 2–11.

Placenti-Grau, Anita, »Weibliche Stimmen der Migration«, in: Kraus, Alexander/Nedelkovski, Aleksandar/dies. (Hg.), Percorsi di vita. Lebenswege nach Wolfsburg. Göttingen 2023, S. 106–109.

Portelli, Alessandro, »What Makes Oral History Different«, in: Del Giudice, Luisa (Hg.), Oral History. Oral Culture, and Italian Americans. New York 2009, S. 21–30.

–, »There's Gonna Always Be a Line. History-Telling as a Multi-Vocal Art«, in: ders. (Hg.), The Battle of Valle Giulia. Oral History and the Art of Dialogue. Madison 1997, S. 24–39.

–, The Death of Luigi Trastulli and Other Stories. Form and Meaning of Oral History. New York 1991.

Portes, Alejandro/Zhou, Min, »The New Second Generation. Segmented Assimilation and Its Variants«, in: The Annals of the American Academy of Political and Social Science, Nr. 530 (1993), H. 1, S. 74–96.

Pries, Ludger, »(Grenzüberschreitende) Migrantenorganisationen als Gegenstand der sozialwissenschaftlichen Forschung: Klassische Problemstellungen und neuere Forschungsbefunde«, in: ders./Zeynep Sezgin (Hg.), Jenseits von »Identität oder Integration«. Grenzen überspannende Migrantenorganisationen. Wiesbaden 2010, S. 15–60.

Rabenschlag, Ann-Judith, »Arbeiten im Bruderland. Arbeitsmigranten in der DDR und ihr Zusammenleben mit der deutschen Bevölkerung«, in: Deutschland Archiv, 15.9.2016, online abrufbar unter: www.bpb.de/233678 [2.12.2023].

–, Völkerfreundschaft nach Bedarf. Ausländische Arbeitskräfte in der Wahrnehmung von Staat und Bevölkerung der DDR. Diss., Stockholm 2014.

Reichold, Ortwin, »... erleben, wie eine Stadt entsteht. Städtebau, Architektur und Wohnen in Wolfsburg 1938–1998«, in: ders. (Hg.), ... erleben, wie eine Stadt entsteht. Städtebau, Architektur und Wohnen in Wolfsburg 1938–1998. Braunschweig 1998, S. 8–91.

Richter, Hedwig, »Von ›Mythen‹ und vom ›Opfer-Plot‹ – zur Komplexität von Integration am Beispiel der Arbeitsmigration in die Bundesrepublik Deutschland bis in die siebziger Jahre«, in: Knortz, Heike/Schulte-Beerbühl, Margit (Hg.), Migrationsforschung – interdisziplinär & diskursiv. Internationale Forschungserträge zu Migration in Wirtschaft, Geschichte und Gesellschaft. Göttingen 2021, S. 81–99.

–, »Die Komplexität von Integration. Arbeitsmigration in die Bundesrepublik Deutschland von den fünfziger bis in die siebziger Jahre«, in: Zeitgeschichte-online, November 2015, online abrufbar unter https://zeitgeschichte-online.de/themen/die-komplexitaet-von-integration [25.7.2023].

–/Richter, Ralf, Die Gastarbeiter-Welt. Leben zwischen Palermo und Wolfsburg. Paderborn 2012.

–, »Die italienischen ›Gastarbeiter‹ in deutschen Selbstfindungsdiskursen der Gegenwart und die Ausblendung der Remigration«, in: Janz, Oliver/

Sala, Roberto (Hg.), Dolce Vita? Das Bild der italienischen Migranten in Deutschland. Frankfurt am Main 2011, S. 198–219.

–/Richter, Ralf, »Der Opfer-Plot. Probleme und neue Felder der deutschen Arbeitsmigrationsforschung«, in: Vierteljahrshefte für Zeitgeschichte, Jg. 57 (2009), Nr. 1, S. 61–97.

Richter, Heinz A., Griechenland 1940–1950. Die Zeit der Bürgerkriege. Ruhpolding 2012.

Ritchie, Donald, »Introduction. The Evolution of Oral History«, in: ders. (Hg.), The Oxford Handbook of Oral History. Oxford 2011, S. 4–20.

Rommelspacher, Birgit, »Feminismus und Islam. Emanzipationsansprüche in einer multikulturellen Gesellschaft«, in: Ariëns, Elke/Richter, Emanuel/Sicking, Manfred (Hg.), Multikulturalität in Europa. Bielefeld 2014, S. 125–145.

Sala, Roberto/Wöhrle, Patrick, »Fremdheitszuschreibungen in der Einwanderungsgesellschaft zwischen Stereotypie und Beweglichkeit«, in: Janz, Oliver/Sala, Roberto (Hg.), Dolce Vita? Das Bild der italienischen Migranten in Deutschland. Frankfurt am Main 2011, S. 18–36.

–, »Selbstverortung von Italienern in der ›Gastarbeiterära‹«, in: Janz, Oliver/ders. (Hg.), Dolce Vita? Das Bild der italienischen Migranten in Deutschland. Frankfurt am Main 2011, S. 223–241.

–, »Vom ›Fremdarbeiter‹ zum ›Gastarbeiter‹. Die Anwerbung italienischer Arbeitskräfte für die deutsche Wirtschaft (1938–1973)«, in: Vierteljahrshefte für Zeitgeschichte, Jg. 55 (2007), H. 1, S. 93–120.

Sangster, Joan, »Telling Our Stories. Feminist Debates and the Use of Oral History«, in: Women's History Review, Jg. 3 (1994), H. 1, S. 5–28.

Sanz Díaz, Carlos, »Umstrittene Wege. Die irreguläre Migration spanischer Arbeitnehmer in die Bundesrepublik«, in: Oltmer, Jochen/Kreienbrink, Axel/ders. (Hg.), Das »Gastarbeiter«-System. Arbeitsmigration und ihre Folgen in der Bundesrepublik Deutschland und Westeuropa. München 2012, S. 119–132.

Sawahn, Anke, »Carmen in der Keksfabrik. Spanische Gastarbeiterinnen in Barsinghausen«, in: Ehrich, Katrin/Schröder, Christiane (Hg.), Adlige, Arbeiterinnen und Frauenleben in Stadt und Region Hannover vom 17. bis zum 20. Jahrhundert. Bielefeld 1999, S. 261–283.

Schmelz, Andreas, Migration und Politik im geteilten Deutschland während des Kalten Krieges. Die West-Ost-Migration in die DDR in den 1950er und 1960er Jahren. Wiesbaden 2002.

Schubert, Klaus/Klein, Martina, »Europäische Wirtschaftsgemeinschaft (EWG)«, in: Das Politiklexikon, online abrufbar unter https://www.bpb.de/kurz-knapp/lexika/politiklexikon/17463/europaeische-wirtschaftsgemeinschaft-ewg/ [25.7.2023].

Schulz, Mirjam, »Migrationspolitik in der DDR. Bilaterale Anwerbungsverträge von Vertragsarbeitnehmern«, in: Priemel, Kim Christian (Hg.), Transit – Transfer. Berlin 2011, S. 143–168.

Schütze, Fritz, »Biographieforschung und narratives Interview [1983]«, in: Julia Obertreis (Hg.), Oral History. Stuttgart 2012, S. 99–111.

Schwartz-Seller, Maxine (Hg.), Immigrant Women. Albany, State University of New York Press 1994.

Schwarz, Hans-Peter, »The Division of Germany, 1945–1949«, in: Leffler, Melvyn P./Westad, Odd Arne (Hg.), The Cambridge History of the Cold War. Volume 1: Origins. Cambridge 2010, S. 133–153.

Scott, Joan W., »Gender. A Useful Category of Historical Analysis«, in: The American Historical Review, Jg. 91 (1986), H. 5, S. 1053–1075.

Sharpless, Rebecca, »The History of Oral History«, in: Charlton, Thomas L./Myers, Lois E./dies. (Hg.), History of Oral History. Foundations and Methodology. Lanham 2007, S. 9–32.

Siems, Michael, »Kommunale Integrationspolitik in Wolfsburg. Gescheiterte und erfolgreiche Experimente in den 1970er Jahren«, in: Kraus, Alexander/Nedelkovski, Aleksandar (Hg.), Mitgebracht. Eine Zuwanderungsgeschichte Wolfsburgs. Hannover 2020, S. 229–250.

Sigel, Robert, »Das KZ Dachau und die Konstituierung eines rechtsfreien Raumes als Ausgangspunkt des nationalsozialistischen Terrorsystems«, in: Wirsching, Andreas (Hg.), Das Jahr 1933. Die nationalsozialistische Machteroberung und die deutsche Gesellschaft. Göttingen 2009, S. 156–168.

Širbegović, Amila, »Shift the City. Transnationale Phänomene und Veränderungen durch Migration in der Stadt«, in: Yildiz, Erol/Hill, Marc (Hg.), Nach der Migration. Postmigrantische Perspektiven jenseits der Parallelgesellschaft. Bielefeld 2014, S. 137–146.

Sonnenberger, Barbara, Nationale Migrationspolitik und regionale Erfahrungen. Die Anfänge der Arbeitsmigration in Südhessen (1955–1967). Darmstadt 2003.

Spicka, Mark E., Selling the Economic Miracle. Economic Reconstruction and Politics in West Germany, 1949–1957. New York 2007.

Sprengholz, Maximilian/Diehl, Claudia/Giesecke, Johannes/Kreyenfeld, Michaela, »From ›Guest Workers‹ to EU Migrants. A Gendered View on the Labour Market Integration of Different Arrival Cohorts in Germany«, in: Journal of Family Research, Jg. 33 (2021), H. 2, S. 252–283.

Steiner, André, »Zwischen Wirtschaftswundern, Rezession und Stagnation. Deutsch-deutsche Wirtschaftsgeschichte 1945–1989«, in: Kleßmann, Christoph/Lautzas, Peter (Hg.), Teilung und Integration. Die doppelte deutsche Nachkriegsgeschichte als wissenschaftliches und didaktisches Problem. Bonn 2005, S. 177–191.

Steinert, Johannes-Dieter, »Migration und Migration Policy. West Germany and the Recruitment of Foreign Labour, 1945–61«, in: Journal of Contemporary History, Jg. 49 (2014), H. 1, S. 9–27.

–, »Arbeit in Westdeutschland. Die Wanderungsvereinbarungen mit Italien, Spanien, Griechenland und der Türkei und der Beginn der organisierten Anwerbung ausländischer Arbeitskräfte«, in: Archiv für Sozialgeschichte, Jg. 35 (1995), S. 197–209.

Stelzig-Willutzki, Sabina, Soziale Beziehungen und Migrationsverlauf. Brasilianische Frauen in Deutschland. Wiesbaden 2012.

Stokes, Lauren, Fear of the Family. Guest Workers and Family Migration in the Federal Republic of Germany. New York 2022.

–, »Knowledge about the ›Migrant Woman‹ as an Alibi for State Inaction in the Federal Republic of Germany«, in: Migrant Knowledge vom 29. März 2022, online abrufbar unter https://migrantknowledge.org/2022/03/29/the-migrant-woman-as-alibi-for-state-inaction/ [25.7.2023].

–, »The ›Market-Conforming‹ Family. Foreign Families, the ›Grandmother Solution‹ and the West German Welfare State«, in: Contemporary European History, Jg. 32 (2022), H. 2, S. 1–14.

Stola, Dariusz, »Das kommunistische Polen als Auswanderungsland«, in: Zeithistorische Forschungen/Studies in Contemporary History, Jg. 2 (2005), H. 3, S. 345–365.

Tanç, Nesrin, Ne kaldi? Ne kalacak? Was ist geblieben? Was bleibt? Erinnern an die sogenannten Gastarbeiter:innen aus der Türkei. Stuttgart 2021.

Thompson, Paul, The Voice of the Past. 4. Aufl. Oxford 2017.

Thomson, Alistair, »Memory and Remembering in Oral History«, in: Ritchie, Donald (Hg.), The Oxford Handbook of Oral History. Oxford 2011, S. 78–95.

–, »Moving Stories. Oral History and Migration Studies«, in: Oral History, Jg. 27 (1999), H. 1, S. 24–37.

Treibel, Annette, »Migration als Form der Emanzipation? Motive und Muster der Wanderung von Frauen«, in: Butterwegge, Christoph/Hentges, Gudrun (Hg.), Zuwanderung im Zeichen der Globalisierung. Migrations-, Integrations- und Mehrheitenpolitik. 4. aktualisierte Aufl. Wiesbaden 2009, S. 103–120.

Vijaya, Ramya/Biswas, Bidisha, Indian Immigrant Women and Work. The American Experience. Oxfordshire 2017.

Vizzari, Francesco, »›Eine Reise ins Ungewisse‹. Überlegungen zur Migration und Integration von Italienerinnen und Italienern in den 1960er/70er Jahren«, in: Kraus, Alexander/Nedelkovski, Aleksandar/Placenti-Grau, Anita (Hg.), Percorsi di vita. Lebenswege nach Wolfsburg. Göttingen 2023, S. 44–51.

Vogler, Anselm/Fritzsche, Erik, »Systemtheorie der Integration. Auf dem Weg zu einer Synthese der Integrationstheorien in praktischer Verwertungsabsicht«, in: Bochmann, Cathleen/Döring, Helge (Hg.), Gesellschaftlichen Zusammenhalt gestalten. Wiesbaden 2020, S. 305–326.

Vukadinović, Vojin Saša, »Rassismus in der bundesdeutschen Nachkriegsgeschichte. Einleitung«, in: ders. (Hg.), Rassismus. Von der frühen Bundesrepublik bis zur Gegenwart. Berlin 2023, S. 1–64.

Waldinger, Roger, »Immigrant Enterprise. A Critique and Reformulation«, in: Theory and Society, Jg. 5 (1986), H. 1/2, S. 249–285.

Welzer, Harald, »Das Interview als Artefakt. Zur Kritik der Zeitzeugenforschung [2000]«, in: Obertreis, Julia (Hg.), Oral History. Stuttgart 2012, S. 247–260.

Westad, Odd Arne, »The Cold War and the International History of the Twentieth Century«, in: Leffler, Melvyn P./ders. (Hg.), The Cambridge History of the Cold War. Volume 1: Origins. Cambridge 2010, S. 1–19.

Westphal, Manuela, »Arbeitsmigrantinnen im Spiegel westdeutscher Frauenbilder«, in: Beiträge zur feministischen Theorie und Praxis, Nr. 42 (1999), S. 17–28.

Whiteford, Michael B., »Women, Migration and Social Change. A Colombian Case Study«, in: The International Migration Review, Jg. 12 (1978), Nr. 2, S. 236–247.

Wierling, Dorothee, »Oral History als Bewegung und Disziplin«, in: Maurer, Michael (Hg.), Aufriß der Historischen Wissenschaften, Bd. 7: Neue Themen und Methoden der Geschichtswissenschaft. Stuttgart 2005, S. 81–148.

–, »Keine Frauengeschichte nach dem Jahr 2000!« In: Jarausch, Konrad/ Rüsen, Jörn/Schleier, Hans (Hg.), Geschichtswissenschaft vor 2000. Festschrift für Georg G. Iggers zum 65. Geburtstag. Hagen 1991, S. 440–456.

Wittlinger, Ruth, »Perceptions of Germany and the Germans in Post-War Britain«, in: Journal of Multilingual and Multicultural Development, Jg. 25 (2004), H. 5/6, S. 453–465.

Wöhler, Maike, »In Deutschland wartet das Paradies auf uns«. Die *Olympia Werke* und die griechische Arbeitsmigration in Nordwestdeutschland. Bielefeld 2023.

Wojak, Irmtrud/Holz, Pedro, »Chilenische Exilanten in der Bundesrepublik Deutschland (1973–1989)«, in: Krohn, Claus-Dieter (Hg.), Exile im 20. Jahrhundert. München 2000, S. 168–190.

Wolfrum, Edgar, Die Mauer. Geschichte einer Teilung. München 2009.

Wright, Thomas C./Zúñiga, Rody Oñate, »Chilean Political Exile«, in: Latin American Perspectives, Jg. 34 (2007), H. 4, S. 31–49.

Yildiz, Erol, »Postmigrantische Perspektiven, Aufbruch in eine neue Geschichtlichkeit«, in: ders./Hill, Marc (Hg.), Nach der Migration. Postmigrantische Perspektiven jenseits der Parallelgesellschaft. Bielefeld 2014, S. 19–36.

Yildiz, Sakine, »Deutschland ist (k)ein Einwanderungsland. Die Rückkehrförderungspolitik der Bundesrepublik 1973 bis 1984«, in: Etzold, Raphaela/Löhnig, Martin/Schlemmer, Thomas (Hg.), Migration und Integration in Deutschland nach 1945. Berlin 2019, S. 79–89.

Zeppenfeld, Stefan, Vom Gast zum Gastwirt. Türkische Arbeitswelten in West-Berlin. Göttingen 2021.

Zhou, Min/Nordquist, Regina, »Work and Its Place in the Lives of Immigrant Women. Garment Workers in New York City's Chinatown«, in: Applied Behavioral Science Review, Jg. 2 (1994), H. 2, S. 187–210.

Dank

Zu allererst danke ich all den inspirierenden Frauen, die so freundlich und mutig waren, ihre beeindruckenden Lebensgeschichten zu teilen und sie mir und anderen Wissenschaftlern und Forscherinnen zur Verfügung zu stellen. Sodann gilt mein Dank den Mitarbeiterinnen und Mitarbeitern des *Instituts für Zeitgeschichte und Stadtpräsentation* in Wolfsburg für die umfangreiche Betreuung und die kollegiale Zusammenarbeit, die ich während meiner Archivrecherchen in Wolfsburg erfahren habe. Insbesondere möchte ich Dr. Alexander Kraus und Aleksander Nedelkovski dafür danken, mich ermutigt zu haben, dieses Projekt in Angriff zu nehmen. Sie standen mir darüber hinaus während des Schreibprozesses mit Rat und Tat zur Seite und waren es ja auch, die die Interviews überhaupt geführt haben, mit denen ich arbeiten durfte – ich entschuldige mich für den Zeitdruck, den ich verursacht habe! Ihnen sowie der Leitung des IZS danke ich zudem herzlich für die unfassbare Möglichkeit, dieses Buch im *Wallstein Verlag* zu publizieren. Zudem danke ich meinen Betreuerinnen und Betreuern der Universitäten Göttingen, Glasgow und Uppsala, Dr. Stina Barrenscheen-Loster, Dr. Alexander Engel, Dr. Rosemary Elliot sowie Dr. Anders Ögren für die Korrektur meiner Masterarbeit, aus der dieses nun viel umfangreichere Buch entstanden ist. Außerdem möchte ich allen danken, die mir bei der Überarbeitung des Bandes geholfen haben – Danke für Eure Unterstützung, Euer Feedback und Eure Geduld. Dann geht mein herzlicher Dank an Maria und meine GLOCALs, einfach, weil Ihr immer für mich da seid, und an meine Familie, die immer an mich geglaubt hat und mich bei allem unterstützt. Besonders danke ich meiner Mutter, die dieses Projekt mit ihrer eigenen Perspektive und Erfahrung unglaublich bereichert hat. Abschließend möchte ich mich bei meinem Opa bedanken, der mir die Freude am Lernen mit auf den Weg gegeben hat – Obrigada Vô, isto é para você!